国家社科基金项目成果

邢益海 著

方以智禅学研究

时代出版传媒股份有限公司
安徽教育出版社

图书在版编目(CIP)数据

方以智禅学研究 / 邢益海著.—合肥:安徽教育出版社,2021.10(2023.1重印)
ISBN 978-7-5336-9528-6

Ⅰ.①方… Ⅱ.①邢… Ⅲ.①禅宗一研究 Ⅳ.①B946.5

中国版本图书馆 CIP 数据核字(2021)第 216597 号

方以智禅学研究
FANG YIZHI CHANXUE YANJIU

出 版 人:费世平
策划编辑:何　客
责任编辑:黄晓宇　金　雯
装帧设计:何宇清
技术编辑:陈善军

出版发行:安徽教育出版社
地　　址:合肥市经开区繁华大道西路 398 号　邮编:230601
网　　址:http://www.ahep.com.cn
营销电话:(0551)63683012,63683013
排　　版:安徽时代华印出版服务有限责任公司
印　　刷:安徽新华印刷股份有限公司

开　　本:710 mm×1010 mm　1/16
印　　张:20.5
字　　数:289 千字
版　　次:2021 年 10 月第 1 版　2023 年 1 月第 2 次印刷
定　　价:68.00 元

(如发现印装质量问题,影响阅读,请与本社营销部联系调换)

目 录

1　引　言　　方以智的逃禅——出世还传救世方

7　第一章　　方以智的逃禅及其前期行实

8　第一节　生即无生尽此生——方以智逃禅的时间与因由
19　第二节　梧州冰舍——且依冰井作柴关
28　第三节　庐山借庐——事佛且孝亲

34　第二章　　《东西均》——方以智逃禅前期的禅学

34　第一节　禅诗与禅悟——方以智的雁字诗、洗心诗和梅花组诗
48　第二节　三征——三均、三冒的三一论
53　第三节　声原——通雅以救文字教
57　第四节　从神迹观和全均说看三教融通

| 67 | 第三章 | 三一渊源——浮山宗风与浮山法谱 |

67	第一节	吴应宾的生平与著作
70	第二节	从"三教先生"到"宗一先生"
77	第三节	浮山宗风——从二宗兼带至禅净双修
85	第四节	《浮山志》的精神系谱——方以智承三一渊源继寿昌法脉

| 94 | 第四章 | 托孤传法——禅士觉浪道盛的禅儒会通 |

96	第一节	为国说法——道盛的禅士定位及其士大夫禅
104	第二节	为法求人——托孤传法方以智
110	第三节	宗门孔子——道盛的集大成和以儒说禅

| 116 | 第五章 | 药地炮《庄》——方以智逃禅中期的行实 |

117	第一节	竹关堕灶——炮《庄》第一期
123	第二节	栾庐药地——炮《庄》第二期
131	第三节	禅游江西——炮《庄》第三、四期

| 164 | 第六章 | 《药地炮庄》——方以智逃禅中期的禅学 |

165	第一节	不坏世法——以儒说禅
170	第二节	开示终南华——借《庄》说禅与以禅解《庄》
184	第三节	以《易》解禅

197 第七章　弘法青原——方以智逃禅后期的禅学与禅法

199　第一节　青原弘法之行实
210　第二节　禅净不二：道场建设
220　第三节　会同与参同——集大成
239　第四节　尊火与大冶洪炉禅
247　第五节　参本分禅——回归真常心

259　余　论　方以智禅学的历史背景及其影响

277　主要参考文献

304　附　录　方以智著作的家传与整理

引　言

方以智的逃禅——出世还传救世方

方以智出生于明万历三十九年辛亥(1611),[1]桐城人,系崇祯十三年庚辰(1640)进士,官授翰林院检讨。早年好诗文辞章,继而究心物理、音韵和考据。值明清鼎革,在弘光朝遭阮大铖陷害,遂隐姓埋名,流离岭表。丙戌(1646)永历帝在肇庆登基,方以智因参与拥立,擢左中允,旋加詹事府少詹事。因不满太监弄权,弃官隐遁,并于丁亥(1647)开始逃禅,十辞永历帝东阁大学士之召。庚寅(1650)为清兵所执,允为僧人,其禅僧生涯于此开始。至癸巳(1653),正式皈依金陵天界寺曹洞宗寿昌系禅师、江南遗民僧领袖觉浪道盛。高座寺竹关三年,合(明)山庐墓又三年,戊戌(1658)起禅游(也是药游)江西。庚子(1660)开法于庐山塔院,继主庐山南谷寺,癸卯(1663)住持汋林。甲辰(1664)冬起,主青原法席七年,至庚

---

[1] 本书所论方以智为明末清初人物,入清以后,一度在南明永历朝为官,后逃禅、出家,终身不仕新朝,实为明遗民。故本书于南明时期,或清代纪元、南明年号与甲子并用,然更多径以甲子纪年,以括号标注公元年份,至于月日,多为史料引用,故一律为旧阴历。方以智生日,阴历为十月二十六日,对应阳历为 11 月 30 日,见郑鹤声编:《近世中西史日对照表》,北京:中华书局,1981 年,第 192 页。

戌(1670)退院。早在戊申(1668),皖抚张公、邑侯胡公、延陵吴族、同郡邑绅士又合请方以智回乡主持浮山华严寺,未成行而粤难至。[1]康熙十年辛亥(1671),在押解途中,方以智自沉于江西万安惶恐滩。

方以智寿六十,却逃禅二十四年,禅僧生涯也达二十一年。无可、大(弘)智、药地均是他的僧号,故时人常称无大师或药地大师。逃禅前,他于崇祯初年在文坛和士林已享有盛名,所谓"接武东林,主盟复社",有"明季四公子"之称誉,[2]又曾在崇祯、永历两朝为官,大体乃一儒者和世俗学问家的入世生涯。那么,这逃禅特别是为僧的前后,在入世和出世之间是否完全断裂?换句话说,方以智逃禅和为僧,是真出世还是假出世?后人又是如何对他盖棺定论的?这是本书最为关切的核心问题。在本书展开讨论之前,我们不妨先看看方以智家属和亲人是如何理解这一问题的。

---

[1] 方中通《陪诗》卷之四《惶恐集》有诗:《辛亥三月二十三日,三弟家邮至自吉州,闻老父粤难作》。(《陪诗》收入继声堂本《陪集》,见《清代诗文集汇编》编纂委员会编:《清代诗文集汇编》,第133册,上海:上海古籍出版社,2010年,第100页。)今学界所沿用的"粤难"说法当出于此,但"粤难"的缘由却一直扑朔迷离,未有定论。方中通《哀述》称:"浮山为远公祖庭,数年来不孝兄弟建报恩庵于山下,故乡诸公复迎老父主华严法席,将归而难作矣,呜呼痛哉。"(见方以智著,张永义校注:《浮山文集》,北京:华夏出版社,2017年,第577页。)方以智本已计划回浮山住持华严,后来却改遣弟子山足兴斧先去执事,"粤难"之外,实另有隐情。钱澄之《重修浮山华严寺碑记》有诗道尽个中缘由:"如今道场哪得兴?权在居士不在僧。如今禅师入院苦,佛子沿门求山主。"(见吴道新纂辑、陈炜修订:《浮山志》,合肥:黄山书社,2007年,第38页。)吴应宾之子吴道凝(字子远,顺治四年进士)早逝,以吴善现(字集万)为嗣。作为华严寺的大护法,此时吴氏家族对寺务似乎干预过多。吴道新,方以智舅父,系外祖吴应宾的弟弟吴应宠之子,据马其昶《桐城耆旧传》:"字汤日,号无斋,天启七年举人,以荐为国子助教,转工部主事。国变后徒步归隐。"(见该书第88页,合肥:黄山书社,1990年。)他出面给吴集万写信:"宫谕公恢复兴创,一片血心,原为诸佛菩萨供养十方,后人乃视为一家私物,而择住持如招佃户,岂宫谕公之初心耶?日延陵视为私物,所以天下善知识不肯来住。因视为私物,而不容善知识开法,遂将宫谕公灵复之苦心、大功德变为障蔽祖庭、遏抑佛法之大罪过。"(见《与集万侄孙》,载《浮山志》,第96—97页。)延陵,古邑名,本为春秋时吴邑,代指吴姓。方以智《复吴函云水部》也道出其中原委:"已将净居院事交与同门法弟叶妙大师,可以投闲养疴矣。浮渡棋盘,本愿内护,忽闻旧住者有言则残栎万无涉未流争道场之影,是复就陶庵。"(《浮山志》,第100—101页。)所谓"旧住者有言",方以智在《复吴夔田明府》中又点明:"适闻华严旧住不能忘。"(《浮山志》,第101页。)所引《浮山志》,原断句、标点有误,引用时有更动,后不再另外注明。

[2] 台湾作家高阳著有《明末四公子》,华夏出版社于2004年推出简体版。所谓"四公子",指陈贞慧、侯方域、冒辟疆和方以智。

对于方以智来说,桐城其出生地,青原(山)其弘法场,浮山其归根处,首山其安魂处。〔1〕在这里,方以智出生于桐城方氏这样一个以理学名家和易学传家的家族,和他弘法于青原行思之道场、传禅宗曹洞宗衣钵之间,明显地存在着巨大的张力。其身后归属地,便关乎如何对他盖棺定论的考量。

起初议定"肉身归血子,衣钵归青原"。但首山庵住持中千和尚准备在泰和首山建方以智爪发塔,方中通《陪诗》卷四《感赠涤余大师》称:"涤兄独任,建老父爪发塔于首山。"〔2〕涤余指中千,原为笑峰大然弟子,后拜方以智为师。这引起浮山华严寺和吴氏方面的不满。据《浮山志》,壬子(1672)春吴道新代表吴氏给方以智长子方中德(田伯)写信,〔3〕申三种因缘请方以智爪发归浮山(别称"浮渡")华严寺建塔:"浮渡道场为三一老人之血乳,华严方丈为觉浪杖人之咐嘱,且净饭摩耶两藏室在合山雨峰,乃青原析骨析肉之地。"三一老人是方以智外祖吴应宾之号。觉浪杖人指方以智之师觉浪道盛。净饭、摩耶是佛陀的父母,此处指代方以智父母。青原指代方以智。吴道新所谓三种因缘:第一,浮山华严寺是吴应宾兴复的道场;第二,觉浪道盛曾接任华严寺法席,方以智也准备入主华严,并已遣弟子山足兴斧先行执事;第三,方以智父母都葬于浮山。以吴道新佛教居士的立场而言,爪发即法身即报身,建爪发塔是供养和尊礼高僧舍利的通行做法。首山陶庵乃私庵别馆,浮山华严乃禅宗丛林祖庭(浮山远公道场),故"大师之塔,岂有不建于丛林祖庭而建于私庵别馆之理之事乎?"又指出:"骸骨归于桂林,所以垂统也;衣钵归于青原,所以传灯也;爪

---

〔1〕 方以智禅游江西时,应萧孟昉之邀曾到泰和之首山,一见倾心。住持青原山净居寺,退院后寓于首山陶庵意欲终老。明亡,方以智持遗民志节而逃禅,最初选择庐山为毕志处,而最终命运安排首山为其魂归处。关于首山,本书第五章第三节将有详尽的讨论。
〔2〕 方中通:《陪集·陪诗》,见《清代诗文集汇编》,第133册,第109页。
〔3〕 吴道新:《请无和尚爪发建塔华严与田伯昆季》,见《浮山志》,第98—99页。"雨峰",似应为"两峰",方以智父亲墓和母亲墓分别在两处。

发归于浮渡,所以还源也。"桂林指桐城桂林方氏。吴道新的意思是方以智墓(骸骨)交由父系兴建,以传家谱;衣钵归于青原山净居寺,以传灯录;建塔浮山华严,则成为方以智母系吴氏家族(佛教居士、护法身份)的信仰寄托。吴道新于是敦促方中德"速捧爪发归华严",欲改变将方以智爪发留于首山的动议。〔1〕事成,有吴道新《壬子(1672)春迎无和尚爪发于华严建塔偶成一律次涤岑韵》为证,诗云:"因缘三种说来清,撒手归家自在行。二十八年非有相,百千万劫本无生。能还父母为那吒,不答毗耶任净名。先著堂前原捕影,烂柯石上莫留枰。"〔2〕毗耶代指维摩诘居士,净名指《维摩诘经》,又称《净名经》。同年冬,方中通诗《先大人归葬浮山,遵遗命也》:"议定爪发付法嗣,肉身归血子,此儒释两尽之道也。青原建衣钵塔,邵村叔为题留青二字。"〔3〕方中通所言遵遗命,应该是方以智生前曾有归葬浮山的嘱咐;所云法嗣,则是针对浮山华严寺,盖浮山道场既为檀越吴应宾所兴复,又为曹洞传人觉浪道盛所继席,方以智爪发付华严,可以说成是既饮外祖法乳又接浪杖人法嗣之举。〔4〕癸丑(1673)十一月,在浮山华严寺右,由吴道新募建的无可禅师爪发塔成。而方以智墓也选

---

〔1〕 首山也建成方以智爪发塔,可见沟通的实际结果是浮山、首山各建一塔。方叔文《方以智先生年谱》(芜湖:安徽师范大学出版社,2018年)第235页称:"首山、华严俱建爪发塔。"这是有依据的。康熙十五年丙辰(1676)秋,魏禧曾至亦庵(首山庵)礼方以智爪发塔,事见《魏叔子诗集》卷四《丙辰九月,避兵过亦庵,礼药地大师爪发塔有作呈中公,兼寄令子素北》:"仓皇过亦庵,炮声彻两耳。……信步转回廊,遗塔俨然在。"(魏禧著,胡守仁、姚品文、王能宪校点:《魏叔子文集》,北京:中华书局,2003年,第1302—1303页。)诗题所称中公,即中千和尚。约康熙二十二年癸亥(1683),方中通《陪集·陪诗》卷七又有《首山扫先君爪发塔》,诗云:"扫塔兵戈后,萧条古刹存。道能经劫火,儒亦藉空门。遭难翻成志,逃禅却是冤。千秋谁定论?愧杀有儿孙。"见《清代诗文集汇编》,第133册,第141页。
〔2〕《浮山志》,第230页。"著",点校本作"着",误。
〔3〕 方中通:《陪集·陪诗》卷四,见《清代诗文集汇编》,第133册,第113页。
〔4〕 吴道新《请山足禅师住持华严》称:"华严为三一老人开,先浪杖人受记,无和尚为之担荷、为之接引。"见《浮山志》,第99页。

在浮山华严寺左,和方以智母亲墓相依。[1]

不仅对方以智身后归属地的安排依循"儒释两尽之道",方以智后人对他的祭祀祭礼也准此。祭礼分行释礼和儒礼,是对方以智儒(含道)释合体、世出世不二的身份定位。丙子(1696),方以智去世已二十五年,方中通《陪集·续陪》卷四有《上大兄议用牲醴合祭二亲书》辨析道:

> 文忠公之出世也,遁世而非出世也。浅之乎视释氏者,谓崇儒自应攘释。明善先生(注:指方学渐)既为理学之宗,后裔归释,无是事也。深之乎视释氏者,谓佛祖所为出家,出生死利名之家,非出伦常服食之家,……夫文忠公荷斯道之重任,阐千圣之微言,舍身不二,在己为全节,在世为全学。推斯志也,必如此而后无嫌于出世,必如此而后始可因出世以入世,……是文忠公之出世,大有不同乎他人者。呜呼,不幸而遂以出世终也,门庭各别,莫能合一,因议爪发、衣钵归法嗣,行释礼;肉身归子孙,行儒礼。[2]

文忠公乃方以智私谥号,明善先生指方以智曾祖父方学渐。方以智以禅宗高僧身份辞世,宗门和子孙的立场各异,可选择的方案最终只能是:"爪发、衣钵归法嗣,行释礼;肉身归子孙,行儒礼。"方中通此文重点辨析方以智之出世不同于寻常,是遁世而非出世。深究佛祖所为出家,乃出生死利名之家,非出伦常服食之家,则方以智不得已而逃禅,"在己为全节,在世为全学"。方以智不因逃禅而停止思考和著述,相反,逃禅激发了方以智创作出《东西均》、《药地炮庄》等著作,以缓解个人乃至当时士林普

---

[1] 方中发有诗《浮山杂咏三十首·枭花冈》,自注:"先大母吴太宜人兆此,世父文忠公葬于侧。"见方中发撰,曹嫄校点:《白鹿山房诗集》,合肥:黄山书社,2020年,第149页。文忠公,方以智私谥号。

[2] 方中通:《陪集·续陪》卷四,见《清代诗文集汇编》,第133册,第220—221页。

遍存在的生命行迹与思想信仰间的矛盾,并针对明末清初士人的生存方式和学风,给出了疗世救心的方案,出世还传救世方。方中通所称"必如此而后无嫌于出世,必如此而后始可因出世以入世",是对方以智逃禅行实的绝佳诠释。

第一章
方以智的逃禅及其前期行实

在康熙初年官修地方志中,列有方以智条目的不在少数,但最可注意者有二。一是桐城县令胡必选所修《桐城县志》评价最高,尊方以智为"一代伟人";[1]二是《梧州府志》最奇,列方以智为"国朝"唯一入选之人并收"宦绩",[2]而不是隐逸和方外士("仙释"),其称方以智:

> 字密之,江南桐城人。崇祯间举进士,任中翰。国变时尝往来于平梧间。丁魁楚辈拥永历为帝,欲以智为宗伯,三召不起。马蛟麟定梧,守志不屈,因祝发为僧,号行远,寓光孝寺。后居庐陵之青原山,

---

[1]《安庆府桐城县志》卷之四《理学·方以智》称:"既没之后,海内闻者,莫不悼惜,服公之志节学识,洵一代伟人云。"该志清康熙十二年癸丑(1673)由胡必选主修,清康熙二十三年甲子(1684)王凝命续修,参见《中国地方志集成·安徽府县志辑》,第12册,南京:江苏古籍出版社,1998年,第118页。

[2] 见吴九龄修,史鸣皋等纂同治《梧州府志》卷之十五(台北:成文出版社,1961年)。该志为乾隆三十五年(1770)二十四卷刻本重镌,史事有收至乾隆三十四年(1769)者。乾隆本之前,有旧志二,一为明崇祯四年(1631)谢君惠初修成十二卷;二为康熙二十六年(1687)梧州知府东瓯(浙江永嘉)陈天植补修成二十卷,陈序强调:"即如人物名宦,忠孝节义,皆天地之正气而潜德之幽光也,泯没弗彰,可胜叹哉!"参与纂修者梧州府学教授黄裳吉,同时为康熙《广西通志》纂修人之一。方以智此条极有可能为黄裳吉所撰。

称药地禅师。〔1〕

此处可注意者有二，一是官志披露方以智僧号为"行远"，并指出此即后来名闻天下之"药地禅师"；二是所称"光孝寺"，当时文献通称"云盖寺"。并且，以"寓"相称一名出家僧人，实暗示该人并非真正"出家"，是为逃禅。而方以智最终又以"药地禅师"名闻天下，那么，他自逃禅始，是否也以逃禅终？该《志》似乎提出了一个好问题。

第一节　生即无生尽此生——方以智逃禅的时间与因由

明永历四年，清顺治七年，庚寅(1650)冬十一月，马蛟麟兵陷平乐。〔2〕闰十一月(此按《明大统历》，以《清时宪历》则次年置闰于二月)，方以智于昭平仙回南洞薙发僧装自出，为清兵所执。〔3〕押至平乐法场，誓死而未死。方以智以祖孙三世在崇祯朝为官，不肯仕二姓，〔4〕"易服

---

〔1〕 同治《梧州府志》，第329页。
〔2〕 参光绪《平乐县志》卷六《武备志·武功》。见该书第128页，台北：成文出版社，1967年。马蛟麟，时为清定南王左翼镇。吴九龄修，史鸣皋等纂《梧州府志》(同治十二年刊本)卷之十《兵制》称："国朝顺治八年定南王左翼镇总兵马蛟麟取梧州，统兵镇守。"收《中国方志丛书》，第119号，台北：成文出版社，1961年。
〔3〕 方以智《无生寱》有《庚寅闰十一月自南洞执出》诗曰："本为林薮客，自小耻公卿。抱笔知无命，封刀岂望生？国恩三世重，觉路一身轻。大笑西风里，何方非化城？"(见方以智撰，黄德宽、诸伟奇主编：《方以智全书》，第十册，合肥：黄山书社，2019年，第241页。)据《大清一统志》卷四百六十七之平乐府，其"关隘"有"仙回营"称："在昭平县西北七十里仙回洞。明万历十三年，土舍黄仲拙筑城，兼领古眉寨巡司。今废。"(见该书第11册第209页，上海：上海古籍出版社，2008年。今广西贺州市昭平县有仙回瑶族乡。梧州蒙山县长坪乡有南垌村，此南垌未详是否即为方以智所云"南洞"。顾祖禹即以永安州(今蒙山县)言仙回，其《读史方舆纪要》卷一百零七"广西二"称："仙回营，(永安)州东南七十里。其地有仙回洞，东南去昭平县百二十里。亦曰仙回山，本属平乐县，弘治十一年督臣邓廷瓒请以仙回洞田给昭平堡耕种是也。万历四年筑城，置堡于此。今有仙回巡司。"(见该书第八册第4582页，北京：中华书局，2019年。)
〔4〕 方以智在稍前所作《俟命论》中称："忠臣不事二君，有死无二。"见方以智著，张永义校注：《浮山文集》，第254页。

则生,否则死。袍服在左,白刃在右",乃辞左而受右。〔1〕马蛟麟生平厌恶头陀,此时却敬方以智不畏死,听其为僧。顺治八年辛卯(1651)二月,方以智随清军至梧州,被"供养于梧州之云盖寺"。〔2〕学界普遍以此为方以智逃禅生涯之始,其实不确。

方以智在梧州云盖寺为僧,并未投师圆具足戒,清廷也不与他行动自由,形同政治犯人,是为典型逃禅。仙回南洞被清兵所执固是方以智逃禅直接诱因,但此前他早已有所准备,不然何以随身有僧装?〔3〕方以智与好友钱澄之于庚寅(1650)中秋相晤桂林。十月二十六日方以智四十岁,钱澄之又过平乐平西山为之祝寿。〔4〕"讫,同访光禄严炜伯玉于仙回洞。盖曼公欲移家傍伯玉居,而身赴史局也。留一日出,复送我于昭江。"〔5〕明年二月,"始知曼公为僧在梧州城。曼公亦有字至,言桂林事。盖曼公送予自昭江返,未及平乐,闻平乐已破,其家人被执,问公所在,则

---

〔1〕 孙静庵著,赵一生标点:《明遗民录》,杭州:浙江古籍出版社,1985年,第36页。方以智《无生寱》有《重执至平乐法场逼以袍帽只吼涅槃而已》诗,见方以智撰、黄德宽、诸伟奇主编:《方以智全书》,第十册,合肥:黄山书社,2019年,第242页。本书中征引侯外庐主编版《方以智全书》时,皆有说明。若无说明者均指此版《方以智全书》。

〔2〕 见《无生寱·辛卯梧州自祭文又诗一首》(《方以智全书》,第十册,第243页)。光绪《广西通志辑要》卷十"梧州府"称光孝寺在城东二里,唐建,历代重修。见该书第709页,哈尔滨:黑龙江教育出版社,2015年。同治《梧州府志》卷之二"山川"有"云盖山"条:"城东一里,即大云山分支,其麓为光孝寺。"卷之七"坛庙"称:"光孝寺,一名大雄寺。在城东云盖山下。"由上,光孝寺或俗称"云盖寺"。云盖寺址大约在今梧州市万秀区云盖路(大东路小学)一带。张永堂、诸伟奇《方以智全书》前言,避谈平乐法场已"听其为僧",却称辛卯(1651)二月"马蛟麟于梧州逼仕,以智宁死不屈,因请出家,许之,乃供养于云盖寺冰舍"(见《方以智全书》,第一册,第20页)。这就把方以智请求出家的时间推迟到辛卯(1651)二月,不知何据。梧州时期诚然会时有劝仕,但"因请出家"或"听其为僧"的时间仍应以在平乐法场时为宜。

〔3〕 无独有偶,据钱扬禄《钱公饮光府君年谱》,庚寅(1650),钱澄之在桂林听闻,"道隐寄居茅坪庵,其中表姚孟峡言道隐身有僧帽,搜之果得"。(见钱澄之撰,诸伟奇辑校:《所知录》,合肥:黄山书社,2006年,第202页。)道隐即金堡,时仍居官,后果为僧,号澹归。

〔4〕 今桂林市平乐县青龙乡有平西村,村后有一组相连的山峰,形状独特,分别有掌山、观音岩等名,似即方以智等人笼统所称的"平西山"。方以智文中常称的"平西山中"似即指"平西山脚"的平西村。

〔5〕 见《所知录》,第126页。昭江或指今桂江昭平段。钱扬禄《钱公饮光府君年谱》改称"至昭平而别",见《所知录》,第203页。

以与予同往仙回洞严伯玉家对。随发二十余骑往仙回,而公亦适奔仙回。骑缚伯玉,拷掠备至,公乃自薙发僧装出,以免伯玉"。〔1〕此处钱澄之对细节的描述与他之前的《失路吟(庚寅、辛卯)·昭江三首》自注有异,但方以智僧装自出应是实情。〔2〕钱澄之晚年回忆说:

> 屡诏不起,无他,为有老亲在故乡也。自此,踪迹常在粤西菁峒间,间语予曰:"吾归不可,出不可,善吾身,以善吾亲,其缁乎?"岂知予甫别,而遽有平乐之事。公志固已早定,平乐之事,适所以成之耳。〔3〕

这和方以智自己的说法颇为一致。为何逃禅?为远在老家的白发父亲。方以智《辛卯梧州自祭文》称:"流离岭表,十召坚隐,不肯一日班行,为白发也。转侧猺峒,以鸫纳为归路。"〔4〕猺峒者,宋人周去非《岭外代答》所云"五陵蛮之别也"。五陵实即"武陵",指湖南、贵州一带的武陵山区,历来为少数民族聚居地。平乐之前,方以智辗转流离和隐身于这一带。鸫纳指僧衣。以鸫纳为归路和披缁为僧意思相近,虽未必真的穿上僧衣,但僧衣随身携带的可能性很大。因此,方以智早在"转侧猺峒"时或已有为僧即逃禅的打算。

那么,方以智究竟何时逃的禅?著作的分期或许是有力证据。方以智诗集汇刻时,分为前集和后集,并断以为僧前与后。其中《无生寱》为《浮山后集》之第一种,时间最早。曾灿有《无大师〈无生寱〉序》,以"道不

---

〔1〕《所知录》,第127页。
〔2〕钱澄之自注云:"严伯玉隐仙回洞,曼公匿其家,为邻人所发,备极刑,终不言。曼公自出始免。"见钱澄之撰,汤华泉校点:《藏山阁集》,合肥:黄山书社,2004年,第318页。
〔3〕钱澄之:《方太史夫人潘太君七十初度序》,见钱澄之撰,彭君华校点:《田间文集》,合肥:黄山书社,1998年,第379页。
〔4〕见《方以智全书》,第十册,第243页。

在,天地亦穷"为说,道既穷,则唯有"穷则变,变则通"。〔1〕曲折地解读了方以智的逃禅背景和心态。

而《无生寱》第一首名为《斋戒》,方以智自注云:

> 以此斋戒,洗心退藏,《易传》之所叮咛也。心斋、大戒,人间世何所逃乎?丁亥转侧天雷苗中,设三世位,烧三一老人香,以此自遁。〔2〕

《斋戒》提及的时间和地点,所谓"丁亥转侧天雷苗中"应该就是方以智逃禅的时间和地点。天雷苗原指芷江天雷山下的苗村。今怀化新晃侗族自治县仅有的两个苗乡都在天雷山附近,其中天雷村隶属步头降苗族乡,天雷山脚下(离天雷林场不远)的天雷组即原天雷寨,方以智隐居时间较长的应该就是这天雷寨。笔者在《方以智庄学研究》中曾解读方以智此时的"所逃""自遁"是隐于庄和遁之《易》,〔3〕而未能悟出其逃之禅的面向以及其逃禅时间应该提前到丁亥(1647),这实在是受学界普遍以庚寅(1650)为他逃禅之始一说所宥。〔4〕设三世位,是向曾祖父方学渐、祖父方大镇、父亲方孔炤郑重告白,而烧三一老人(吴应宾之号)香,则似乎暗示自己准备效法外祖皈依佛教。以《斋戒》为题,"心斋"是隐于《庄》、"大戒"是逃之禅,合心斋之"斋"与大戒之"戒"为"斋戒"则遁之《易》,〔5〕实一而三、三而一。

---

〔1〕 见曾灿:《六松堂集》卷十二,见江西省高校古籍整理领导小组编:《豫章丛书·集部十》,南昌:江西教育出版社,2007年,第469页。
〔2〕 《无生寱·斋戒》,见《方以智全书》,第十册,第235页。
〔3〕 详参该书第五章第三节关于《易余》的讨论,见邢益海:《方以智庄学研究》,北京:北京师范大学出版社,2015年,第195—202页。
〔4〕 例如,商海锋关于方以智《浮山诗集》考述的专文,也误认为《无生寱》始作于顺治七年庚寅,而不是五年的丁亥,显然也是先入为主所致。商文见《文学遗产》2015年第2期。
〔5〕 《易传·系辞上》有云:"圣人以此斋戒,以神明其德夫!"

该诗的首句说他的母亲和外公:"十二背吾母,斋戒梦中持。外祖示生死,患难尝追思。"〔1〕此处的斋戒明确指的是敬佛仪式。生死解脱是禅宗和佛教的首要关切。方以智的母亲和外祖都是佛教居士。母亲在他十二岁时即辞世。他时常思念和梦见母亲。早在《滕寓信笔》中,方以智自述:"蒿目天下之故,犹欲功名一展,何容自欺?尝梦吾母告以信心,觉而泣。"〔2〕崇祯十四年(1641),方以智在祭母诗《痒讯·九月十一吴太君忌日》中又写道:"自背萱堂十九年,圆壶綵帕泪痕穿。梦中告我当斋戒,世上藏身托简编。"〔3〕所谓"斋戒",据方母向家里人说,自己在生方以智前曾梦见毒龙,以后当斋戒向佛以消灾,这一佛教因缘的传说对方以智的心理暗示不可低估。方以智后来在《象环寱记》假"缁老人"(吴应宾)之口也提及毒龙之说:"汝母皈依博山,吾以此志喜,符生汝毒龙之梦。"〔4〕至于外祖吴应宾,生前更是著名的佛教居士,和方母一样,均为"秉莲池戒,受博山乳",〔5〕是莲池大师和博山元来的弟子,禅净双修。正是母亲和外祖的佛教渊源,方以智在"转侧天雷苗,孑身无所依"的患难中,不禁于该诗的结尾处自问:"望云隔烟尘,素衣能不缁?且以化虎豹,聊骑一青狮。"〔6〕缁衣为僧衣,青狮是文殊菩萨的坐骑,这些不都是遁(逃)于禅的暗示吗?而"能不缁"与前文钱澄之所听闻"其缁乎"亦是若合符节。

如果说《斋戒》这篇"斋戒梦中持"的告白字面上还不够显明,那么《无

---

〔1〕《无生寱·斋戒》,见《方以智全书》,第十册,第235页。
〔2〕《浮山文集》,第506页。
〔3〕《方以智全书》,第九册,第217页。
〔4〕参见方以智著,张昭炜整理:《易余》(外一种),上海:上海古籍出版社,2018年,第217页。
〔5〕《母吴太恭人忌日烧香》,见方以智著,邢益海校注:《冬灰录》(外一种),北京:华夏出版社,2014年,第95页。
〔6〕《无生寱·斋戒》,见《方以智全书》,第十册,第236页。

生瘳》第二首则已是《平西礼佛》,〔1〕字面就是直接的礼佛,内容也禅味十足,诗曰:"雪山冰化水,只破一微尘。饿是生来饭,灰翻死过人。掀天犹有手,下地本无身。黑焰车轮火,烧云寄老亲。"第三首《穿山》再次说到诗人想安卧观音堂:"散步入洞门,中建大士堂。吾欲一安卧,阴风不可挡。"〔2〕第四首则来到了《仙回山》,〔3〕但时间明显在被清兵所执之前,诗称:

> 才入空门尘便稀,悬崖撒手看云飞。
> 未知大地何今古?止让名山葬是非。
> 蹈澥还家都属梦,轻身出世即如归。
> 寻源一往原难住,杖顶寒风送翠微。

入空门、悬崖撒手、出世、策杖,无一不是僧人做派,但却没有涉及最具标志性的"薙发僧装"。其时他自号无可道人,虽也可以和他所谓"讲求

---

〔1〕 见《方以智全书》,第十册,第236页。方以智的《猺峒废稿·请修史疏》有自注作于戊子(1648)十二月粤西平西山(见《浮山文集》,第318页),可见此时他结束了在湖南沅州、贵州天柱等少数民族聚居地区的颠沛流离。方以智《重潢子暇灵山篷庐图》也自称:"戊子从沅返粤。"(见《浮山文集》,第448页)据方以智《不改居默记》自识,最迟于己丑(1649)十二月,方以智在隶属平乐府的平西山,筑室名为"不改居"(见《浮山文集》,第300页)。(方叔文引王夫之文称室名为"东皋",恐误,见《方以智先生年谱》,第137页。)钱澄之《所知录》称:"家寓平西山,去平乐四十里。"见该书126页。钱扐禄《钱公饮光府君年谱》有载方以智"在平西山讲岐黄之术",见《所知录》,第207页。

〔2〕 见《方以智全书》,第十册,第236页。穿山为山名:"在平乐县东五十里。三峰并列,半壁开一窍,广数十丈,可通往来。"见穆彰阿、潘锡恩等纂修:《大清一统志》,第11册,上海:上海古籍出版社,2008年,第201页。《平乐府志》卷二"山川"记穿山:"在城东七十里乐山里,与平西、富多山相连。"(故宫博物院编:《故宫珍本丛刊·广西府州县志》,第六册,海口:海南出版社,2001年,第36页。)今俗称月亮山,位于青龙乡自道村,和平乐村相邻。这也旁证方以智当时即隐居于平西村。

〔3〕 见《方以智全书》,第十册,第236页。"仙回山"或为"仙会山"之误。据光绪《广西通志辑要》卷九"平乐府"之昭平县山川,记"县东八十里"有仙会山。2019年笔者在调研时听平西村村干部介绍,村旁原有条小路通往仙回,距离不算远,今废。方以智或许是从这条古道入仙回的。

老庄学"关联起来,但僧人也是道人,无可禅师自己俨然活脱脱宣告出世了!〔1〕但方以智此时的这些逃禅诗并不为外界所知。后来戴逸孝在《合山栾庐诗跋》即明确称:"以药囊禅钵转侧苗峒。"〔2〕随身携带禅钵,自是悄悄逃禅。

巧合的是,此后发生了"平乐事件",无可禅师于是第一次公开身份,"薙发僧装",为世人所知。钱澄之所言"公志固已早定,平乐之事,适所以成之耳",诚为不易之论!

那么,方以智为僧,于他自己而言,是当真,还是逢场作戏?这个真为僧还是假为僧问题缠绕方以智的后半生,并和他是儒是禅抑或是庄的盖棺定论高度相关,但历来始终是众说纷纭,难以统一。

以钱澄之对此前后的态度转变为例。方以智梧州逃禅,免不得要跟着众僧做必要的功课,而他很快从中找到了自我消遣的学问:研究梵音、梵呗。精通音律的他很快意识到西乾有所谓"无量声音王"并非浪得虚名,梵音虽是清净音闻,但别有动人心魄处,方以智很快迷上了梵音。其间钱澄之去探望他,关于他的这段生活有诗留下:

五更起坐自温经,还似书声静夜听。
梵唱自矜能仿佛,老僧本色是优伶。〔3〕

---

〔1〕 张永堂、诸伟奇《方以智的生平思想及其著作整理》云:"由洪江至洞口,馆萧有斐家。洞口回龙洲南侧有观音阁,明万历二十四年萧家所建。方以智此时似已披缁观音阁。武冈遗民僧恒明(俗名潘友明)曾至洞口访方以智,有送隐者诗,小序云:'己丑季冬,天许阳和,余过访洞口,隐客药地已悄然披缁月余。'"见《方以智全书》,第一册,第18页。恒明的诗笔者未见,但由张永堂所转引,方以智在洞口的时间已经出错,应为丁亥(1647),己丑(1649)方以智已在粤西。从称方以智为药地来看,此序必是后来追记,以致将时间写错。所谓披缁也似附会,方以智此时虽已逃禅,未必真着僧装。作为永历朝臣子,方以智虽已决意逃禅和隐遁,决然不至于公开"披缁观音阁",故张永堂的推论当存在问题。方以智被迫公开披缁的时间点仍宜为仙回南洞时。但此条资料或可间接旁证笔者关于方以智逃禅的时间在丁亥、地点是天雷峒的推断。

〔2〕《方以智全书》,第十册,第373页。
〔3〕 钱澄之:《失路吟·行路难》,见《藏山阁集》,第327—328页。

钱澄之还自注曰:"愚道人既为僧,习梵唱,予笑其是剧场中老僧腔也。"钱澄之如果考虑到方以智最迟于壬辰(1652)离开梧州之前写出了《等切声原》序(时间出于方以智文末自注),[1]为始撰于甲戌(1634)的该书画上句号,则正该敬佩方以智是处处皆学问的典范。《东西均》可能同样写于梧州逃禅之时而完成于壬辰(1652)秋逗留庐山时,其《象数》篇云:

> 《华严》者,《易》之图也,即其四十二字母,即悉昙与《文殊问字》、《金刚顶》之五十母,《大般若经》言一字入无量字,从无量字入一字,以入无字,此亦收尽天地古今之理、象、数,如六十四卦也,而乃以善知众艺名。声音与象数相表。言为心苗,动静归风,呼吸轮气,诗乐偈喝,其几也;等切,其一节之用也,犹《易》有四道,而制器亦在其中(愚有《等切声原》,略发明之)。[2]

此处对《华严》、梵音的深刻认识,似乎正是他在梧州逃禅最初两年里向佛教认真借鉴的收获吧?

但是,钱澄之晚年的回忆却肯定地说:

> 公之僧固不易为也,然公自此真为僧矣。为僧后,间道归省老亲,随得法于天界。亲没,子事毕,出世青原。吾谓公之得法,固不得之于天界棒喝之箝锤,而早得之于平乐刀斧之锻炼也。[3]

---

[1] 《浮山文集》,第338页。
[2] 见方以智撰,庞朴注释:《东西均注释》(外一种),北京:中华书局,2016年,第296页。
[3] 钱澄之:《方太史夫人潘太君七十初度序》,收《田间文集》,第379页。

此言以方以智在天界觉浪道盛处圆具足戒以及晚年弘法青原,肯定他是"真为僧"。并提出两点真为僧的理由。

其一,"亲没,子事毕",方以智再没有俗世的牵挂。流离岭表之时,他长期徘徊在事君与事亲、出仕与隐遁之间,而为了确保在北方故乡的老亲不受牵连,作出自行为僧的抉择。平乐法场已然死过一回而竟不死,不得已逃禅成为公开身份。但究其初衷,方以智是盼望归乡和年过六十的父亲再见面。后来他在癸巳(1653)闭关高座寺时所撰《象环寤记》中自白:

> 不肖少读明善先生之训:"子孙不得事苾刍。"然中丞公白发在堂,眦为之枯,十年转侧苗峒,不敢一日班行,正以此故。知必不免,以祇支为避路,即为归路。苟得所归,正所以奉明善先生之训也。家训尝提"善世、尽心、知命"六字,贵得其神,勿泥其迹。[1]

明善先生指方以智曾祖父方学渐,苾刍即比丘,中丞公指方以智父亲方孔炤。峒为南方少数民族的泛称。祇支,覆腋衣,厉荃《事物异名录・佛释・僧衣》云:梵言"僧祇支"。所谓"以祇支为避路,即为归路",则尽孝为神,避路逃禅其迹,大可容之安之。

其二,"平乐刀斧之锻炼"。勘破生死关是学禅入禅之关键,既勘破生死,就是真为僧。假为僧之人绝不会去认真参禅悟禅。而方以智对参禅学佛并不陌生,母亲、外公都是自己的榜样。正如《斋戒》诗早已提及:"外祖示生死,患难尝追思。"经历了平乐法场生死关后,方以智所撰《辛卯梧州自祭文》正是一篇勘破生死的禅文:

> 生死一昼夜,昼夜一古今,此汝之所知也。汝以今日乃死耶? 甲

---

[1] 见方以智著,张昭炜整理:《易余》(外一种),第216页。

申死矣。〔1〕自此而阮石巢之锋,乙酉(1645)三河之盗,丁亥(1647)大埠之劫,天雷之苗,被左之遁,昨冬之平乐教场,何往而非死?若自无始以来之道人视之,邵子所谓虚过万死矣。蒙庄氏曰以齐生死、一夭寿为言,而乃哼哼于曳尾、栎社树,养生全其天,若真有莫可奈何然者,夫乌知剖心纳肝之为大养生乎?夫乌知雷首山之大全其天乎?非不欲五岳不知所终,而卒不能以五岳,则即以鼎镬为五岳,无不可也。子平奚乎哉?未之知耳。

天地不杀,则无以为生。人独以杀我为仇也,一何愚哉!借尔传舍,闲往闲来。白驹过隙,速于远客。况今日者,虎狼也,水火也,兵戈也。……

罽宾王弥罗崛,秉剑谓狮子尊者曰:"既离生死,可施我头。"尊者曰:"身非我有,又何吝?"王即挥刃,断尊者首,王右臂旋亦堕地,七日而终。象白山人言往世皆为白衣,以嫉法胜故,阴戕于崛,乃今偿焉。安世高度郏亭同学,化广州市少年,又往会稽市上毕对,皆以往世嫉法怼恨致之。无可道人,幸可以忘此。此年来感天地之大恩,痛自洗刮者也。独卷卷者,白发望之久矣,尚未得一伏膝下。姑以逃匀吴为解,是则白马昙照之所呼苦苦者耳。〔2〕

生死诚为人生大事。甲申国变以来,兵戈水火不说,各种流言构陷,可以说无可道人已几历生死。大者有五:其一,阮石巢指阮大铖,他在弘光朝执掌权柄,因私仇构陷方以智在北京投降李自成农民军,必欲捕杀之而后快。其二,三河之盗,指方以智南逃路上在广东梅县三河坝遇盗。其

---

〔1〕计六奇《明季北略》记方以智闻崇祯帝自缢后欲投井尽忠:"走出,遇苏人陈伯明,仓卒通名,相与叹泣。潜走禄米仓后夹巷,见草房侧有大井,意欲下投,适担水者数人至,不果。"见该书第585页,北京:中华书局,1984年。
〔2〕《浮山文集》,第333—334页。

三,大埠之劫。大埠或即"大埠猺",此事具体未详,但若是丁亥(1647),当在丁亥年初。又据《重潢子暇灵山篷庐图》称:"丙戌(1646),愚者入大埠猺。"(见《浮山文集》第448页)若是丙戌,当在年末。这是时间疑点。丙戌或系误记。至于地点,任道斌称在"湖南衡山"。[1]台湾学者谢明阳疑之,并提出大埠在全州西延(今广西资源县大合镇)说,言之有据,今采纳,但谢明阳相关研究成果尚未发表,幸获指正,特此说明并致谢!其四,"天雷之苗被左之遁",时间当在丁亥冬。方以智戊子(1648)八月自楚中洞口上《猺峒废稿·四辞请罪疏》言之甚详:"至十一月初八,则沅州亦被□矣。臣变姓于天雷,复为同类役吏所露,引□追索。臣又遁入深箐,潜转天柱,槁身骨立,等于佣伍,志存漆炭,乐受饥寒。是时伪偏院、伪沅靖道,再三严索,必欲搜出诱致,以献功于恭逆。适有天幸,所在脱免。"[2]其五,平乐教场。虚过万死,乃方以智引邵雍《伊川击壤集》卷之十四《极论》诗:"下有黄泉上有天,人人许住百来年。还知虚过死万遍,都似不曾生一般。要识明珠须巨海,如求良玉必名山。先能了尽世间事,然后方言出世间。"[3]庄子齐生死,则比干剖心,伯夷、叔齐不食周粟,饿死雷首山(即首阳山),也自有"莫可奈何然者"。如此说来,生死固已勘破。但方以智话锋一转,声称他与向长(字子平,方以智《俟命论》等文称"向平")心有戚戚焉。唐朝诗人吴筠有《高士咏·向子平》云:"子平好真隐,清净玩老易。探玄乐无为,观象验损益。常抱方外心,且纡人间迹。一朝毕婚娶,五岳遂长适。"向子平待儿女长大,娶嫁事毕,才安心归隐五岳名山,不知所终。事具《后汉书·逸民列传》。[4]这种隐遁的人生态度对方以智影响极大,在方以智同时期的《俟命论》[5]等多篇文章中时时提及。至于

---

[1] 见任道斌:《方以智年谱》,合肥:安徽教育出版社,1983年,第148页。
[2] 《浮山文集》,第317页。
[3] 邵雍著,郭彧整理:《邵雍集》,北京:中华书局,2010年,第407页。
[4] 见范晔撰,李贤等注:《后汉书》,第三册,北京:中华书局,2012年,第2216页。
[5] 《浮山文集》,第253—258页。

文中所言西天二十四祖师(狮)子比丘尊者和安世高,属于佛典中有关业缘、因果报应之说,且置之不论。勾吴,古吴国名,为泰伯逃遁地。白马昙照之所呼苦苦,见《景德传灯录》卷十:"荆南白马昙照禅师常云快活快活。及临终时叫苦苦,又云阎罗王来取我也。"贪生固不可,虚死乃平常,但轻生虚生则不必。方以智心目中的这些真性情、真隐遁、真禅师者,虽未能免俗却又超俗,平实可学。方以智于是赋诗(词)明志:"泪珠儿,从今止。眼珠儿,从今洗。"〔1〕

《辛卯梧州自祭文》附诗一首,或可称《自祭诗》,有"生即无生尽此生","便将鼎镬烹真乳","中土杏花知正命,雪山药树用奇兵"等句,是《无生寱》诗集名称的点题诗。〔2〕《大宝积经》卷八七有云:"无生者,非先有生,后说无生,本自不生,故名无生。"湛然《止观大意》称:"众教诸门,大各有四,乃至八万四千不同,莫不并以无生为首。今且从初于无生门,遍破诸惑。"因实无生灭,故云无生,观无生之理,则可破人有关生灭之烦恼。寱同"呓",寱语即梦话。方以智立誓"生即无生尽此生",既已参透生死,终此一生为僧又如何? 此时方以智虽是被动逃禅,并没有真正受戒为僧,却也能形同居士,真诚地学禅参禅。在他看来,生死患难正可孕育和创生新禅学,所谓"便将鼎镬烹真乳",而这一新禅学的关键无疑是禅儒会通,奇正相生。

第二节 梧州冰舍——且依冰井作柴关

方以智丁亥(1647)于沅州作《斋戒》,自行为僧,处于隐遁状态,外人知之甚少。庚寅(1650)仙回被执,平乐法场听其为僧。辛卯(1651)二月至梧州,被供养于云盖寺,但很快获准兴建冰舍,故方以智在梧州主要居

---

〔1〕 方以智:《信叶·满江红(梧州冰舍作)》,见《方以智全书》,第十册,第305页。
〔2〕 见《方以智全书》,第十册,第245页。

于冰舍。对于方以智梧州这一段行实的叙述，向来存在诸多讹误，需要加以订正。

一是冰舍乃云盖寺别院。

钱扔禄《钱公饮光府君年谱》载，钱澄之和方以智分手后，隐居于梧州三家村。忽然接到曾孝廉（曾传灿）字，"言新来梧州道彭爌（注：应为"燨"之误）系同乡，密之亦在其署。数日，密之寄字招府君入城，云来时须僧服耳。又数日，马帅蛟麟遣官入山，以书币邀请"。〔1〕按钱澄之《所知录》的说法，辛卯（1651）春二月，清军至梧州。方以智也随军至，时主梧州兵备道者为桐城人彭燨。〔2〕彭燨，字孔晢。在《无生寐》中，方以智《辛卯梧州自祭文又诗一首》后，便是一首题为《感示孔晢》的诗。〔3〕诗云：

衔木甘随瘴海滨，行吟惊遇里门亲。
石听可是千秋语，月照曾经万死人。
聊藉手谈传密教，翻愁墨迹染微尘。
慰余游戏莲花界，遥指名山许即真。

可见，方以智得遇彭燨，倍感亲切，也相谈投契。想必彭燨安慰他且暂居云盖寺，待有机会将放其归山。方以智有《云盖殿》诗感叹"当阶无碧草，照世有青灯。南汉钟犹在，人间醒未曾？（自注：钟有刘𬭚大宝年

---

〔1〕《所知录》，第204页。同治《梧州府志》卷之十"兵制"称："国朝顺治八年定南王左翼镇总兵马蛟麟取梧州，统兵镇守。"（第212页）

〔2〕同治《梧州府志》卷之十三"职官"载："分守苍梧道：彭燨，桐城人，进士，顺治八年任。"（第291页）康熙《安庆府志·人物志·事业传》载："彭燨，字孔晢，号粥岑。己丑（1649）进士。时鼎革方新，中式者皆陛见。彭燨气度魁梧，修容广颡，特简粤西参议，赐节钺，拟开府。燨单骑就道，理军务。期年，四境摄服。驻粤亲王深器重，欲即以巡抚题授，固辞。秩满，晋河南副宪。"见该书第747页。

〔3〕见《方以智全书》，第十册，第245页。

号)"〔1〕

由《无生寱》的编次来看,《感示孔皙》后不久即有《冰舍初成》诗,〔2〕则方以智离开云盖寺另兴冰舍以居,一定是得到彭巚的允许和关照,以方便他的生活和写作。诗前小序云:"元漫叟赏冰井泉,〔3〕瞿稼轩年伯修亭作记,尝欲别建冰舍,适在此地,扶起三椽〔4〕,遂以名之。"诗云:"且依冰井作柴关。"则冰舍当建在冰井旁。冰井旁原有冰井寺,但此时应已毁于战火,方以智在此地"扶起三椽",不像是重兴冰井寺,更像是建成云盖寺的别院自居而已。

方以智《云盖殿》诗提到南汉钟,〔5〕而《物理小识》卷十二《异事类·钟鸣欲飞》提及"辛卯夏,忽有声"。〔6〕或是至当年夏天方以智仍居云盖寺的证据。《云盖殿》诗之后,即《冰舍初成》诗,是冰舍应初成于辛卯夏。又据作于壬辰(1652)的《在梧州冰舍作粥饭主二年彭孔皙具文放回时何叔鉴在孔幕效力拈此示之》可知,〔7〕最迟辛卯(1651)下半年方以智应该

---

〔1〕 见《方以智全书》,第十册,第248页。
〔2〕 见《方以智全书》,第十册,第248页。
〔3〕 《大清一统志》卷四百六十九梧州府"山川"称冰井:"在苍梧县东。……唐大历三年,容城经略使元结撰《冰泉铭》,云与火山相对,故命之曰冰井。"见该书第11册第233页。又称冰井寺"在冰井侧,明建"。见上书第236页。元结,字次山,号漫郎、聱叟,故方以智合称之曰漫叟。当年元结作《冰泉铭》刻石于泉旁:"火山无火,冰井无冰;唯彼清泉,甘寒可凝。"后来苏东坡经过梧州时也留下《冰井》诗:"驱车出东门,䢖节访冰井。寺古栋宇倾,碑断苍苍冷。源泉井中生,莹净可鉴影。命僧旋汲之,入口胜霜冷。试烹白云茶,碗面雪花映。清凉涤烦嚣,润泽劳瓶绠。可以濯我缨,悠然脱尘境。"
〔4〕 椽,架屋顶的木条。僧堂之床,每人之座位横占三尺许,其头上之椽有三条,故又称禅床曰三条椽下。
〔5〕 光绪《广西通志辑要》卷十梧州府"金石"载南汉感报寺铜钟款文:"乾和十六年铸。重五百斤,高三尺,口径一尺七寸。文真书。径六分,在光孝寺。"(第248页)此可证明,光孝寺即云盖寺。
〔6〕 见方以智撰,孙显斌、王孙涵之整理:《物理小识》,下册,长沙:湖南科学技术出版社,2019年,第827页。任道斌《方以智年谱》将引文系于"鬼神方术类",误,见该书第173页。
〔7〕 见《方以智全书》,第十册,第256页。孔幕,指定南王孔有德帐下。诗云:"避世仍凭三寸笔,渡人尝送半江风。……此去厨床随地设,不将经典语辽东。"表现了远离政治的心态。

已经住进自己的"冰舍"。

方以智明言自己"在梧州冰舍作粥饭主二年",粥饭主即粥饭僧,指只吃粥饭而不努力修行的僧人。本为僧人自谦之词,此处方以智恐指自己并非真僧,只是穿着僧衣的囚犯而已。任道斌《方以智年谱》解作"充当伙夫",〔1〕应系误读。

我们因此可以理解方以智为何要感恩彭孔皙的供养。梧州冰舍两年,既是方以智逃禅生涯的初期,也是他哲学和禅学创作的关键期。兵戈未息,山河破碎,青灯下,古佛旁,方以智没有停止思考,也没有停止著述。大约方以智两部最富原创性的著作——《易余》和《东西均》,都和这一时期有关。前者著述始于丁亥(1647),最迟完稿于辛卯(1651)或壬辰(1652),而《东西均》的著述也或酝酿于辛卯(1651),完成于壬辰(1652)冬。作《易余小引》的时间由文中"章统十千,重光大渊,皇览以降,过不惑年",可考出方以智时年已过四十岁,则为庚寅(1650)之后。但确定这篇小引的具体写作时间和地点很困难。一般来说,方以智的序为一书杀青之后才作,但也有告一段落就写的,如《通雅》。小引和序差不多。由于方以智刚过完四十岁生日就遇到为清兵所执的危机岁月,故这篇小引的写作至少要等到辛卯(1651)方以智在梧州冰舍安顿下来。至于《浮山文集后编》竟将它归于合山庐墓时期之末,不知何据。无论如何,《小引》和《易余》的主体应该分开讨论。而《东西均》开始写作的时间应该不早于辛卯(1651)初方以智到达梧州,即属于方以智逃禅前期二阶段(公开逃禅后)的作品,而《易余》主体却完成于方以智逃禅的潜伏期即前期一阶段。逃禅心态和问题意识在《易余》里不明显,在《东西均》中却有充分反映,同一问题的表达,其义理的抽象和深刻,《易余》也不如《东西均》。有一点可以肯定,《易余》著述于前,《东西均》是其姊妹篇。《小引》落款时间用干支纪

---

〔1〕 见该书第173页。

年,不奉永历也不奉大清正朔,或是桂林已"沦陷"之后方以智被羁置于梧州时的思想反映,他这一时期的诗集《无生寱》于新朝违碍之词甚多,也是旁证。此外,他在《易余·一有无》中写道:"时当今日之业缘,无所规避,故通画前之无,会画后之有,中和前用,贞一贯之,不落其不落矣,何论有无而纷纷为?"[1]其所谓"业缘"无所规避,恐怕指的正是平乐法场后被迫逃禅之事。至于《东西均》的完稿时间和地点为壬辰(1652)冬方以智逗留庐山时,应该没有争议。

鉴于方以智完善《易余》、草创《东西均》均在冰舍时期,很可能彭孔晢不仅保障了方以智的闲暇时间和生活资料,还为他提供了借书写作等便利(方以智《感示孔晢》诗有"聊藉手谈传密教,翻愁墨迹染微尘"之句)。

二是与施闰章梧州订交的时间与地点。

壬辰(1652)三月之后,方以智与施闰章订交于梧州。施闰章(1619—1683),字尚白,号愚山,江南宁国府宣城人。顺治六年(1649)进士二甲第26名。随即病休。据施闰章《使广西记》:

> 顺治八年辛卯(1651)秋八月,皇帝婚礼成,上皇太后徽号;九月,遣使诏赦天下。时奉使无专官,臣闰章以刑部主事与使广西。广西地险远,……明年三月,始达桂林,宣诏书如典礼。……乃下漓江,抵平乐、梧州二郡。……苍梧备兵佥事彭君爌力促余游粤东。[2]

如果这篇纪事时间可靠,则方以智与施闰章订交的时间当为壬辰(1652)三月之后。方叔文《方以智先生年谱》将"公与宣城施愚山(闰章)订交于云盖寺"系于庚寅(1650)显然有误。[3]而"订交于云盖寺"之言

---

[1]《易余》(外一种),第71页。
[2]施闰章撰,何庆善、杨应芹校点:《施愚山集》(增订版),第一册,合肥:黄山书社,2018年,第273—274页。
[3]方叔文编著:《方以智先生年谱》,第162页。

也有误。此说源自施闰章《无可大师六十序》：

> 余昔奉使经苍梧,与师定交云盖寺,已而抢攘烽火,相随间关北归；至匡庐同游五老、三叠间,旬日始别。〔1〕

考方以智在自注为"辛卯梧州冰舍作"的《和陶饮酒》诗之前,《与曾果庵孝廉》一诗有"冰泉水一卮"句,〔2〕《其容过冰舍为开东窗见山》诗名即明确点出冰舍。故方以智在写《和陶饮酒》之前早已住在冰舍。《和陶饮酒》方以智自注："尚白倡之。""倡"通"唱",唱和之意。而下一首诗名《冰井和施尚白怀元次山》再次提及冰井,冰舍乃依冰井而建。可见,二人订交地点应在冰舍而不是云盖寺。

三是最终助方以智"放回"的乃施闰章。

由史书可知,壬辰(1652)七月初,明军在李定国的统率下占领桂林。清定南王孔有德自杀。随即陷平乐,府江分巡兵备道周永绪、平乐府知府尹明廷均死之。〔3〕八月十五日,明军收复梧州,广西全省均告平定。同治十一年《苍梧县志》卷十八《外传纪事下·本朝》记："九年秋八月,明兵过陷梧州,知府沈纶不屈死,文武官东下。"〔4〕又云："文武官议以桂(林)、平(乐)皆陷,恐梧州孤城难守,乃具舟敛老营避江中。十五日,贼奄至,我兵御之,又败,乃联舟东下。"〔5〕据施闰章自己的记述：

---

〔1〕 施闰章撰、何庆善、杨应芹校点：《施愚山集》(增订版),第一册,第162页。
〔2〕 果庵应为曾灿所用僧号,曾灿《张穆之诗序》云："予于辛卯岁谋食岭南,方因于依人。"见曾灿：《六松堂集》卷十二,收《豫章丛书·集部十》,第469页。
〔3〕 参康熙《平乐县志》卷五"职官"。周永绪、尹明廷和彭麟竟然均同为己丑科殿试金榜第三甲第67名,78名和57名同进士出身,施闰章也为同科第二甲第26名进士出身。后施闰章为尹明廷撰墓志铭,称桂林报陷前,施闰章恰在平乐,尹明廷乃置酒与闰章诀曰："君使客也,宜亟行。某守是死矣。"见《施愚山集》(增订版),第一册,第394页。
〔4〕 沈纶也是己丑科殿试金榜第三甲第87名同进士出身。据《大清一统志》卷四百六十九《梧州府》："顺治八年(1651)知梧州府。"见该书第11册第237页。
〔5〕 转引自顾诚：《南明史》,下册,北京：光明日报出版社,2011年,第508—510页。

> 秋七月,溯平乐,……定南王自杀,桂林城溃,浮尸蔽江下。余亟道苍梧东归。道梗困甚,所在山泽盗起剽掠,乃取诏书及邮符裹敝缯中,隐姓名,与贾人俱。〔1〕

说的也是壬辰七月鉴于桂林已失,粤西败局已定,平乐知府尹明廷劝他作为使臣并非地方官无守土之责,宜速速离开。于是施闰章取道梧州,带上方以智一起离开广西东下北上。这样看来,方以智最后能离开梧州完全是施闰章的功劳。彭孔晢据施闰章带来的大赦旨意具文呈孔有德请示放归方以智,何叔鉴又因在孔有德处效力而参与此事,但事发突然,孔有德自杀,彭孔晢的具文很可能也没有得到批复,最后,施闰章能带方以智逃离广西,靠的是皇帝诏书而不是孔有德的批复。故张永堂、诸伟奇《方以智全书》前言称"因孔有德、施闰章、彭孔晢、何履仕之助,得离开梧州至庐山"就失之笼统。〔2〕既然施闰章来粤西是奉使诏赦,又已与方以智订交,自然是立马让彭孔晢具文上报定南王孔有德。谁知粤西时局骤变,桂林失守、孔有德自杀,施闰章匆忙赶回梧州找到方以智,仗着有圣旨做护身符,便立即过梧州卡,兼程远离粤西乱局。据方以智诗,一行人东下北归的路线是先《过梧州卡》,然后在肇庆游七星岩、鼎湖(《同朱子暇司马泛舟往星岩》、《鼎湖作》),再经韶关《入南华》,《度梅岭》后《别滴投》(滴投为曾传灿之号〔3〕),《无生寱》至此终篇,而从甲申(1644)冬入粤至壬辰(1652)秋,方以智八年流离岭表的生涯也宣告结束。

尽管钱澄之、瞿昌文都有文字表明马蛟麟"重之",彭孔晢亲之(方以

---

〔1〕 施闰章:《使广西记》,见《施愚山集》(增订版),第一册,第274页。
〔2〕 《方以智全书》,第一册,第20页。
〔3〕 曾灿(1625—1688),本名传灿,字青藜,号止山,江西宁都人,"易堂九子"之一。因所居堂前有六棵松树,又自称"六松老人",著作结集为《六松堂集》。顺治四年(1647)逃禅,果庵、滴投均为其僧号。方以智离开梧州时未有曾灿同行的记载,两人也许是在广东境内相遇。

智《感示孔皙》诗有"里门亲"之词),但方以智毕竟是被永历政权任命过的入直大学士,属于要犯,供养云盖寺也是外松内紧,防范甚严。方以智《过梧州卡》诗表达了摆脱牢笼的欣喜:"两载牢笼里,枯鱼幸过河。"此后,方以智关于梧州生活的描述,以甲午(1654)《书周思皇纸》最为详尽:

> 庚寅(1650)冬,余既被执于仙回山,胶致平乐,一营环刀锋,而衲子怡然就刃,故其帅异而养之。麻城思皇,闻来视余。自此移苍梧云盖寺,思皇遂相朝夕。中间主者,勒书趋降,矢死不应。又环集逻者,连及它事,数数濒死,寺僧有远引者,思皇皆左右,未尝避。越二年,两粤法一、章金等,无不皈信。施尚白白其直指,因得听之鼎湖。桂林忽乱,岭表仓皇,念此不急归,谓十年孤隐之意何?竟独从尚白度岭,惟思皇从,苍梧法属,俱不及相携矣。壬辰(1652)八月,止匡庐养瞖目。匡庐就远公社养亲者,子骥伊可怀也。思皇为余先报白鹿。〔1〕

周思皇为周损(字远害)〔2〕之弟,早在平乐听闻方以智法场之事后即来相伴,在梧州云盖寺更是朝夕不离。曾灿有诗《梧州别周思皇由赣州返楚》,明确地说:"思皇新拜无可大师门下。"〔3〕方以智忆及当局仍时时对他勒书劝降,又派人在他身边严加防范和看管。桂林忽乱。由于事发突然,方以智考虑到如果不利用这个千载难逢的时机逃离,那归隐之志又不知等到何时,何况梧州一旦城破,连生命安全都未必有保证,情急之下,妻子潘氏和幼子方中履来不及同行,委托赵秋屋另行护送。只有一直在方以智身边的周思皇,得以和施闰章同行。壬辰(1652)八月到达匡庐后,方以智停下来,一边养病一边加紧创作《东西均》,到浮山白鹿山庄给老父

---

〔1〕《浮山文集》,第356页。
〔2〕 方以智晚年在青原山时曾遇周损,作《周远害诗引》,引为同调知己。参见《浮山文集》,第398页。
〔3〕 见《六松堂集》卷六,收《豫章丛书·集部十》,第334页。

先行传递消息的也正是周思皇。

四是说方以智为僧于"冰井寺"系对云盖寺和冰井寺的混淆。

瞿昌文《粤行纪事》卷三称:

> 二月,时方中堂以智为僧于梧州冰井寺。……方公捐妻子披缁出家,名行远,号无可……
>
> 三月……初十日,至梧,先叩冰井寺晤行远。〔1〕

光绪《广西通志辑要》卷十梧州府"胜迹"载:"冰井寺,在东城外,冰井侧。唐建。明万历三十一年,税监沈有寿请敕重建。殿堂宏丽,有敕赐藏经楼。"〔2〕可见冰井寺与云盖寺(光孝寺)完全是两个独立寺庙。冰井遗址据说在白云(大云)山脚下的冰泉冲口,今冰泉豆浆馆(桂林路店)门口,与云盖寺旧址二者相距约1.7千米。但智扉《广西旅游名胜楹联简论(续)》称冰井"旧址在城东今市二中",〔3〕则另有井址,不知何据。井侧有寺,称作"梵王宫"。史载明正德九年(1514)冰井寺曾被重建在今中山公园的晨钟亭旁,留下"重建冰井禅寺记"石碑。今存"冰井寺"石匾。方以智既然为僧于云盖寺,必不可能又居冰井寺。按照方以智《冰舍初成》的说法,是依冰井新建一"冰舍",并无提及有"冰井寺"旧址。很有可能此时该寺已毁于战火。方以智在梧州并没有拜师得法,不大可能付与他独立寺院,"冰井寺"是教外人士的俗称,实际上只是方以智自己的"冰舍"别院,隶属于云盖寺。如果此论得以成立,那么施闰章晤方以智虽在冰舍,却以"订交云盖寺"相称倒也不错,毋宁说是一种官方之词,毕竟另居别院属于梧州当局对方以智的私下照顾和优待,不宜公开。但无论如何,瞿昌

---

〔1〕 转引自任道斌:《方以智年谱》,第172页。
〔2〕 见该书第709页。
〔3〕 该文见《广西社会科学》1998年第1期。

文所言方以智辛卯二月与三月事,只可能是混淆了云盖寺和冰井寺,此时冰舍还没兴建,不存在将冰舍与冰井寺相混淆。

第三节　庐山借庐——事佛且孝亲

方以智于壬辰(1652)七月离梧州,八月止匡庐,至除夕归省老亲,可称庐山借庐时期。有《借庐语》诗集传世。本来方以智俗愿已了,欲效法东晋刘遗民与慧远结莲社于庐山,以居士身修净业终生(之前无论沅州自行为禅还是梧州被迫逃禅,其实都不是得法佛弟子,虽形同僧人而实类居士),不料又"两遇煴火"〔1〕,业缘难避,至长干(南京)拜觉浪道盛为师,圆具足戒,矢志涅槃,得法曹洞宗寿昌系,遂以职业禅僧终其身。

方以智离开广西,一路入南华、谒青原,中秋停樟树镇(有"药都"之称,一向留意医药的方以智对此一定有所感触,僧号"药地"或得名于此)。〔2〕八月到达庐山后,方以智一来想养目瞖病(或许遗传了外公吴应宾的眼疾),二来既然早有效法子骥(应为刘程之,又称刘遗民,与庐山

---

〔1〕 "煴火"典出《汉书·苏武传》:"凿地为坎,置煴火,覆武其上,蹈其背以出血。"此处借喻清廷劝方以智仕清。

〔2〕 施闰章有《中秋夜泊樟树镇》诗,自注:"时初脱粤西之难。"见《施愚山集》(增订版),第二册,第486页。樟树镇,江西四大名镇之一,有"药都"之称,原清江县所属,今为樟树市。樟树药业源远流长,始于汉晋,成于唐宋,盛于明清,享有"药不到樟树不齐,药不过樟树不灵"之美誉。不久,施闰章在庐山所作一首题为《初至归宗寺同药公作》诗,有"五岳高僧来挂锡,半生多难爱逃禅"之句。题称方以智为药公,这是施闰章已知晓方以智"药地"之号,还是后来修订所更改不得而知。不过,据任道斌《方以智年谱》(第182页):是冬,作《意在笔先图》,自题"画在法中,意在笔外。莫谓大痴怎么作怪。壬辰冬日药地头陀写"。此处自称"药地头陀",或是首次使用药地名号。今考所谓《意在笔先图》应是任道斌所命名,且当改为《意在笔外图》。原画只题"山水",见日本原田谨次郎编《中国名画宝鉴》(清)图754,石家庄:河北美术出版社,2007年。但《青原志略》卷四孙晋《药树堂碑文》称"于栾庐时,得药地图章,因随所在,名为药地愚者"。(见方以智编,张永义校注:《青原志略》,北京:华夏出版社,2012年,第113页。)关于方以智栾庐时正式启用"药地"名号的考订,详见本书第五章第二节。

慧远等九人共结莲社)依止庐山的心愿,〔1〕不妨先"借庐"好好安排和计划一下自己的未来。

方以智畅想能以僧人身份永留庐山,做个读书人:"宁为读书人,丘壑养高志。用光在得薪,闲居必有事。""三世好学问,藏此名山书。果然遂吾志,即是神仙庐。"〔2〕应该说,在施闰章的直接帮助下,粤西时局的巨变,为方以智逃出云盖寺藩篱提供了最佳时机,不仅如此,在施闰章交旨或附带禀明情况之前,可以说方以智逃离了整个清廷控制和社会关注,获得了极大的人身和精神自由,甚至不排除就此远遁、不知所终的选项。"且从吾所好,扶杖消残生。"〔3〕但是,方以智六十老父在高堂,三个孩子也尚小(更不用说婚嫁),这是他割舍不下的俗缘和人伦责任。所以方以智选择不急于省亲,让周思皇先去父亲方孔炤晚年隐居地白鹿山庄代为通报,自己在庐山暂时隐居下来,一定是有不惊动官府、避人耳目的考量。方中通此时也奉方孔炤命,与方中德一起来到庐山"迎亲",记述了方以智的庐山生活:

  兵戈犹未绝耕锄,收拾乾坤入草庐。
  万顷烟波三亩竹,千峰罗列一床书。
  疗饥时乞邻人米,闭户还临长者车。
  尽日纵谈忘主客,同过篱畔剪园蔬。〔4〕

---

〔1〕 刘程之,彭城人,汉楚元王刘交之后。妙善老庄,旁通百氏。少孤,事母以孝闻。性好佛理,乃之庐山依远公。于东晋安帝义熙六年(410)往生。陈舜俞《庐山记》有传,僧祐《出三藏记集》卷十五、慧皎《高僧传》卷六之慧远传均详载远公与刘遗民等共建莲社事。《庐山结社立誓文》出自刘遗民之手。
〔2〕 《方以智全书》,第十册,第281页。
〔3〕 《方以智全书》,第十册,第281页。
〔4〕 方中通:《赠干云□》,见《陪集·陪诗》卷一,《清代诗文集汇编》,第133册,第69页。

"长者车"典出《史记·陈丞相世家》。方以智受到同在庐山隐居者的尊敬、拜访和生活关照。方以智的好友周岐时在九江,欲举荐方以智主持白鹿书院,但方以智以自己"业已鸟道行矣"为由推辞掉了。[1]白鹿书院的山长是个闲职,某种意义上说也算半隐居状态,对于笔耕不停的方以智,其实也算一个好出路,但方以智拒绝了,他坚定的不欲仕清的遗民志节于此可见一斑![2]正是利用这段天赐的自由时光,自八月底至年底近四个月的时间里,方以智在庐山完成了诗集《借庐语》、《鸟道吟》(大部分)以及《东西均》记、"炮庄二书"——《向子与郭子书》和《惠子与庄子书》等重要著作,[3]当然,最重要的,是为《东西均》定稿。《东西均·名教》篇的内容与庐山传说有关,或可旁证此篇为庐山时所作或修订。方以智有诗对依止庐山颇为自得,甚至为谢灵运种莲而未加入莲社、陶渊明未允慧远的入社邀请而惋惜:"龙眠下笔开生面,古今杖履欣然来。可惜灵运一去不回首,可惜渊明不载东林酒。"[4]方以智的故乡桐城位于龙眠山下,青年方以智曾以龙眠狂生自称,经过朝代鼎革、颠沛流离乃至生死险关的锤炼,方以智的诗句虽偶有《无生寱》的激昂,但无不是悲愤、低沉,像

---

[1] 方以智《借庐语·白鹿洞》自注:"万历己未(1619),智随先祖廷尉公至此。今周农父令蔡抚军,举智主此,业已鸟道行矣。"见《方以智全书》,第十册,第270页。周农父指周岐,时在江西巡抚蔡士英处做幕僚。
[2] 方以智在庐山还拜访了友人熊开元(檗庵和尚),后者曾描述当时他对方以智的观感:"壬辰,避人臣之极位,以比丘身访于匡庐。肩大布衲游行,即以为卧具,别无鞋袋钵囊,亦复不求伴侣,日类十百里,无畏无疲。"见《青原愚者智禅师语录》熊开元序,收方以智著、邢益海校注:《冬灰录》(外一种),北京:华夏出版社,2014年,第277页。
[3] 两文的末尾有注:"此愚者大师五老峰头笔也。佛以一语穷诸外道,曾知佛现外道身,以激扬而晓后世乎?苟不达此,不须读《庄》,又何能读《炮庄》?大医王详症用药,横身剑刃,申此两嚆,苦心矣,岂问人知?壬辰孟秋,玉川学人傅关识。"见方以智著、张永义、邢益海校点:《药地炮庄》修订本,北京:华夏出版社,2016年,第85页。两文也收《浮山文集后编》(见四库禁毁书丛刊编纂委员会编:《四库禁毁书丛刊》,集部113册,北京:北京出版社,1997年),其落款为:"壬辰秋,玉川学人传笑识。"后查《青原志略》,有传笑此人。应判为传笑,收入《炮庄》时笔误作"傅关",并在"秋"前加"孟"字。《方以智全书》第二册第96页作"傅笑",误。
[4] 方以智:《借庐语·二林》,见《方以智全书》,第十册,第272页。二林,指西林寺和东林寺。

"下笔开生面"、"杖履欣然来"这样轻快、这样自信的诗句实在是久违了！于斯时斯地，《东西均》这部不朽哲学名著得以定稿，真方以智之幸，亦民族文化之幸也！

方以智在《借庐语·赠王宾明（必述）》一诗中写道：

> 云深谷口岁寒天，灯火惟求一室缘。
> 东郭闭门还种药，北窗有榻即安禅。
> 汉书久向瓢中渡，楚曲今为醒者传。
> 晋代遗风犹想见，壁间人记义熙年。[1]

汉书代指《后汉书·逸民列传》方子平以五岳终老事，方以智在流离岭表时早已心仪，但在被清兵追逐、被羁困梧州时，那都只能在诗句文字中梦寐；"名山即是还乡路"，[2]如今到达庐山，离老父所在浮山隔江相望，身为禅僧，东晋义熙年间刘遗民（楚人，故以楚曲指代）、慧远等僧俗共结莲社，供佛孝亲之遗风，伊可怀也！"我在虎窟臂三折，只望匡山子骥辙。"[3]"结庐且与故园邻，……就近拈来献老亲。"[4]方以智心中盘算，但待年底省亲完毕即归庐山毕志。王宾明，九江湖口人，据王一翥给友人书信中所称："湖口王宾明，弟远族，与方密之厚善。"[5]则王宾明在

---

〔1〕 见《方以智全书》，第十册，第282页。

〔2〕 方以智：《借庐语·六叔见访庐山》。见《方以智全书》，第十册，第278页。六叔，指方文。

〔3〕 方以智：《借庐语·五老峰上将、中两儿来迎》，见《方以智全书》，第十册，第278页。此处方以智所云子骥有误，应指刘程之，俗称刘遗民。

〔4〕 方以智：《借庐语·六叔见访庐山》，见《方以智全书》，第十册，第278页。

〔5〕 王一翥（1592—1668），字子云，号补庵，黄冈人，国变后隐庐山智林，于五老峰下讲学十余年。据静庵《栖霞阁野乘·王一翥》云："王子云一翥，云泽尚书曾孙，崇祯庚午举人，楚名士也。"参道光《武昌县志》文艺卷下。

方以智逗留庐山时期与之交游,《无生寱》即由他和曾传灿校刊。[1] 前引方以智《书周思皇纸》也称:"还过匡庐之旁,见同棹而返之宾明。"文末自注:"宾明,湖口孝廉王必述也。"方中通有诗《湖口留别王宾明》云:"风帆北去过彭泽",[2]很可能是王宾明租船送方氏父子自庐山过彭泽、回安庆。

方以智终于在癸巳(1653)元日回到了白鹿山庄省亲。由于次子方其义的去世,当父子离散八年后重聚,方以智已然成为方孔炤独子。两人各有诗曰:

> 此回蓬径果桑田,窃比遗民入社缘。[3] 久望里中如北塞,得依膝下即西天。诗题且记庐山腊,雪浪从过海口年。长跪南浮荒草地,伽黎两袖雨潸然。[4](方以智)
>
> 白头余独子,万里一瓢回。历尽刀头路,亲翻池底灰。普天皆北向,抱膝乃西来。哭罢还呜咽,难吞瓠叶杯。[5](方孔炤)

劫后余生,独子归来,却见身披袈裟,长跪不起。人子已成衲子,禁不住"两袖雨潸然";白头老人,竟也是"哭罢还呜咽"。方以智满心欢喜,计划效法刘遗民在庐山入社,奉法孝亲能兼顾,"得依膝下即西天",不料再遭煴火,唯有矢志涅槃。

---

[1] 据前引商海锋发表于《文学遗产》2015年第2期的文章称:"曾灿《六松堂集》有《无大师〈无生寱〉序》,今《无生寱》刻本未见收。"该序参见曾灿《六松堂集》,收《豫章丛书·集部十》,第469页。
[2] 方中通《陪集·陪诗》卷一,见《清代诗文集汇编》,第133册,第69页。
[3] 方以智自注:"遗民即骥之,从远公事佛而养其父。"此处方以智是将刘程之与陶渊明《桃花源记》中的刘骥之相混淆了。又,刘遗民应是养其母而非其父。
[4] 方以智:《借庐语·壬辰除夕归省白鹿度岁于海门江口》,见《方以智全书》,第十册,第283页。
[5] 方孔炤:《冰舍子得放还》,见《桐城方氏诗辑》卷二,道光元年辛巳(1821)饲经堂刻本,安徽省图书馆藏。孔炤有两子,长子即方以智;次子方其义,时已亡。

方以智无意修枯木禅,欲息止庐山,参禅学佛与孝亲两不误。但归乡不久,方以智两次遭遇地方官员以"袍帽"相逼的骚扰。方中通《迎亲集·癸巳春省亲竹关》诗自注云:

> 操抚李公,〔1〕迎老父入皖,赠以袍帽。老父斥之,直奔天界。时杖人翁主天界法席也。三省马公又欲特荐,〔2〕属父执刘阮仙趋行。杖人翁云:"拉得去是你手段,站得定是他脚根。"借以得免。〔3〕

方以智为坚守其不仕清朝的明遗民志节,选择前往南京曹洞宗禅师觉浪道盛处圆具足戒,法名大(弘)智,"闭关"于长干高座寺的看竹轩(后称之为"竹关",并成为方以智的别号),〔4〕方以智《建初集》首篇诗名《涅槃矢》,矢志做一名得法僧人——方以智的逃禅因此进入中后期。前文所引方以智甲午(1654)《书周思皇纸》称:"既已不能菜叶烧庵,又半生重累,累系之白下,犹之云盖也。圆具天界,掩关高座。"〔5〕白下为南京的别称,方以智将长干高座寺比作梧州云盖寺,心中充满无奈。在这个意义上说,方以智矢志涅槃仍是无奈之举,逃禅的性质没有变。

---

〔1〕 李日芃,安徽巡抚。
〔2〕 马国柱,江南江西河南三省总督。
〔3〕 方中通:《陪集·陪诗》卷一,见《清代诗文集汇编》,第133册,第70页。
〔4〕 参葛寅亮:《金陵梵刹志》卷三十四"雨花台高座寺",南京:南京出版社,2011年。
〔5〕 见《浮山文集》,第356页。

第二章
《东西均》——方以智逃禅前期的禅学

方以智被动逃禅是实，但他也因此对禅佛教逐步有了深入的思考和感悟，形成他的禅学思想。在逃禅前期，他的禅悟和禅学首先体现为禅诗的写作，通过《无生寱》的《斋戒》、《自祭》（这两首我们在本书第一章已作解读）、《和陶饮酒》、《鸟道吟》的雁字诗、洗心诗，以及两本诗集均出现的《梅花》组诗，可以考察方以智的禅悟和禅境的变化。而《易余》特别是《东西均》，集中体现了方以智逃禅前期对禅佛教的理性认识，是他前期禅学的代表作。

第一节 禅诗与禅悟——方以智的雁字诗、洗心诗和梅花组诗

方以智尚未到庐山，考据癖便再兴，撰《匡庐名字疑》。[1] 据说匡修炼虎溪之上，后仙去庐存，遂有匡庐山之名。方以智《望匡庐》诗有"隐士

---

[1] 见《方以智全书》，第十册，第263页。《借庐语》同类诗前之小引文章还有《云斗》、《温泉》、《潮泉》、《茶泉》等。

遂令山有姓,禅师还以社传名"之句。[1] 在庐山逗留期间,方以智的心情如同一只放飞的鸟儿。他感受到一个真实的新天地,高喊"秋在此山真!"忘记自己的头陀身份,禁不住"犹作书生吟"。[2] 他恣意地打开天地眼,顿觉"江湖随意阔,泉石引人深"。[3]"自信空中笔,如何画不成?"[4] 他反复陶醉和沉浸在这份悠闲中:"口听泉声废钟声,相看枕石莫谈经。"[5]"浑身坐在青青里,不说青山青又青。"[6]"让人谈佛法,除我听泉声。"[7]"龙潭响处呼谁应,自许闲人指一弹。"[8] 他还与施闰章等新开三叠泉路,[9] 并为此十分自豪,其《怀古》诗云:

> 三叠千年少客寻,黄岩一望即知音。当时太白香山辈,乘兴看山总不深。
>
> 匡庐是处见鄱阳,着屐登山好发狂。却问柴桑桥畔客,曾无一语及湖光?[10]

---

[1] 见《方以智全书》,第十册,第265页。
[2] 《借庐语·凌云舍月下》,见《方以智全书》,第十册,第267页。方中通《陪集·陪诗》卷一(见《清代诗文集汇编》,第133册,第69页)有〈凌云舍老父为瞿稼轩年祖作传,赵秋屋携之东归〉,方以智东归时在梧州以妻、子相托赵秋屋,如今赵秋屋独自上山,估计是将方以智妻子潘翟(1613—1694)与幼子方中履安顿在庐山附近。此诗之后,方中通有诗《母大人携三弟亦至,相遇于青山舟中》,可证潘翟母子并未上山。
[3] 《借庐语·读老父游庐山卷》,见《方以智全书》,第十册,第265页。
[4] 《借庐语·九云屏》,见《方以智全书》,第十册,第267页。
[5] 《借庐语·绿潭》,见《方以智全书》,第十册,第266页。
[6] 《借庐语·二林》,见《方以智全书》,第十册,第272页。"妙高山色青又青"为禅僧习用句,妙高山为须弥山之别译名。青又青为"妙高山色青又青"之省语。
[7] 《借庐语·游山示思皇》,见《方以智全书》,第十册,第276页。
[8] 《借庐语·黄岩》,见《方以智全书》,第十册,第267页。
[9] 方以智和施闰章在到达樟树后分手,不久于归宗寺重新会合。据传王羲之任江州刺史在庐山金轮峰下建宅,离任后赠给了"东林十八贤"之一佛陀耶舍尊者为寺院,起名归宗寺,是庐山第一寺。(据李勤合、滑红彬《庐山佛教史》,建归宗寺的,还有"达摩多罗"之说。二说皆有疑点,连同王羲之是否实际到任都成问题。见该书第一章第三节相关讨论,南昌:江西人民出版社,2014年,第15—22页。)万历间,释果清重修,肃皇太后施藏经于寺。施闰章在庐山居约十日,与方以智共游了三叠泉、五老峰、双剑峰、玉川门、玉帘泉、黄岩寺、开先寺等。
[10] 见《方以智全书》,第十册,第276页。

方以智到庐山后先宿归宗寺,〔1〕后移居九云屏"借庐",〔2〕在三叠泉和五老峰一带流连忘返。〔3〕并与中德、中通二子相会于五老峰头。在五老峰,方以智自信用自己的笔写出了庐山之心:

古人欲识庐山面,何人能识庐山心?
……
重阳日,真第一;山有灵,我有笔。
关同郭熙写不出,请叫一声千年毕。
千年饶有题诗人,雕镂刻画皆不真。
自非放眼长空者,此心那与名山亲?
庐山有心问五老,五老面面对人好。
眼前半句聊草草,一世机锋此间扫。〔4〕

方以智自信已开天地眼。写于"五老峰颠"的《东西均记》中暗示作者已将《东西均》定稿,"副决鼻行者抄之"。〔5〕决鼻行者应为方以智弟子。而《东西均开章》的结尾是:

蒙老望知者,万世犹旦暮。愚本无知,不望知也,苍苍先知之矣。
三更日出,有大呼者曰:"是何东西!"此即万世旦暮之霹雳也。

---

〔1〕 归宗寺与方以智外祖和父亲都有因缘。方孔炤曾游庐山宿归宗寺。金轮峰有舍利塔,后称耶舍塔,吴应宾曾重修。
〔2〕 《借庐语·借庐》题注云:"借庐者,九云屏之客房也。"见《方以智全书》,第十册,第277页。
〔3〕 《借庐语·新开三叠泉路》有"此间真第一,九月看三回"之句,见《方以智全书》,第十册,第269页。方以智八月到庐山,此处九月当指月份。
〔4〕 《借庐语·五老行》,见《方以智全书》,第十册,第277页。
〔5〕 方以智撰,庞朴注释:《东西均注释》(外一种),第45页。

请听！〔1〕

前引诗《五老行》有"请叫一声千年毕"之句,千年本与万世相呼应,而"请叫一声"自然与"有大呼者曰'是何东西！'"相呼应,三更日出,则似乎暗示在五老峰巅。故,极有可能《东西均开章》也是在五老峰"借庐"完成的。至于《东西均》正文25篇,估计完成于冰舍时期,在庐山可能仅作最后订正。方以智《借庐》诗称："总缘五老好留人,留得闲人许结邻。金字琅函皆是假,但凭隐士写来真。"闲人、隐士皆指代方以智本人。元朝统治者尊崇佛教,历代都有书写金字藏经的大型活动,方以智在此加以讽刺。诗人自信："才坐九云屏下定,青山无色水无声。"〔2〕又宣称："名山即是还乡路,诗卷能招出世魂。"〔3〕可见,方以智流连庐山山水,意在识庐山之心,入一个本色自然之禅定。在他看来,这就是行鸟道。至道寥廓,如空中鸟迹。方以智这一禅观,在《鸟道吟》诗集里得到集中体现。

《鸟道吟》收入的诗作同样写于庐山,而终篇则收于金陵（长干）竹关时期。《鸟道吟》篇首为《鸟道》诗。〔4〕以"鸟道挂疏雨,关塞极秋兴"写景起句,〔5〕以"马毛龟甲中,木石见情性"为转折,以"黄鹄将安之,榆枋亦安命"为点题,落脚在"玉石总他山,游心且吟咏"。这一开篇明确地把收在这个集子里的诗归为游心于禅,正可与他六年后行脚江西的禅游相呼应。次篇是《与客论正变》,表达了《鸟道吟》虽属变正,然而："悬崖与都鄙,山居与名堂。所贵转风力,鼓腹天衢康。……妙高不可见,别峰尝回翔。诗禅同橐籥,古今为资粮。……无内外中间,各用其所长。……适得

---

〔1〕 方以智撰,庞朴注释：《东西均注释》（外一种）,第42页。
〔2〕 见《方以智全书》,第十册,第277页。
〔3〕 《借庐语·六叔见访庐山》,见《方以智全书》,第十册,第278页。
〔4〕 见《方以智全书》,第十册,第287页。
〔5〕 钱起《太子李舍人城东别业与二三文友逃暑》有"鸟道挂疏雨,人家残夕阳"句。杜甫《秋兴》有"关塞极天唯鸟道,江湖满地一渔翁"句。

而几矣,木舌原相忘。……乃见古人心,铁砚犹羹墙。达者不动步,坐享声音王。"[1]在方以智看来,写诗固属风雅,然有正有变,悬崖、山居与都鄙、名堂,所贵均为风雅(转风力、移人心),诗禅本是同橐籥,古今均可为资粮。这明显是为自己这个游心于禅的诗集辩护。接下来的诗篇按内容共分三组:雁字诗、洗心诗和梅花诗,而以《落花》诗终篇:"世皆嫌汝落,因此欲无生。但令人长叹,犹如天作声。诗随红雨过,溪涌白云平。不见东流意,春风自遣情。"面对落花这样的日常现象,诗人所见红雨、东流,引发了溪涌白云平、春风自遣情的平常心。有论者认为,方以智"雁字诗"标志他诗风的转变与融通的诗学观的形成,并与其融通三教的哲学思想的形成相对应。[2]其实,《鸟道吟》诗集里的这三组相关诗共同标志着方以智思想的转变。在该集中,诗人有种对命运安排的无奈,而以淡淡的忧伤为基调,平复了《无生寱》诗集里的激愤和悲凉,表明自己的逃禅和行鸟道已归于"中道"。我们不妨对这三组诗略加展开。

先看雁字诗。

大雁以其候鸟的习性和忠贞的节操很早就成为诗人讴歌的对象,也是隐逸之士的常用意象和精神象征。人又常以雁鸣为伤秋之声,但晚明出现一股雁字组诗热,却是受公安派袁宏道、袁中道兄弟俩的影响。[3]与方以智同时代的王夫之,也写有《题芦雁绝句》与前后《雁字诗》。吴应宾与袁宏道交善,写有《水中雁字诗》相和,诗文今未见,但方以智在写作中经常提及。例如方以智《念佛孤颂》有句:"水鸟树林皆念佛,红桃翠竹

---

[1] 见《方以智全书》,第十册,第287—288页。
[2] 方盛良在《融通:从思想到文学——以方以智"和水中雁字诗"为中心》一文中提出:"和诗"是方以智思想轨迹上的一个不容忽略的点,它以文学的样式不自觉地宣告了方以智儒释道三教合一思想体系的形成,它产生的时间也正是方以智三教合一思想体系建立的时间。见《文学评论丛刊》2003年第3期。
[3] 参黄仁生:《论公安派后期诗风的转变与影响——以晚明兴起的〈雁字〉诗热为中心》,载《中国文学研究》(辑刊)2012年第2期,收入黄仁生:《中国文学古今演变刍议》,上海:东方出版中心,2014年,第292—308页。

黄梅熟。野人忘却衣裳恩，布袋街头愁鼓腹。""西来白社是东林，山色溪声莽古今。法眼攒眉休借问，观莲池和没弦琴。"〔1〕寿昌大存在孤起颂后赞叹："树林水鸟，山河大地，同放光明。"方以智壬辰（1652）在庐山写《和先外祖吴观我太史公水中雁字诗》，其中禅悟也大致如此。〔2〕其序曰：

  雁过长空，水无留迹，玄虚写照，真假俱非。古人信手拈来奇字，向天问出。昔余外祖亦和斯篇，三通窄口，依稀一句；通身分付，无非妙谛。触处会心，上下天渊。被化蝶之漆园，激翻背负，潜飞卦画；搅毒龙之华藏，见示毫端，妙在空行。休分影事，高深点点，来去如如，历千劫后之文字风流，即众艺场之声音般若，题目虽为咏物，眉毛各剔其人。……镜中印破，象外凌虚，总此业缘。……在空烧空，以水洗水。〔3〕

其二云：

  河洛疑传绿字差，阎浮满署鸟官衙。凤翔王藉风皇帝，龙藏函归海世家。
  鬼哭寒潭添血雨，人看彼岸似云车。天渊拈出鸿濛案，南北翻飞

---

〔1〕 见方以智著，邢益海校注：《冬灰录》（外一种），第15页。
〔2〕 今存近人柴萼在《梵天庐丛录》中所录的《方密之水中雁字诗文卷》，包括十五首和诗及诗后方以智自跋、方向堃等七人跋文跋诗两个部分。方以智曾手书"和诗"于一帧横绢上，后散失，直到光绪末年被其后裔发现，遂据横绢本连同跋语石印，更名为《方密之水中雁字诗文卷》。参方盛良《融通：从思想到文学——以方以智"和水中雁字诗"为中心》，文中提出："以智不惜笔墨，竟为自己的十五首七律诗作六百多字的长跋，又亲自手书全部诗作于一帧横绢上，这在其诗歌创作生涯中极为少见，由此可见和诗在其心中的分量。"此话有理。方以智《信叶》有一阕《渔歌子》提及雁字诗："水茫茫，云漠漠。回纹雁字诗难作。一行行，描不着。风雨半空洗却。好长空，添络索。影在江湖深处落。怪乌鸦，招喜鹊。出塞不容相讬。"见《方以智全书》，第十册，第310页。
〔3〕 见《方以智全书》，第十册，第288—289页。

莫眼花。[1]

其十四云：

  印水连空印破新，镜湖错判与波臣。骑鲸问帝何时醒，放雀衔书不借邻。

  直待覆舟难下语，岂缘睹影浪传真。谁行鸟道随流见，首尾拖泥看转身。[2]

其十五云：

  难逃文字海中翻，翻出牢笼许寓言。飞此两间原不落，偶然一过复何论？

  交芦割水吹光后，入草求人满口吞。白浪黑风无半点，苍苍扫却十玄门。[3]

妙谛，如如，般若，业缘，彼岸，转身，十玄门，方以智的这些和诗每每出现禅佛教的关键词，是十足的禅诗。后来在长干竹关，乙未（1655）方以智作《又和》，其题注云："先外祖观我吴公，言水中雁字，有三空两互之妙。五老峰头曾描邈之。归读老父所题，又变一格，洗壁更书，终不可及矣。"此处点明先前的和诗是在庐山五老峰头所作，《又和》五首系和方孔炤题吴应宾《水中雁字诗》，作于竹关。其二为：

---

[1] 见《方以智全书》，第十册，第290页。
[2] 见《方以智全书》，第十册，第292页。
[3] 见《方以智全书》，第十册，第292页。

> 环中亲手写图经,反对流行忆过庭。凤鸟逝兮空作赋,潜龙飞去本无形。
>
> 眼看缃素千秋白,波洗玄黄一色青。霄壤汪洋中画破,浮生焚稿望谁听。〔1〕

环中指方孔炤,他晚年合编《周易时论》,阐发反对流行、寂历同时的易理。

再看洗心诗。

如果说雁字诗像是引子,洗心诗的主题则是行鸟道的大旨。方以智壬辰(1652)作《洗心章》十二首,《广洗心十三章》,〔2〕题注称和黄道周与倪云璐己卯(1639)年韵,二人均是明末名臣和气节忠义高尚之士。方以智生于理学世家,于忠孝大节终身不含糊,如果认定这一点为儒生本色和底线,那么说方以智终生未改儒心也不为过。但偏偏"洗心"说本是庄子学的特色,道家亲水是毋庸置疑的。方以智写于五老峰的《洗心章》诗前序称:

> 婴儿既生,以水洗火。……露布一洗,何快如之!因偷此快,执以为秘,又不悟必不免而必言,当洗者洗,免也。在澥洗澥,本无垢净,洗何洗乎?……字字冷浇,热焚澜,冰消桶脱。……此时炉鞲尤切,礧磑崩裂中过日,灰头土面中翻车。白汗一身,声破今古。信得镬汤百沸,乃是盥漱家常。元会镂丸,一鼾已耳。磨以为洗,聊当

---

〔1〕《方以智全书》,第十册,第 293 页。
〔2〕 黄道周有《洗心》诗十二章,又《广洗心》诗十三章,分别见黄道周撰,翟奎凤、郑晨寅、蔡杰整理:《黄道周集》,第五册,第 2082—2084 页,第六册,第 2434—2437 页,北京:中华书局,2017 年。洗心诗其六云:"石磬收声处,金人不语时。龙蛇闲听法,猿鸟静闻诗。摆脱书千卷,淋漓草一枝。此中全密藏,颇与木鱼知。"其十二云:"已识退藏法,况看无闷书。羲农容晚晤,毛发剩朝梳。庙算古今秘,臣身日月疏。尚留干净地,可以报闲居。"

孤颂。[1]

　　这是庐山期间方以智文字中禅味最足的一篇,其所谓洗心,与黄道周及倪云璐已是完全不同的样貌。看似大谈庄子,实在表达禅悟,亦庄亦禅。"磨以为洗,聊当孤颂。"所谓孤颂即孤起颂,四句为颂,本是佛经十二部的一种体裁(伽陀),单独结句以演法义。方以智自认洗心章是孤起颂,可以说他此时的禅学功力在《洗心》诗里初露锋芒。如《洗心章》其一:

　　　　一瓢收天海,庄生不谬悠。天中翻澥浪,澥底向天流。
　　　　送月消三影,追风截两头。离钩何所钓,击楫破虚舟。[2]

其十一:

　　　　独立无人处,霜风自往还。《河图》披宝镜,逢腋即金襕。
　　　　破瓮堆生冢,柴车闭死关。不妨毛孔里,碾碎铁围山。[3]

《广洗心十三章》其四:

　　　　撞呼阊阖九门开,直问天从何处来。劫火生风如鼻息,潮声逐月讲轮回。
　　　　苦锥杏树坛前血,滴入莲花池底灰。宝几再凭徒下泪,拈香烧出一场灾。[4]

---

[1] 见《方以智全书》,第十册,第293—294页。
[2] 见《方以智全书》,第十册,第294页。
[3] 见《方以智全书》,第十册,第296页。
[4] 见《方以智全书》,第十册,第297页。

其十一：

　　玄黄影本贮冰壶，响榻描成帝纲图。早断半升铛里命，抄来一点墨前符。

　　鸟官正掌空王印，龙女先抛罔象珠。屋壁作声蜥蚪死，可怜破楼少人沽。

庐山之后，乙未(1655)方以智于竹关撰《又洗》。小序曰："以血肉为心耶？以虚空为心耶？非执昭昭灵灵，即执昏昏默默。如来五种中道，应时中节即不问，且问洗心藏密，密在何处？"[1]

　　含涕又宜笑，思我翻然疑。昏鸦失所安，翔集歌雊噫。
　　六龙潜上下，观玩时哉时。直塞天地间，垂手愁双眉。
　　五老峰太息，藉草聊伈伈。舍命不谈道，变调休言诗。
　　秋风自扫除，曼衍徒尔为。白云最平淡，射日还支离。
　　冷暖一瓢水，何用旁人知？心不自见心，末后将语谁？

诗中自言"舍命不谈道，变调休言诗"。其实，他是变调仍需诗，舍命乃悟道！此时他正奉觉浪道盛之命撰集《药地炮庄》，曼衍、支离，顺手拈来，冷暖自知，他以这首诗为自己的洗心结款。

最后看《梅花》组诗。

《鸟道吟》和《无生寱》中均有梅花组诗。梅花与兰花、竹子、菊花一起被列为"四君子"，又与松、竹并称"岁寒三友"，向以高洁、坚强、谦虚的品

---

[1] 见《方以智全书》，第十册，第298—299页。断句标点有更动。

格为诗人们所喜爱,方以智也不例外。

《无生寱》中的梅花诗十首,[1]已非典型咏物诗,首首都在寄情和吐露心迹。当时为庚寅(1650)春,方以智虽然心已托空,尚未披缁,却是满眼的悲世伤怀,直至最后一首才平静下来怀春发梦:

第一天心只爱寒,东风珍重写来难。……真人面目谁能识,壁立崖前仔细看。(其一)

千年却遇悲歌者,一纸投空泣数行。(其二)

痴坐竟抛班草杖,饱看懒唱采薇歌。[2](其三)

檐低索笑如浇酒,纹断无弦久碎琴。一片魂成华表鹤,唉空长作海潮音。(其六)

惨慄伤心此一回,腥风匝地苦相催。……天上招魂非笔墨,空中埋玉免尘埃。(其九)

桃园留得汉家春,草木当时善避秦。……岁岁一场年少梦,惟余老干自嶙峋。(其十)

《鸟道吟》的《梅花》组诗则写于竹关时期。虽然和雁字诗、洗心诗不在同一写作时间和地点,但属于圆具足戒后的励志作品,可以看作是洗心诗的后续和有机组成部分,并且,如果和方以智正式披缁(但没有圆具足戒)前所写的《无生寱》梅花诗十首作一对照,也是有意义的。

《鸟道吟》的《梅花》组诗又分《和白门梅花韵十六首》[3]、《又梅花十

---

[1] 见《方以智全书》,第十册,第237—239页。
[2] 王安石《次韵十四叔赐诗留别》有句:"班草数行衣上泪,何时杖屦却相亲。"《采薇歌》云:"登彼西山兮,采其薇矣。以暴易暴兮,不知其非矣。神农虞夏,忽焉没兮。我安适归矣?于嗟徂兮,命之衰矣!"
[3] 见《方以智全书》,第十册,第299—302页。

二首》[1]。《十六首》的第一首仍对自己的遭际和社会动荡表示感伤,对新身份多少有些不适应:"人间属和千篇易,世外传真一笔难。还是深山还太古,不知大地不平安。"(其一)但随后诗篇的心情都很平和,并在对自己禅僧日常生活叙事中,安抚自己不能继续世间学问和奉养老父的尘想:

冰消瓦解参堂去,鼓寂钟沉托钵时。但报黄梅春信早,尘埃扫却壁间诗。(其四)

花开不管谁家腊,天地全归祇树林。(其八)

美人面目终黄土,禅客衣囊尽白云。(其九)

苦参梅子何时熟,绿满蒲团日影斜。(其十)

痴立巡檐想故园,为招隔世蘂姑魂。……从今珍重东皇意,桃李无言莫负恩。(其十一)

刀枪林里转身难,说甚桃源老干残。败竹那能藏隐士,孤松未免作秦官。(其十二)

翻经病眼畏昏黄,尽一钟声诵一行。犹待六朝明月下,欲飞三径故人旁。(其十四)

丹青邈得西来意,过海圆光在笔先。(其十五)

《又梅花十二首》进一步开解自己的禅僧生涯并通过咏梅自励:

酒向东篱偏问菊,《骚》传南楚只言兰。春秋虽让经冬老,千古随人一色看。(其三)

官舍尽逢三日别,宫檐无复六朝装。不如荒寺颓墙下,犹保黄梅熟可尝。(其五)

---

[1] 见《方以智全书》,第十册,第302—304页。

三更月照虚空骨,一字幡招淡泊魂。冻惯白衣挥铁笔,玲珑粉碎总无痕。(其六)

翻身亲跳出冰壶,春在吾家壁不枯。雪窦闲时抛碎玉,灰堆何事羡真珠。(其九)

生意须知出世残,冰心死爱宝林寒。虽无南亩深耕苦,欲保东皇护法难。(其十一)

诗言志。方以智的雁字诗、洗心诗、梅花诗,以及《无生寱》中的自祭诗、和陶诗,都体现着方以智逃禅之初也即方以智早期禅学的特色。自祭文和诗已在第一章论及,这里只看《和陶饮酒》。[1]

诗共二十首,[2]收在《浮山后集》的《无生寱》中,自注为"辛卯梧州冰舍作"。袁行霈曾提出:"和陶并不是一种很能表现创作才能的文学活动,其价值主要不在于作品本身的文学成就,而在于这种文学活动的文化意蕴。"[3]表现在方以智的和陶诗中,便有对山河破碎、家国沦丧的控诉:

天地已倾覆,何论东南偏。网罗不可脱,杀戮到深山。有路不早达,无家何用还?(其五)

风波卷地起,篷海皆危涂。(其十)

有彷徨:

颓然厌斯世,长年复何为?(其八)

---

[1] 见《方以智全书》,第十册,第252—256页。
[2] 宋代苏轼首开和陶之风,即《和陶饮酒二十首》,见《东坡七集》。
[3] 袁行霈:《论和陶诗及其文化意蕴》,《中国社会科学》2003年第6期。

有无奈和逃避：

> 举世无可语,曳杖将安之？（其一）
> 哀乐所不受,乐得蜉蝣生。（其七）

有悲伤和叹息：

> 八极纷茫茫,中路能无悲？……一经离乱中,盛年忽已衰。（其四）
> 我歌君和之,满座生凄风。闻者数行下,一句三声中。（其十七）
> 忽忽四十余,努力何所得？（十八）

有率情和排遣：

> 洸洋任蒙庄,志怪听《齐谐》。……途穷亦尝事,何用恸哭回。（其九）
> 到处容木榻,抱膝原无余。（其十）
> 诗书不忍弃,但读勿复道。（其十一）

更有对理想人格的礼赞和未来想象：

> 东篱一杯酒,遗风常在兹。（其一）
> 古人故独往,不知其所之。（其十二）
> 我闻鄱阳岸,尚有渊明宅。浔阳彭泽路,所至传遗迹。乱后村烟少,千家不满百。匡庐三叠泉,历年飞空白。余时写一纸,自病自爱惜。（其十五）
> 读书好山水,此中颇不惑。……人生是行路,招魂还故国。（其

十八)

> 修士多顾忌,吾宁率吾真。末世风俗薄,犹喜山中淳。……茅屋各相望,永无车马尘。……古今不同调,同是羲皇人。(其二十)

方以智题注中虽然有"不饮非戒,亦非不戒,余当为渊明受双非之戒"类似禅语,但总体而言,《和陶饮酒》诗的精神表达仍可归入属于儒生的"穷则独善其身,达则兼济天下"类型,逃禅与道家的隐逸在方以智那里也基本上等同,总之,方以智此时还没有禅学功底。经过梧州冰舍一年多时间的读(佛)经、思考和写作,至庐山时期,方以智的禅学知识和智慧都大增,《鸟道吟》便是其诗性的表达,《东西均》则是其理性思维的结晶。

第二节 三征——三均、三冒的三一论

在理性认知层面,方以智的《东西均》是如何看待禅佛教的呢?

方以智提出"均"的概念。认为"均固合形、声两端之物也",[1]旋形之均读"均",和声之均读"韵",均、韵通。并且"古呼物为东西",则东西均即物均,分形、声则谓物之均与物之韵,合而言之,就是"游形而戏声"的各种物论,也就是人类的各种道术("苦心法")。如此,禅佛教是一种"均"。

方以智又提出公均、隐均、费均"三均说"。

> 两间有两苦心法,而东、西合呼之为道。道亦物也,物亦道也。物物而不物于物,莫变易、不易于均矣。两端中贯,举一明三:所以为均者,不落有无之公均也;何以均者,无摄有之隐均也;可以均者,有藏无之费均也。相夺互通,止有一实,即费是隐,存泯同时。[2]

---

[1]《东西均注释》(外一种),第14页。
[2]《东西均注释》(外一种),第15页。

《东西均》这一段话分别对应了《易余》的两段论述。

其一,《易余·如之何》曾云:"道,一物也;费,物也;隐,一物也。"〔1〕《东西均》此段文字基本上是这一观点再发挥。道是物之道,物即道之物。两间指天地间;苦心法指救世救心的各种道术,也就是各种物论或均;两苦心法则指以孔子为代表的东均和以佛教为代表的西均;东均、西均都是道,都是物论。

其二,公均(所以)、隐均(何以)、费均(可以)的"三均说"脱胎于《易余》显冒、密冒和统冒的"三冒说":

> 冒天下之道者,大二即大一而已矣。……大一分为大二,而一以参之。……故一不可言,言则言参两耳。……费中自具三冒,隐中亦具三冒。费法详明,以费知隐,本无费隐,而有费隐,隐汁乎费,有何费隐?……直下是一开辟之费天地,标后天妙有之极,人所共睹闻者也,命曰显冒。因推一混沌之隐天地,标先天妙无之极,人所不可睹闻者也,命曰密冒。因剔出一贯混辟、无混辟之天地,标中天不落有无之太极,即睹闻非睹闻、非即非离者也,命曰统冒。〔2〕

和《东西均》相比较,《易余》所谓显冒即费均,密冒即隐均,统冒为公均。《易余·易余小引》云:"三冒五衍:大一分为大二,而参两以用中五,从此万千皆参五也,皆一贯也。三教百家,造化人事,毕于此矣。处处是《河》《洛》图,处处是〇∴卍,行习而不著察耳。"〔3〕《易余·三冒五衍》篇声称:"以三冒五衍尽三教百家。"〔4〕《东西均·三征》同样声称:"开顶

---

〔1〕《易余》(外一种),第56页。
〔2〕《易余》(外一种),第30—32页。
〔3〕《易余》(外一种),第2—3页。张昭炜整理本误"二"为"三"。
〔4〕《易余》(外一种),第29页。

门、背、面之目,破不落有、无之镜,而覆存、泯同时之帱;一謦咳,三教毕矣。若不能知,千篇累牍,亦纱縠也。"〔1〕也就是说,和《易余》一样,三教、百家同样是《东西均》要处理的核心问题。只不过,经过梧州时期对禅佛教的领悟,方以智以"均"的概念替代"冒"。他提出:均之为物,合形、声两端。物之形、声两端千变万化(变易、不易),故均亦易也,易亦均也。均(易)之道,无非所以、何以、可以。均之类(名),有公均,即所以为均者;有隐均,即何以均者;有费均,即可以均者。

三均、三冒说的共同理论特点在于跳出物之有无、善恶之二分法或相待法,引入源于象数易学的参(三)五和一贯论。〔2〕方以智受吴应宾宗一圆三思想(所谓三一论)、邵雍先天易学以及庄子三层"未始有"智慧等启发,有"有",有"无",有"不落有无"。有无相待,不落有无则为绝待。以"费"或"显"标后天妙有之"有极",以"隐"或"密"标先天妙无之"无极",前人在无极之前立一"太极",方以智认为不如称之为"太无"或"中天"。

> 不落有无又莫妙于《易》矣。……太极者,犹言太无也。太无者,言不落有无也。后天卦爻已布,是曰有极;先天卦爻未阐,是曰无极。二极相待,而绝待之太极,是曰中天。中天即在先、后天中,而先天即在后天中,则三而一矣。〔3〕

有藏无谓之费均,无摄有谓之隐均,不落有无,即费是隐,存泯同时,谓之公均。费均可以,隐均何以,统一于公均所以。有藏无或无摄有,费均或隐均,落在"后天"或"先天"的对待之中,而不落有无、绝待之公均称

---

〔1〕《东西均注释》(外一种),第61页。
〔2〕 在《东西均·三征》中方以智将这一象数易学理论表述为:"一与二为三,此教父也。中五即大一也。一也,五止有四,四止有三,三止有二,二止有一,此琉璃图书也。"见《东西均注释》(外一种),第67页。
〔3〕《东西均注释》(外一种),第77—78页。

为"中天"。

后来方以智在《一贯问答·孔子三无》篇具体揭示了前人早已提出可以、何以、所以的用法和思想：

> 荀子曰："可以而不可使。执(故)涂之人皆禹也，虽不能为禹，无害可以为禹。"孔子曰："视其所以。"佛曰："所以者何？"又曰："何以故？"吾因是而提所以、何以、可以之说。所以即中谛之正因，太极不落问答，无学之学也。何以即真谛之了因，妙无极问破难答之学也。可以即俗谛之缘因，妙有极共问答自答问之学也。〔1〕

这似乎是将"所以"和孔子儒家联系起来，将"何以"和禅佛教联系起来，但将"可以"系之荀子，可见这里并非以儒释道三教论说。方以智又以佛教之三谛（中谛、真谛、俗谛）三因（正因、了因、缘因）说与"三以"（所以、何以、可以）论相类，也证明三教之每一教都有"三以"论，因而也就都有三均、三冒。

《易余·易余小引》"三子记"称："忧世道之责，当士舍身命当之矣。何生不知何谓世、何谓道，何暇忧乎？平公为太翁，享见成之福而碎其体，以与之同处者也。"〔2〕许多论者受《象环寱记》影响，试图将《易余》三子（当士、何生、平公）判定为三教身份，如果说何生象征佛教之"何以"没有困难，那么，当士是象征"所以"还是"可以"？平公是象征道家还是儒家？这是无法自圆其说的。方以智又借用佛教法身、报身和应身概念，三身一佛，言三子实一身（人）。法身体现"所以"之道，超越世出世间，只有世即出世之一真法界。报身体现"何以"之道，重在出世、泯一切法。应身体现"可以"之道，重在入世、立一切法。《易余·三冒五衍》有曰："三谛者，中

---

〔1〕《东西均注释》（外一种），第468页。
〔2〕《易余》（外一种），第1页。

谛统一切法，真谛泯一切法，世谛立一切法也。三因者，正因、了因、缘因也。三身者，法、报、化也。"[1]因此，当士、何生和平公"三子"并无三教对应身份，其实只是对所以、何以和可以的拟人化，三教中的每一教都各有所以、何以和可以。《易余·三冒五衍》即称："老子以混成为统冒，以常无为密冒，以常有为显冒。"[2]则一家即有三冒！各家无不有三冒、三均、三以。

方以智《易余》也好，《东西均》也好，直接取消传统对三教称谓、名词之讨论和评判，代之以三冒、三均、三以这样可以用象数、图示来表法和征几的研极。《东西均·三征》指出：

> 心以为量，试一量之可乎？一不可量，量则言二，曰有曰无，两端是也。虚实也，动静也，阴阳也，形气也，道器也，昼夜也，幽明也，生死也，尽天地古今皆二也。两间无不交，[3]则无不二而一者，相反相因，因二以济，而实无二无一也。[4]
>
> 圆∴三点，举一明三，即是两端用中，一以贯之。盖千万不出于奇偶之二者，而奇一偶二即参两之原也。上一点为无对待、不落四句之太极，下二点为相对待、交轮太极之两仪。三身、三智、三谛、三句，

---

[1]《易余》（外一种），第33页。《易余·易余小引》论"世出世"云："入世重在立一切法，以通德类情，正用二中之一也，而日用不知者多矣；出世重在泯一切法，以黶扫古今，乃离二之一也，所谓偏真但空者也。超越世出世间，止有世即出世之一真法界，而余皆呼砾砖为古镜者矣。不知藏正因于了因、缘因者，执向上一位，乃死法身也。"见《易余》（外一种），第12页。佛教有三因佛性说：正因（法身）、了因、缘因。正即中正，中必双照，离于边邪，照空照假，非空非假，三谛具足为正因佛性。了即照明，由前正因，发此照了之智，智与理相应，为了因佛性。缘即助缘，由一切功德善根，资助了因，得开发正因之性，为缘因佛性。成佛之正因即藏于了因、缘因中，正因对应于公均，了因和缘因分别对应于费均与隐均。

[2]《易余》（外一种），第34页。

[3]《东西均·三征》提出交、轮、几说，以交轮征几："交也者，合二而一也；轮也者，首尾相衔也。凡有动静往来，无不交轮，则真常贯合于几，可征矣。"见《东西均注释》（外一种），第92页。

[4]《东西均注释》（外一种），第67—68页。

皆不外此。[1]

在方以智看来,凡象数皆有两端,皆有中贯。一以贯之,即合二而一,一在二中;相反相因,相夺互通,只有一实,则三即一也。《易余·三冒五衍》称:"言不顿彰,非三不显。"[2]后来,在合山庐墓时期,方以智于《图象几表》明确提出"三为约法"的方法论:

> 壨焱淼森蟲众之类,皆以三状多,可悟三为约法。︵,此古天字;古气字作≈,亦以三重状之;)))则直而曲之。益信非三不显万法,惟乾统御。……诸家之图皆用三立象以范围之,三即一也。[3]

非三不显万法,万法惟乾统御,因为乾卦之象以三横线为三爻,是"三为约法"的典型象征。庞朴先生痴迷于方以智这一学说,在专著《一分为三论》中提出:"中国文化体系有个密码,就是'三'。"[4]

第三节 声原——通雅以救文字教

如果说以上"天"、"气"、"川"皆是以物之形为论,那么物之声又如何呢? 也不例外,也是"三为约法":

> 论声以◎无声之声母,今取以象三极之贯,太极在无极有极中,

---

[1]《东西均注释》(外一种),第103页。
[2]《易余》(外一种),第31页。
[3] 方孔炤、方以智撰,郑万耕点校:《周易时论合编》,北京:中华书局,2019年,第6—7页。
[4] 庞朴:《一分为三论》自序,上海:上海古籍出版社,2003年,第5页。

而无极即在有极中。〔1〕

方以智在梧州逃禅期间已领悟到佛教对声音的洞察。《悉昙藏》揭示"声"的本质是气风(指呼出或吸入之气)触其七处(七个发音部位)而发声,显示印度对声音的辨认要比东方精微。郑樵《通志·七音略》序曾指出:"释氏以参禅为大悟,通音为小悟。"近人张克强认为:"中国文字是由象形文字发展起来的,假如没有外来的影响,对于声韵方面的研究自然会比较忽略。而这一门学问却正是佛家所最重视的。"〔2〕方以智在梧州云盖寺为僧时开始研究梵音、梵呗,向"无量声音王"请益良多。他认为:"惟声音可通古今人物之情,文字其寄托者也。"〔3〕提出"欲通古义,先通古音。声音之道,与天地转"。〔4〕这种"以音求义"主张,被梁启超认为是"密之最大的发明"。〔5〕方以智注意到"音有定而字无定,切等既立,随人填入耳"。〔6〕所以,方以智还盛赞西方拼音文字,提出"以音求字",并主张文字改革,是最早提倡汉字拼音化的中国人。〔7〕

方以智在《等切声原序》中还用中国的五行说给予解释,认为"五行之位,西方属金,主声,纳音起焉,故等韵出于西乾。今数千年,而泰西复以西音入,其例可以互征。中国文字之教独盛,人未深于耳顺"。〔8〕西乾

---

〔1〕 方孔炤、方以智撰,郑万耕点校:《周易时论合编》,第7页。
〔2〕 张克强:《佛教对于中国音韵学的影响》,《普门学报》第55期(2010)。
〔3〕 《通雅》卷五,见《方以智全书》,第四册,第250页。
〔4〕 《通雅·方言说》,见《方以智全书》,第四册,第24页。
〔5〕 梁启超:《近三百年中国学术史》,天津:天津古籍出版社,2003年,第172页。
〔6〕 《通雅·切韵声原》,见侯外庐主编:《方以智全书》,第一册,上海:上海古籍出版社,1988年,第1501页。
〔7〕 文字有象形、表意、标音,发展的一般规律总是从表形到表意,从表意到表音。汉字的形体结构同样经历了多次重大变化,但始终还停留在表意兼标音的阶段。今天我们的汉语拼音,肇始于清末维新派卢戆章、王照等人发动的切音字运动,"五四"后终于收获果实。方以智近三百年前即提倡汉字拼音化,这是何等卓识和开放!
〔8〕 《浮山文集》,第336页。

指印度,泰西指欧洲。方以智《东西均》就是吸收西乾、泰西声音之道对各种文字教会通之、集大成。方以智时代,除传统儒道佛三教之外,还有西来的质测学和天主教。在方以智看来,

> 用形之义详于东,而托形之声出于西。清静音闻,谁耳顺乎? 弦歌杳矣;诗乐故事,孤颂虽行,且嗤满半。独均与别均之裔争,而各裔又争。独均已不知呼天之声,泥于理解,不能奇变,激发纵横之曲,必让涂毒之鼓。〔1〕

方以智对禅佛教的总体评价是其擅长"托形之声",以涂毒之鼓指代禅佛教,而以别均指禅宗。中国的思想详于"用形之义",尤其是独均即理学,抱守四书五经之文字教条,已经听不进孔子所创原始儒学的"呼天之声",失去了探究弦歌、诗乐等声音之道的兴趣。因此方以智所著《通雅》强调要重视音韵学以弥补义理学的跛足,并发明音韵等切学,将声音与象数相表以求声原:

> 声音与象数相表。言为心苗,动静归风,呼吸轮气,诗乐偈喝,其几也;等切,其一节之用也,犹《易》有四道,而制器亦在其中(愚有《等切声原》,略发明之)。〔2〕

声与形其实都源于气。形的世界,眼见千差万别。进入声的世界,耳闻单纯、清净之音,则差别、有无顿消,而各还其自己。凡物之实形皆坏

---

〔1〕《东西均注释》(外一种),第28页。
〔2〕《东西均注释》(外一种),第296页。关于声音与象数相表,方以智《声气不坏说》又称:"邵子分声色臭味,而以声应物,表之以通数,而千年无知者。余十余年疑十数家之等韵,忽因泰西创发,又阅《藏》得苾驮摄陀之原,乃悟阿、左、戈、多、波之一轮,即十二万九千六百年举在此矣。"同上书,第320页。

（变），而声气以虚不坏：

> 气凝为形，畜为光，发为声。声为气之用，出入相生，器世色笼，时时轮转。其曰总不坏者，通论也；质核凡物皆坏，惟声、气不坏，以虚不坏也。〔1〕

在方以智看来，诗乐偈喝等声音（雅言）之教，最能发人性情之真，其移人心之功用大于义理学等文字教：

> 雅言之教，兴于诗而成于乐。古者相见，歌诗谕志，闻乐知德，吹律协姓，微矣。操琴瑟，听新声，皆往往足以知得失、生死、成败、治乱。异室张徽，感同葭管；悟者冲口，妙与韵叶。清净音闻，感寂之微，通格异类，非道理所能说。曾子、桑户，音出金石；孤孽伉烈，声动天地。得道之人与诚迫之人，皆同此不可已之声音迸裂而出。兴之必怨，犹元之必贞。贞而元，怨而兴，岂非最发人性情之真者乎？善知众艺之童子，即无量音声王，不得有言，不得无言。〔2〕

方以智弟子涂斯皇《五老约序》曾揭秘方以智声韵思想的精粹："夫韵者声之平也，声者，心之平也。得其平，则五方之声气可齐，万物之性情各正矣。"而声气不坏正是方以智对风教、人文思想的本原之思，通雅或"雅言之教"，是消除儒道佛三种文字教之差异、大同于《东西均（韵）》哲学的理论基石。

---

〔1〕《东西均注释》（外一种），第318页。
〔2〕《东西均注释》（外一种），第321页。

《消息》为《东西均》全书终篇,其称:

> 人之面不可殚计,而无一同者。惟其不同,不妨大同。鸟兽之声形各各何尝同乎? 螘(蚁)之异状犹人之面,人视之一螘(蚁)耳;犬之吠犹人五方之万声,而人闻之一犬耳。[1]

推之,将方以智没说完的话说完,那就是:人之声形各各何尝同乎? 人类之言教虽分三教百家,而以天地视之闻之,一人耳。三教百家同一人,迹虽异而神同,这正是《东西均》在一番自我追问后给出的答案:"六经传注,诸子舛驰,三藏、五灯,皆迹也;各食其教而门庭重——门庭,迹之迹也。"[2]难怪乎方以智最后宣布:"无可无不可。"[3]"今而后儒之、释之、老之,皆不任受也,皆不阂(碍)受也。"[4]

第四节 从神迹观和全均说看三教融通

三征,声原,方以智将象数与声音相表,主张以雅言之教(通雅)补文字(义理)之教,目的就是论证三教平等。融通三教才是方以智此时的关切点。《东西均》的神迹观和全均说对此进一步加以论证。在《神迹》篇,方以智比较了三教:

先看佛教。"佛愍人之缠缚嗜欲,不得已示雪山苦行,立一脱离之极,犹伯夷可以不饿而以饿立清极,屈原可以不沉水而以必沉立忠极也。佛之心止欲人出生死、利害之家耳。"[5]教人出人伦之家以脱离生老病死

---

[1]《东西均注释》(外一种),第410页。
[2]《东西均注释》(外一种),第221页。
[3]《东西均注释》(外一种),第104页。
[4]《东西均注释》(外一种),第231页。
[5]《东西均注释》(外一种),第222页。

之苦海,此佛教之迹。而佛教之神,则只是教人出生死、利害之家。如果能出生死、利害之家,则不必拘束是否出人伦之家。

再看禅宗。"禅宗以机迫直心,诱疑激顿,能救颂习之汗漫。若守其上堂小参、狐嗥鬼癫(呓)之迹,专售海外之禁方,何异于别墨之'倍谲''不仵'乎?"[1]上堂小参,沉迷于一些不着边际的机锋、话头,是着了禅宗之迹;禅宗之神则在于直心和顿悟。"专主空悟,禁绝学问,……是殆不如二乘、净土,说戒、讲经为其职也。"[2]离开佛教经典谈禅,则又不免沦为野狐禅。

再看理学和儒学。

> 理学出而以实辟虚,已又慕禅之玄;……其所执之实与玄,皆迹也。……而扩充学问,遂在所略。既与教分,则专家捷巧之技,以回避为高玄。……傍禅说禅,不当诃耶?贩禅涂说,不当诃耶?[3]

> 儒之弊也,迂而拘,华而荏;以故鲜能神化,通昼夜而知者寥寥。然循序门堂,道德寓于文章,学问事功,皆不容以多伪,孰与自欺欺人而无忌惮者乎?[4]

理学本是崇儒之实学,为辟玄虚之佛教而兴,却又好与佛斗高争胜,弃礼教、略学问而自欺欺人,傍禅说禅,贩禅涂说,大谈性理,是又泥于迹矣。道德寓于文章,学问事功,毋自欺,皆儒之神。理学弃儒之神而泥禅与佛教之迹,又产生新弊。

方以智给出的方案是互救其弊:

> 吾所谓补救其弊者,正以代明错行,无一不可也。……以禅激理

---

[1] 《东西均注释》(外一种),第223页。
[2] 《东西均注释》(外一种),第226页。
[3] 《东西均注释》(外一种),第224页。
[4] 《东西均注释》(外一种),第226页。

学。……(以理学)激禅。……以老救释。……以释救老。嗟乎！各便一察,各神其迹,必不肯虚心以全矣。〔1〕

所谓全,指的是"全均"。要互救其弊,便是要以众均为薪火,供化出融通三教百家的全均。《东西均开章》云：

开辟七万七千年而有达巷之大成均,同时有混成均。后有邹均尊大成,蒙均尊混成,而实以尊大成为天宗也。其退虚而乘物,托不得已以养中者,东收之；坚忍而外之者,西专之；长生者,黄冠私祖之矣。千年而有乾毒之空均来,又千年而有壁雪之别均来。至宋而有濂洛关闽之独均。独均与别均,号为专门性命均。而经论均犹之传注均,惟大成明备,集允中之心均,而苦心善世,以学为旋甄和声之门,弥纶乎大一而用万即一之一,知之乐之,真天不息,而容天下。后分专门性命、专门事业、专门象数、专门考辨、专门文章,皆小均,而非全均也。〔2〕

在众均中,方以智将孔子的学说称为大成均,老子之学称混成均,孟子之学称邹均,庄子之学称蒙均,佛学称空均。〔3〕禅学称别均,理学称独均。方以智认为别均不可呵斥空均(佛教),轻视经典。独均(理学)不应离开孔孟原始儒学,空谈性理。离开佛教和原始儒学而谈性命,方以智称之为专门性命均,与专门事业、专门象数、专门考辨、专门文章等,皆属

---

〔1〕《东西均注释》(外一种),第228页。
〔2〕《东西均注释》(外一种),第23页。
〔3〕对于空均之佛学,方以智认为："乾毒最能高深,苦心于世之胶溺,故大不得已而表之空之,交芦双破而性之,专明其无不可用大一之体,而用例颇略,以世已有明备者故可略也。而后人沿其偏上权救之法迹,多所回避。"见《东西均注释》(外一种),第24页。空均是为了救人于胶溺,故专主向上一路,明于无不可用的大一之体,而略于用例,但略于用世不等于不用世,实是"以世已有明备者"故补救其弊而已。

于小均,而非全均。那么,什么是全均? 全均即无均,即真均:

> 我以十二折半为炉,七十二为鞴,三百六十五为课簿,环万八百为公案,金刚智为昆吾斧,劈众均以为薪,以毋自欺为空中之火,逢场烹饪,煮材适用,应供而化出,东西互济,反因对治,而坐收无为之治,无我、无无我,圆三化四,不居一名。……是名全均,是名无均,是名真均。〔1〕

十二、七十二、三百六十五、万八百,〔2〕均为邵雍《皇极经世》中的数字。这段话揭示了《东西均》在讨论"东西(物)"和"均"之外,更关注众均(道术或学说)是如何讨论东西(物)的旋(形)或和(声)的,并提出大均、全均、统均、无均、真均(都是方以智的自我期许)是如何去加以把握的。方以智哲学追求以全均(公均、统均)对治众均(物论),办法就是"作均征而救众均"。〔3〕所谓均征,就是在《东西均》中从讨论物的形、声两端入手,而更注重声韵的象数、节律以为宇宙万物包括人文教化的共同法则,也就是以象数易学为基础的"三为约法"。"三教百家,有开必先,一切不相坏而大成集之。"〔4〕以"三为约法"来"大集成"众均,则众均皆小均,而全均无不体现"三为约法"。如《东西均·扩信》云:

> 太极也,精一也,时中也,混成也,环中也,真如也,圆相也,皆一心也,皆一宗也,因时设施异耳。各有方言,各记成书,各有称谓。此尊此之称谓,彼尊彼之称谓,各信其所信,不信其所不信,则何不信天

---

〔1〕《东西均注释》(外一种),第40—41页。
〔2〕 十二万九千六百岁为一元。将一元分为十二会,乃子、丑、寅、卯、辰、巳、午、未、申、酉、戌、亥之十二支也。每会该一万八百岁。
〔3〕《东西均注释》(外一种),第36页。
〔4〕《东西均注释》(外一种),第175页。

地本无此称谓,而可以自我称谓之耶?何不信天地本无法,而可以自我凭空一画画出耶?〔1〕

愚故以天地信自然之公,以自心信东西之同。……孔子复生,必以老子之龙予佛;佛入中国,必喜读孔子之书,此吾之所信也。"天何言"而删定,即是不立文字之《灯录》。三藏不曾说一字,而四十二字通华梵游艺之门。呵呵不生,一归玄黄未判以前,则又何东何西,何半满籀隶之异而同、同而异乎?〔2〕

"太极"、"精一"、"时中"为儒家经典用语,"混成"、"环中"为道家经典用语,"真如"、"圆相"则出自佛教,或儒或佛或道,称谓虽异,其实"皆一心也,皆一宗也,因时设施异耳"。以自心信东西之同,则孔子"天何言"而删定犹禅宗不立文字之《灯录》。通过阐发"三为约法"的《东西均》的"扩信",我们就可以不再执迷,打通世间法与出世间法,所谓"世即出世,是名超越"。〔3〕

比《东西均》稍晚,但却可以视作是方以智对《东西均》主旨的自我解读,那就是他的"癸巳入关笔"——《象环寱记》。如果《象环寱记》作于癸巳春,则《东西均》已经全部完稿,付决鼻行者钞正了,从文章一开始就是"不肖覆腋历年,门人录□□之《东西均》"可证。说《东西均》在庐山时就已完稿了,还因为方以智在桐城省亲仅有一个月的时间,他不大可能再有创作。

《象环寱记》的题材是梦记,是方以智在梦中以"不肖"身份对父亲大人来信的回禀。方中通《陪诗》卷一有《迎亲集·癸巳春省亲竹关》,可证方以智到天界圆具后立即被送去闭关。方中通省亲时带来方孔炤的《周

---

〔1〕《东西均注释》(外一种),第54页。
〔2〕《东西均注释》(外一种),第56页。
〔3〕《东西均注释》(外一种),第102页。

易时论》及十六字箴:"当明明善,勿泥枯壁,得六字神,实维永锡。"这是针对方以智"逃禅"心结,叮嘱他对于曾祖父明善先生的"善世、尽心、知命"的六字家训,贵在得其神,勿迷其迹。至于明善先生所订家规"子孙不得事苾刍",今既已寄迹缁衣,则并神其神才是。方以智便以此文把自己对于"三教",对于觉迷、神迹、全偏、道艺等重大问题的理解,以梦见三位老人、蒙媪借对三教真谛的讨论启示自己,进而禀告父亲自己的感悟之方式而写出。可以说,《易余》、《东西均》通过"三为约法"来讨论三教百家,中心其实仍在三教的会通,只不过是对三教归约化、象数和图形化的会通。和《易余》三子仅为所以、何以、可以的拟人化不同,《象环寱记》的三老人却各有原型,并分别充当了三教的代言人。

> 玄縰黄履而赤直裰者,支藜而上坐;黄襜褕而皂帕,正麈挥羽者,左;氎巾祹头,缁畦帔,苍蔗履,执并闾拂尘者,右。……谛视之,上者余祖廷尉公也,左豫章王虚舟先生,右外祖吴观我太史公也。〔1〕

三老人聚焦于现实三教问题的讨论。表面看来,即以形迹和现实立场论,赤老人方大镇代表儒家,黄老人王宣代表道家,缁老人吴应宾代表佛家。但实际上,以神言,三老人(代言三教)各有其正、偏。"赤老人曰:'我从不喜闻偏论,而虚舟能以偏快我,偏而全矣。惟迹则偏,惟神则全。'"〔2〕方大镇此言是站在儒家立场却认为王宣道家之偏能"快我",合正偏方得全。

> 缁老人曰:"……吾总为三教圣人声冤久矣。老子知人贪生,故以养生诱人,使之轻名利富贵耳,而今符箓炼丹者祖之,老子岂不冤?

---

〔1〕《易余》(外一种),第216页。
〔2〕《易余》(外一种),第218页。

孔子知人好名,故以名引人,而今好色酗酒爱官者祖之,孔子岂不冤?佛知人畏死,故以死惧人,而今逋逃粥饭滑稽斗捷者祖之,佛岂不冤?"〔1〕

吴应宾此言是指出:若执于形迹,则三教圣人之神均遭误解和忽视。

黄老人曰:"孔子再三思此全者不可言,故终无言,言其雅言,而不可闻者,闻则自闻,此孔子之正毒也。天下后世皆得弦歌名教之偏毒,饾饤寻摘,阀阅坟墓而已。庄子痛战国之时名法捭阖以争功利,因于五伯之仁义,故支离连犿以抒其愤,而暗指孔颜为大宗师,尧为应帝王,以定无为无不为之体用,此其正毒也。天下后世皆传其偏毒,放诞苟免,自纵其所欲,以名逍遥而已。佛见一切身,是其正毒也。天下后世得其偏毒者,上则槁木蟠泥,下则稗贩讲诵,为穷发之氓而已。达磨举佛心宗,能烧故纸,此其正毒也。天下后世得其偏毒,以冷壁为垂帘,制惟我独尊之梃,以传不庸挠、不目逃而已。……以正毒攻偏毒,偏病见症,则全方见矣。"〔2〕

王宣此言是指出:孔子儒家有正毒,有偏毒;庄子道家有正毒,有偏毒;佛教有正毒,有偏毒;达摩禅同样有正毒,有偏毒。三教圣人各以正毒攻偏毒,使偏病之症显,则疗教之全方出矣。

赤老人曰:"……浅而救之,三教自疗,疗者自明,……吾故望有知其全者以疗教,则必集大成以为主,非可平分也。泝其原同,则归于《易》耳。……平怀论之,善世之心一也,门庭设施,当以好学为正

---

〔1〕《易余》(外一种),第219页。
〔2〕《易余》(外一种),第219—220页。

大中和。各安生理,本末内外,一致随时,而以二氏之迅方资后儒之痛痒。……尽心、知命、不二、生死,有何殊耶?吾所谓神,神不离迹,迹以神化,其迹亦神。既有全神,何惜补不全之迹乎?留轮回之因以助神道之教,以纵横之逼激补正告之拘牵,以濡弱制独尊之矜悍而以棒喝迫曳尾之退避。洛下、考亭,不妨树拂拈椎。象山、慈湖,当证心于象数,注我自得矣,独不念《六经》贱而私心横耶?修武、庐陵,宜过牢关。临济、赵州,何嫌上学?两而参之,博约并用。……自强不息,无住生心;精义入神,开物成务。无可无不可,无为而无不为也。嗟乎全矣!然未敢望也。一有纤毫,依之即迷。欲心无依,是火不薪。吾劝学者欲互换其迷耳。读书安分与衣食等是真修行,是真解脱。不迷而不安于其所当迷,又岂能换迷乎?"[1]

方大镇这段话是说,三教各自自疗,疗者自明,只是浅而救之。若能集大成,知其全者以疗教,则知三教原同,善世之心一也。所谓"归于《易》耳",即指:"两而参之,博约并用。……自强不息,无住生心;精义入神,开物成务。无可无不可,无为而无不为也。嗟乎全矣!"讲的全是《易》之道。在方以智信奉的象数易学看来,《易》之道即是公因反因的"三为约法",是《易》所见天地之心,也即公心,而三教均是后天人为一偏之法,是人心。三教、三教人心不可自迷,公心才是人所当迷。学者若能集大成,知其全者以疗教,则必能互换其迷,进而觉悟三教之原的《易》道(以三为约法的天地之道)才是其所当迷。

黄老人曰:"无待贯待,待即无待。明方之本圆,则知方之即圆矣。孔皆孔也,佛皆佛也,老皆老也。老氏之道,无首迷之;佛之道,

---

[1]《易余》(外一种),第220—222页。

《震》《艮》《蒙》《困》迷之,要以一太极圆相迷之矣,吾故呼为'东西'。佛生西,孔生东,老生东而游西,言三姓为一人。人犹有疑者,谓东异于西,西异于东,人岂信乎?是谓大同。"[1]

王宣此言是指出:无待贯相待,即方是圆,此《易》之太极圆相,此即东西均。三教皆自迷,而三姓(孔、老、佛)实一人,以东西均之,三教大同!

最后蒙媪出场,捧出公心,谓:"三公救迷,何太迷耶?""救之云者,无奈何尔矣。"当开天地眼,于天地氤氲中见东西均之圆相和象环:

学何如参?参何如学?学即是参,参即是学,有心非参,无心非学。有心无心,言此何心?心心相迷,以迷救迷。知可以迷,是即不迷。天地七万年,始数人耳。此后有开天地眼者出,当世必不甚信,且信且疑。千年之后,人人迷天地眼矣。……相反相胜……独不见所以贯代明、错行者乎?日奈月何,月奈日何,春奈秋何,秋奈春何?容之斯疗之矣,转之斯贯之矣。睡食色财名,有情者之五因也。世罪四因,不知与睡等耳,皆必不免者也。簧鼓而救人者,谓夜能免睡也。海亦免波,路亦免尘乎?[2]

相反相胜,代明错行,容之斯疗之矣,转之斯贯之矣,公因即在反因中。三教均不可偏废。离偏何全?全在偏中。离迹何神?神在迹中。何非毒?何非病?毒、病即药方,要在中和。三老人且琴瑟相和,歌而中节,即得圆相和象环。[3] 得此象环,即尽得三教之神,不泥枯壁,游戏人间。《东西均》的创作动机和主旨至此完全揭秘。方以智禅学也是他哲学的核

---

[1]《易余》(外一种),第222—223页。字句和标点据安徽省博物院藏本有更改。
[2]《易余》(外一种),第224页。
[3] 关于《象环寤记》的详尽解读,请参阅拙著《方以智庄学研究》第二章第三节与第四节,北京:北京师范大学出版社,2015年。

心贡献正在于他围绕会通、集大成的目标,提出"三为约法"的"公因反因说"。公因反因思想虽来自方孔炤,但方以智将其发展为"公因反因说"。在方以智的著作中,"公因反因说"萌芽于《易余》,成熟于《东西均》,而在中期《药地炮庄》以及后期青原弘法的《五位纲宗(青原)》里,他的这一核心主张和方法论也都未曾改变过。

第三章
三一渊源——浮山宗风与浮山法谱

方以智前期对佛教的认识以及后期的禅学思想,深受其外祖吴应宾的影响。吴应宾以理学显名,同时又是著名佛教居士,他兴复浮山华严寺和远公道场,[1]致力于禅儒会通,表现出宗一圆三和禅净不二的思想特色。

第一节 吴应宾的生平与著作

吴应宾是方伯(布政)吴一介[2]第四子,桐城人。康熙《桐城县志》卷之四《人物志》收吴应宾入"理学",吴一介入"仕绩",道光《桐城续修县

---

[1] 宋初法远禅师(宋仁宗赐号"圆鉴")在浮山建道场,道风动众。因远离功名利禄,以示洁身自好,人称远禄公,简称远公。著有《九带集》。康熙《安庆府桐城县志》卷之六"仙释"有传(见第200页)。

[2] 《江南通志》传吴一介:"字元石,桐城人,嘉靖丙辰进士,备兵江西。会广东峒贼卞豹等屠电白,诏举边才,京兆尹毕锵荐一介,遂移监南越军,以平贼功,晋河南布政,致仕。"见黄之隽等编纂,赵弘恩监修:《乾隆江南通志》,第四册,扬州:广陵书社,2010年,第2496页。马其昶《桐城耆旧传》卷三有传甚详,见该书(毛伯舟点注)第87—88页,合肥:黄山书社,1990年。

志》收吴应宾入"理学"(见卷之十四),收吴一介入"宦绩"(卷之十二),二者内容基本一致;康熙《安庆府志》将二人均收入卷之十六《人物志》乡贤传;《乾隆江南通志》之《人物志》(安庆府)则收吴应宾入"儒林",收吴一介入"武功"。

吴应宾,字尚之,一字客卿,号观我,生于嘉靖乙丑(1565),崇祯甲戌(1634)逝于乡,享年七十。登万历丙戌(1586)进士榜第五,授翰林院编修,不久,以目眚(眼睛生翳长膜)告归乡里。〔1〕以博雅名世。〔2〕《桐旧集》卷十二"吴应宾"条引称:"周农父《宗一先生谥议》曰:公生而少孤,继母程非所自出,事之以孝闻,伯仲间怡怡如也。行古之道,以祀其先,以敦于族。自起家太史,历官四十余年,定迹深栖,方伯所遗无毫发增也。《八因》一疏,有惓惓君国之思。为古文辞,取《檀弓》、左氏、漆园、两汉、魏、晋而熔铸之,岂古所称悬解者耶?"〔3〕康熙《安庆府志》基本因袭《桐城县志》,称他:

> 居乡四十载,惟闭户著述,深于性命之旨。……撰《延陵家谱》,戒子弟以敦睦宗党为要。天启中,同里左光斗、方大任交章以理学荐。特召,病不克赴,加左春坊。上疏极论时政,上嘉之,宣付史馆。〔4〕

---

〔1〕《浮山志》卷之七,七言律收吴应宾十五首,编者按云:"乃未三十而青其目。"(《浮山志》,第149页。)
〔2〕 外史氏《圣朝新政要略》卷九记崇祯元年事,曾称道:"端方如方大镇,博雅如吴应宾。"见《续修四库全书》编纂委员会编:《续修四库全书》,杂史类第438册,上海:上海古籍出版社,2002年,第686页。
〔3〕 徐璈辑录、杨怀志、江小角、吴晓国点校:《桐旧集》,第三册,合肥:安徽大学出版社,2016年,第156页。
〔4〕 参康熙《安庆府桐城县志》,第115页;康熙《安庆府志》,第802页。《江南通志》也同样称他"家居四十载,惟闭户著述,阐发性命之旨"。见《乾隆江南通志》,第2692页。又据徐璈《桐旧集》第三册卷十二"吴应宾"条,引《龙眠古文》方大任疏之大意曰:"翰林编修吴应宾,妙年登第,擢为史官,以目疾绝意仕进。其操履芳洁,制行端严,孝友笃于家庭,信义孚于乡党,所著《宗一圣论》、《性善解》,足以正人心,砭习俗。"(见该书第157页)

方大任荐疏收入吴应宾《宗一圣论》。疏称：

> 臣同邑有原任翰林院编修吴应宾者，妙年登第，列名高魁，选入庶常，擢为史官。……曾不几年，以目疾告归，竟成双瞽。……绝意仕宦。然其操履芳洁，制行端严，孝友笃于家庭，信义孚于乡党，且也学问渊深，名理透彻，盲于目而不盲于心，了于心而亦能了于手。方其对客挥麈，则语语尽挟风霜；及其闭门载笔，则字字堪悬日月。如所著《宗一圣论》《性善解》诸书，发明性善之旨，阐绎无我之义，最为痛快，尤足以正人心、砭俗习，非徒为文儒之绮语也。方今之患，分门户而重恩仇，植朋党而忘君国，玄黄交战，水火互争，其弊皆属之有我，而其根起于不识性。倘使应宾在位，决无此事；倘使人能读应宾之书，破除我见，会归性宗，又安得有此习？[1]

吴应宾被时人称为吴宫谕、吴太史，以他官翰林院编修，加左春坊左谕德。据《江南通志》艺文志经部[2]及《澹生堂藏书目》、《千顷堂书目》等，吴氏著有《宗一圣论》[3]，以及《性善二书》五卷、《古本大学释论》五卷[4]、《中庸释论》十二卷、《采真稿》、《方外游》、《学易斋（诗文）集》等，又编有《圣僧庵集》一卷，注有《感应篇》等。另有未刊行的遗稿保存在方

---

[1] 见吴应宾撰，张昭炜整理：《宗一圣论·古本大学释论》，上海：复旦大学出版社，2019年，第8—9页。

[2] 见《乾隆江南通志》，第3137页。

[3] 吴应宾《宗一圣论》，今存中国科学院图书馆藏清光绪四年吴树申刻本，二卷八篇，收入四库全书存目丛书编纂委员会编：《四库全书存目丛书》，子部第90册，济南：齐鲁书社，1995年。其六世孙吴康弼序称："《宗一圣论》一书，乡先哲中丞方公大任疏荐于朝，是书得列学宫，幸矣！"

[4] 吴应宾《古本大学释论》，收入《故宫珍本丛刊》，第22册，海口：海南出版社，2000年。

以智手中,方以智《药地炮庄》、《冬灰录》称之为《三一斋稿》。〔1〕除《宗一圣论》、《古本大学释论》之外,余或均已佚失。

第二节　从"三教先生"到"宗一先生"

吴应宾信奉莆田林兆恩(1517—1598)所创"三一教",黄宗羲曾记他为弟子事:"一时胜流袁宗道、萧云举、王图、吴应宾皆北面称弟子。"〔2〕林兆恩著有《林子三教正宗统论》三十六册,今存明万历刻本,北京大学图书馆有藏。林兆恩在自序中称该书大旨在使阅览者"而各得其所谓立本、入门、极则,与夫道一教三、即心即圣之本旨也"。〔3〕门人称林兆恩为"三教先生",所谓三教,即孔子儒、老子道、释迦佛。林兆恩主张"教虽有异,而道则焉有不同哉?"〔4〕故其《三教合一大旨》称:"教既分为三矣,而余之意,则欲会而归之,以复合于孔、老、释迦之道之本一也。"〔5〕不过,"林子曰:'三教合一者,合而一之以孔子之儒也'"。〔6〕又云"教本于道、道本于性"而主性善说:

---

〔1〕 见方以智《方子流寓草》(北京大学藏本)卷七《哭外祖吴观我先生》自序:"子远舅氏载外祖观我先生遗集而来。"吴道凝,字子远,吴应宾之子。方以智在《炮庄小引》中自称"重翻《三一斋稿》,会通《易余》"(见《药地炮庄》序跋)。在《金谷葬吴观我太史公致香语》也提及:"著有《宗一圣论》、《学庸释论》、《三一斋稿》、《方外游》、《学易全集》。"见《冬灰录》(外一种),第32页。

〔2〕 参黄宗羲:《南雷文案》卷九《林三教传》。今人研究有何善蒙的《三一教研究》,杭州:浙江大学出版社,2011年。

〔3〕 林兆恩:《林子三教正宗统论》,收入《四库禁毁书丛刊》,子部第17册,北京:北京出版社,1997年,第650页。入门、极则为林兆恩赋予特殊含义,《三教合一大旨》称:"道家之教,教以父母既生之后,收拾此一点之灵光而已矣,而收拾此一点之灵光则不免有法,有法则有为,有法有为,其道教之所以入门乎?释氏之教,教以父母未生以前,复还我太虚之本体而已矣,而复还我太虚之本体,则又焉用法?无法则无为,无法无为,其释教之所以极则乎?"(《林子三教正宗统论》,第673页。)

〔4〕 林兆恩:《林子三教正宗统论》,第662页。

〔5〕 林兆恩:《林子三教正宗统论》,第660页。

〔6〕 林兆恩:《林子三教正宗统论》,第663页。

> 夫教较然而三也，若不知孔、老、释迦之教之所以三，则无以识其一；而为道之至，道浑然而一也，若不知孔、老、释迦之道之所以一，则无以统其三。而为教之大，既识其一，复统其三，较然非三，浑然非一，大矣哉，至矣哉！此儒道释之所同，而孔、老、释迦之能事毕矣。且人之性本善也。[1]

卢文辉《三教正宗统论叙》阐发乃师三教合一之旨，称三教可"统而同之，合而一之"：

> 三氏之正学既已不明，而千古之真传，伊谁可继？幸而吾师三教先生出而倡明之。总持三门，有教无类。其与儒言儒也，必言孔子之儒，而复举老子之道、释迦之释以印证之。俾知其执中也，未始有异于守中、空中也；一贯也，未始有异于得一、归一也；立本也，未始无道氏之入门、释氏之极则也。其与道言道也，必言老子之道，而复举孔子之儒、释迦之释以印证之。俾知其守中也，未始有异于执中、空中也；得一也，未始有异于一贯、归一也；入门也，未始无儒氏之立本、释氏之极则也。其与释言释也，必言释迦之释，而复举孔子之儒、老子之道以印证之。俾知其空中也，未始有异于执中、守中也；归一也，未始有异于一贯、得一也；极则也，未始无儒氏之立本、道氏之入门也。[2]

---

[1] 林兆恩：《林子三教正宗统论》，第660页。
[2] 见《林子三教正宗统论》，第653—654页。吴应宾也以执中为论而畅言无我之旨，其《宗一圣论》养气篇云："夫中，非无我者不能执，而有我者之所执，非中也。"（见吴应宾撰，张昭炜整理：《宗一圣论·古本大学释论》，第50页。）儒之执中如此，道之守中、释之空中亦同理可推：非无我者不能守中、空中，而有我者所守、所空者非中也。

吴应宾接受"三一教"这些基本立场,同样主张会通儒释道三教,宗一圣而圆三教。所著《宗一圣论》,以"性善"为首篇,从善恶有无说性,揭"至善"之旨,而以立"无我"之志为终篇。卷下《述志篇》称:"本无我之谓一善,知无我之谓明善,达无我之谓继善,忘无我之谓止善。……善也,一也,无我也,皆所以名性。"〔1〕《宗一圣论》几乎可以《无我论》或《性论》别称之,而禅宗正以明心见性为根本宗旨,难怪《四库全书总目提要》以"阐发性命,多入禅宗"称之。〔2〕

吴应宾《宗一圣论》以"性善"为首篇,开篇即云"性之不明也,其以有之为有、无之为无乎?"〔3〕从善恶有无说性,他具体分析了无善无恶以及可以为善可以为恶的情况:

> 故性无善也,而顺性之善生焉;性无恶也,而拂性之恶基焉。顺性者,善用其性之才者也;拂性者,妄用其性之才者也。其出于性,均也,而不可谓善恶之有于性也。性之无善也,犹镜之无妍相乎?使其无所以妍者存,则不能以妍而报妍矣;性之无恶也,犹镜之无媸相乎?使其无所以媸者存,则不能以媸而肖媸矣;性之可以为善也,犹树之可花实乎?使花实之必有于树,则无假于雨露之润矣;性之可以为恶也,犹树之可朽蠹乎?使朽蠹之必有于树,则无资于湿化之感矣。〔4〕

吴应宾进一步辨析"性说"的有无问题,提出:

> 夫无也而致有之,是龟可毛兔可角也;有也而致无之,是木不燧矿不金也;并执之曰亦有亦无,是火可寒而冰可热也;并遣之曰非有

---

〔1〕 吴应宾撰,张昭炜整理:《宗一圣论·古本大学释论》,第102页。
〔2〕 《四库全书存目丛书》,子部第90册,第517页。
〔3〕 《宗一圣论·古本大学释论》,第10页。
〔4〕 《宗一圣论·古本大学释论》,第10—11页。

非无,是鹄不白而乌不黑也。夫有也,无也,亦有亦无也,非有非无也,言语之道尽之矣,而皆不可以喻性,则性其终不可喻乎? 圣人之言性也,其将舍此四者而别置一喙乎? ……故见有为有,则物我之形,如众沙之不能和羹;见无为无,则物我之情,如群影之不能应节。……故言有,为瞠目见花之病;言无,为失志健忘之病;言亦有亦无,为寒热交攻之病;言非有非无,为阴阳俱脱之病。[1]

有也,无也,亦有亦无也,非有非无也,有无问题无非是这四类,而四者皆有病,将有无隔绝而不是如方以智后来所说的相反相因,就会产生或瞠目见花之病,或失志健忘之病,或寒热交攻之病,或阴阳俱脱之病。或许是受林兆恩《三教合一大旨》以父母既生之后论道教,以父母未生以前论佛教启发,吴应宾言性,引入"我"之主体,以有我无我和以习性对言来立论并做分析框架。"故有我者之言性,言言病也;若夫无我者之言性,则言言药也。"他具体辨析说:

道也者,性也;继道者,得性之一善者也。得无所得,一无所一,无善而止于至善,则成乎性矣,所谓"尧舜,性之"者也。故性无善有善,而善不可以不为也,以其继道也。虽然,为善而至于无我,乃可以继道,否则,道之精神终不传矣;性无恶有恶,而恶不可以不去也,以其障道也。虽然,去恶而至于无我,乃免于障道,否则,道之眚翳终不除矣。故继道之善成乎无我之性,而后一阴一阳之道常明常行而不

---

[1] 吴应宾《宗一圣论》卷上《性善》篇,见《四库全书存目丛书》,子部第 90 册,第 459—460 页。《药地炮庄》总论中有左藏一所记《黄林合录》,方以智引述了吴应宾《宗一圣论》的这一段性论:"故性不可不亲见也。言有为瞠目见花之病,言无为失志健忘之病,言亦有亦无为寒热交攻之病,言非有非无为阴阳俱脱之病。……吾谓生而善者性,彼亦谓生而恶者性,惟原其初之无我,然后知善之为顺性、恶之为拂性也,而性善之说伸矣。吾谓习于恶非性,彼亦谓习于善者非性,惟要其归于无我,然后知至善之为尽性、穷恶之为贼性也,而为善之说伸矣。"(见《药地炮庄》修订本,第 68 页。)

晦于天下万世,此性习之说也。妙矣哉!〔1〕

在吴应宾看来,以道为性,以继道之善成乎无我之性论说,则善不可以不为,恶不可以不去;为善去恶至于无我,乃可以继道,乃免于障道。此继道之说即性习之说。

> 无我者,无始之性,至善之体相也,赤子之心不与也;有我者,无始之习,不善之依止也,物交之引不与也。……故吾谓生而善者性,彼亦谓生而恶者性,惟原其初之无我,然后知善之为顺性,恶之为拂性也,而性善之说伸矣。吾谓习于恶者非性,彼亦谓习于善者非性,惟要其归于无我,然后知至善之为尽性,穷恶之为贼性也,而为善之说伸矣。……性一而已。……习障之也。习之障性者,我也。习依于性,性无我,而习何以有我也?则以性之无我,而不住于无我也。无我而不住于无我者,性之妙也;不住于无我而因以有我者,习之流也。性非先也,习非后也。即性之妙,成习之流;即习之流,障性之妙。〔2〕

吴应宾的性习说,伸性善、为善之论。以无我者为无始之性,以有我为无始之习;以无始之性为至善之体相,以无始之习为恶(不善)之依止;顺性乃善,拂性为习乃恶。性一而已,习障之也,习之障性者,我也。性无我,习有我,不执有我无尽之习,达无我至善之性。

吴应宾是佛教居士,他的"无我"思想诚然受禅宗影响极大,但落脚点却在孔子。他发挥孔子的意、必、固、我"四毋说",归之于"无我":

---

〔1〕《宗一圣论·古本大学释论》,第15页。
〔2〕《宗一圣论·古本大学释论》,第16—18页。

  故圣人之用莫大乎知人,而圣人之知莫神乎无我。无我者,不以是非待天下,故无意也,若镜之无物而无照也;无我者,不以是非强天下,故无必也,若镜之随物而随照也;无我者,不以是非留天下,故无固也,若镜之物亡而照亡也。[1]

晚明王阳明的"四句教"影响颇大,吴应宾特意在《宗一圣论·性善篇》强调"四句教"只是"有我"之权论,未臻"无我"之一实境:

  新建曰:"无善无恶者,心之体也;有善有恶者,意之动也;知善知恶者,知之良也;为善去恶者,物之格也。"是说也,以权而该实者也。何也?言心之无善恶,而意之不有可知也;言意之有善恶,而心之不无可知也。知有善无善以为善,而为善之我可驱也;知有恶无恶以去恶,而去恶之我可丧也。[2]
  夫心以知为体,以物为相,以意为机,以事为用者也。……执有我而外境于心,故剖而为二;达无我而会物于性,故格而为一。格也者,来也。言其本出于我而复还于我也。[3]

性乃一,乃无我,无我之"一"即为尽性。《宗一圣论·述志篇》更是通篇论"无我",是吴应宾会通禅儒的典型论述:

  自有圣学以来,一宗而已矣。……宗也者,宗其所可圣也。何谓圣?曰尽性。何谓性?曰一。何谓一?曰无我。[4]
  先圣后圣,总为仲尼之一圣。大宗小宗,会于无我之一宗。天下

---

[1]《宗一圣论·古本大学释论》,第70页。
[2]《宗一圣论·古本大学释论》,第21页。
[3]《宗一圣论·古本大学释论》,第22页。
[4]《宗一圣论·古本大学释论》,第89页。

之可以宗一圣者,以其性之无我也。天下之不可以不宗一圣者,以其习之有我也。有我之习,非无我之学不能破。〔1〕

宗一圣,即以其性之无我破习之有我。方以智在《合山栾庐诗》之《合山栾庐占》有自注云:"吴观我宫谕圆三谛而宗一圣。"〔2〕又在同书《以时论付启大竹西》诗中自注云:"吴观我宫谕发明三即一、一即三之旨,著《宗一圣论》。"〔3〕大学士何如宠(字康侯,号芝岳)序《宗一圣论》曰:

吾友客卿所为《宗一圣论》,决生死之利刃也。论之为目者八,反复数万言,虽渊渊洒洒,浩无涯畔,而始终不离乎宗。一言以蔽之,曰无我。……无我而不住于无我。无与天地为二之我,而后有天地一体之我;无与万物相待之我,而后有万物皆备之我。空之与不空,宁有二乎?〔4〕

马其昶《桐城耆旧传》卷四吴应宾传称:

其学则通儒释,贯天人,宗一以为归。以谓:"山蹊之径不可胜由矣,向墙之户不可胜入矣,不离乎宗。宗者,宗其可为圣也。儒与释之'无我',老之'无身','惟一'之训于《书》,旨矣哉! 不知者,知圣不知一也;其知者,知圣之各一其一,不知共一其一也。"〔5〕

---

〔1〕《宗一圣论·古本大学释论》,第93页。
〔2〕见《方以智全书》,第十册,第344页。安徽省博物院所藏清刻本,题为《合山栾庐诗》,其篇首为《合山栾庐占》,《方以智全书》整理者即以《合山栾庐占》为该诗集之名,似不妥。戴逢孝《合山栾庐诗跋》,彭士望《栾庐诗跋》,两篇跋语都明确以"诗"而非"占"为名。
〔3〕《方以智全书》,第十册,第353页。
〔4〕《宗一圣论·古本大学释论》,第6—7页。
〔5〕马其昶著,毛伯舟点注:《桐城耆旧传》,第121页。

此段文字并未见于现存《宗一圣论》,而是大体引自周岐《吴宗一先生谥议》:〔1〕

> 人之谥先生不如先生之自谥也。盍为乎自谥?先生宗一以为学,则以著之论,门人因焉,故曰不如先生之自谥也。……域中三圣,各习其晓晓矣。入彼而出此,入主则出奴矣。何居割席分座?固哉!其以为矢函之也,水火之也。其水火之义则有之。水测之而益深,穷之而益远。火用之而弥明,宿之而弥壮。第若是之为水火也,吾弗知也。问礼于聃,西方之有圣人也,及其时,有兢乎?良御其策,羿、逢蒙分其弓,般投其斧,其奏技三也,运技一也。儒与释之无我,老之无身,惟一之训于《书》,旨矣哉!不知者,知圣不知一也;其知者,知圣之各一其一,不知共一其一也。……缘圣以为一,缘一以为宗,文于斯,志于斯,行而会归于斯,甚矣!以宗一之可以谥先生也。

吴应宾卒后私谥为"宗一先生"。《桐城县志》称:"门人姚康等,称为宗一先生。"〔2〕光绪《宗一圣论》刻本吴树申后跋称吴应宾"谓千圣万圣皆宗尼山一圣也。尝自署其读书处曰'三一斋'"。〔3〕方以智则惯称吴应宾为"三一老人",并称其遗稿为《三一斋稿》。

第三节　浮山宗风——从二宗兼带至禅净双修

吴应宾是明末桐城乃至江南著名佛教居士。方以智《膝寓信笔》云:

---

〔1〕周方林辑:周氏《清芬文集》卷二,光绪十九年(1893)木活字本,收徐雁平、张剑主编:《清代家集丛刊》,第147册,北京:国家图书馆出版社,2015年。
〔2〕康熙《安庆府桐城县志》,第115页。
〔3〕《宗一圣论·古本大学释论》,第105页。

"外祖吴观我宫谕,精于西乾。"〔1〕西乾,西天,后用以指从西域传入的佛教。在方以智《象环寤记》的梦境中,有位缁老人即指外祖父吴应宾,代表佛教。潘江《龙眠风雅》称吴应宾"尤精二氏学,凡海内禅宗往复辩难,无不推观我居士为法门龙象焉。公学贯天人,理综儒释"。〔2〕清人彭绍升《居士传》称吴应宾"受云栖戒,为优婆塞,敬信尤笃,云栖碑志多出其手"。〔3〕优婆塞指在家中奉佛的男子,即居士。吴应宾与晚明多位高僧如云栖袾宏、憨山德清、博山元来〔4〕等皆有深厚交往,并为他们作碑铭或塔铭。方以智在《金谷葬吴观我太史公致香语》中写道:"远公道场久圮,力鸠复之。受戒莲池,闻法五乳。末后博山相见,助拍一掌,雷霆交迅,谷响唱酬。"〔5〕兴复浮山远公道场,使吴应宾成为江南佛教大护法而远近闻名。受莲池大师戒,参学憨山,于博山元来处得脱桶底,说的都是吴应宾的入道因缘。

一、兴复浮山

据陈焯《浮山志·浮山总述》,浮山有僧寺,"创自萧梁,盛于赵宋"。法远(？—1067)为临济宗第七代禅师,他于宋初来到浮山建道场。欧阳修曾来访,法远"因棋说法",使欧阳修叹服,事载于《禅宗正脉》和《传灯录》,浮山因此声名大振。曹洞宗大阳警玄(948—1027)年八十而求嗣,法远学于警玄,习曹洞禅法,但因法远已嗣叶县归省,故警玄只好托法远代觅法嗣。后法远梦青鹰,适投子义青(舒州,今安徽潜山市人,1032—1083)来归,法远乃传警玄衣钵,使一度断绝的曹洞法系重新接续上。义

---

〔1〕 见方以智著,张永义校注:《浮山文集》,第505页。
〔2〕 潘江辑,彭君华主编:《龙眠风雅全编》卷八,合肥:黄山书社,2013年,第259页。
〔3〕 彭绍升撰,张培锋校注:《居士传校注》,北京:中华书局,2014年,第392页。
〔4〕 博山元来(1575—1630),明代曹洞宗无明慧经法嗣,安徽舒州人,俗姓沙。法号元来,人称无异禅师。
〔5〕 方以智著,邢益海校注:《冬灰录》(外一种),第32页。五乳,指憨山德清晚年在庐山五乳峰建法云寺。

青早年习《华严经》,后由教入禅,又受洞、济两家禅法锤炼,故能熔洞、济二宗于一炉而归兼带,形成浮山禅之独特宗风。义青弟子芙蓉道楷(1042—1117),被称为"曹洞中兴"之祖,北宋后期以后的曹洞宗法派,皆为道楷法嗣。陈焯《浮山总述》称:

> 至有元,而稍不振。明初,善知识净康重建,正德之季见侵豪夺,万历间几欲斥为墓田,邑绅吴宫谕、阮邵武,力恳漕抚刘公,具请于朝,得完福地。沈藩捐构,宝坊烂兴。朗目智师来自滇南,宏演宗风,因感慈圣陈太后全藏之颁,降敕遣使,锡之金襕。于是紫柏、憨山之徒,腰包歙集,博山、觉浪、元白踵相后先。[1]

阮邵武,指阮自华,字坚之,号澹宇,曾任福建邵武太守。漕抚刘公,指刘东星,号晋川,万历二十六年,刘东星为工部右侍郎兼右佥都御史,总理河道与漕运,故有漕抚之称。据《浮山旧志序》,刘东星大赞吴应宾:"独居士竭生平之力,结圣果于人天,布金身于法界,以足千古。"[2] 沈藩捐构,指沈王施花幡,赐金造殿。吴道新《重修〈浮山志〉缘起》称:"万历时,先宫谕目击伤之,发大心弘誓,偕先司马图恢复。"司马,指吴用先,字体中,号本如,万历二十年进士,官至兵部尚书、蓟辽总督。马其昶《桐城耆旧传》称吴本如为"司马吴公",觉浪道盛敬其为"吴本如开府"。《浮山志》卷之二《建置》有华严寺记:

> 观我、本如两吴公凤契三昧,捐给孤之金恢复其地,同澹宇阮公、晋川刘公具疏,以滇南尊宿朗目智师闻于神宗,颁名赐藏,慈圣太后赐

---

[1]《浮山志》卷之四吴道新《浮山华严寺弘戒缘序》又称:"嗣是憨山、博山二大老皆主此席。明季兵燹抢攘,道法式微,天界杖人复振锡于此。"见《浮山志》,第53—54页。
[2]《浮山志》,第51页。

> 随藏紫衣。壬寅,缔构殿堂,焕然巨观,沈王施花幡并千金……[1]

方以智《远祖塔院饭田记》又称:

> 浮山自先外祖三一老人兴复,朗、澹、清三公相续总持,一向洞口云横,草深一丈,剩有意生耆旧,平实接待。壬寅至今,忽忽周甲矣。[2]

朗指朗目本智禅师,澹指澹居法师,[3]清指清隐法师,[4]意生乃澹居法师之孙。[5]据《浮山志》,远公塔在会圣岩右,栖真岩内。万历戊戌(1598)六月,阮邵武同朗、澹二公重建。[6]方以智此文应为戊戌(1658)合山庐墓时所撰,[7]故"忽忽周甲"当指距阮自华建远公塔六十年。文中壬寅(1602)指华严寺建成之年,至戊戌(1658)实未满一甲子,参憨山所作朗目禅师传可明:"始自戊戌,迄于壬寅。五年之间,而浮山护国大华严寺,巍然如从地涌。"[8]癸亥(1683)秋礼部侍郎张英撰《华严寺斋僧田碑记》称:"寺昔为延陵宫谕、司马、清江公辈所护持,有田若干亩,力

---

[1] 《浮山志》,第11页。
[2] 《冬灰录》(外一种),第37页。
[3] 澹居乃紫柏弟子。憨山为之作塔铭曰:"戊申(1608),应太史观我吴公,请住持浮山大华严寺。"见憨山大师著述,孔宏点校:《憨山老人梦游集》,上册,北京:北京图书馆出版社,2004年,第527页。
[4] 清隐乃澹居弟子。《浮山志》卷之三记:"天启辛酉(1621),为祝澹(公)六十归浮渡,……博山老人别浮山,师送至皖上。博语诸君子曰:'老僧去后欲了此事者,当知四卷《楞伽》在清公处。'厥后师名益重。"(《浮山志》,第31页。)
[5] 《浮山志》卷之二《会圣岩》称:"今守者意生,澹公孙也。"见该书第13页。
[6] 《浮山志》卷之二《远公塔》,见该书第17页。
[7] 方以智有《修浮渡山舍利塔院引》也言及意生老人,可证此文确为庐墓时所撰:"浮渡为远录公道场,我外祖三一老人复之……余庐墓时,意生耆旧言及余。"见《浮山志》,第44页。
[8] 憨山大师著述,孔宏点校:《憨山老人梦游集》,上册,第564页。

耕以饭。"[1]宫谕指吴应宾,司马指吴用先,可见延陵吴氏宗族后来成为浮山华严寺山主。

袁宗道有《〈九带〉引》盛赞朗目与吴应宾兴复浮山,将二人比于远公和欧阳修：

> 夫远公借棋说法,永叔大加称赏,此浮山千古一段佳话。今此又有朗目禅师、观我居士针芥相投,大畅玄风,昔年残局俨然未散,知朗目岂非远公再来、而观我居士毋乃永叔后身乎?……而观我髫年薰修精勤,见地超越,比于永叔,其根器利钝不啻千里。……汪参知静峰戏语朗目曰："和尚法号朗目,观我正忧目盲,以师光明不能破除黑暗乎?"朗目笑曰："昔年远公留下黑白未分时一着子落处,正须盲人始觑得十分亲切耳!"[2]

吴应宾也有《九带长语》记他和朗目禅师间的机锋问答：

> 余尝晏坐浮山,觅远公意旨了不可得。近被朗目和尚钵盂盛去,锡杖担来,不劳三寸舌根,散入诸人耳里。棋当残局,重逢敌手知音;地可布金,再论支茅建刹。山居之暇,拈出九带葛藤,刻作远公鼻孔。且道末后一带毕竟在什么处?师云："石莲峰顶长教夜月照人,金谷洞中一任青山待客。"余点头,良久曰："到这里我却不会,姑置之,以俟具衲僧眼者!"[3]

方以智《远祖塔院饭田记》称："宗一圆三,竟在此地指天偗骨。"偗,

---

[1]《浮山志》卷之四,第37页。
[2]《浮山志》,第43页。
[3]《浮山志》,第46页。

《集韵》:"音树,立也。"今浮山滴珠岩尚存方以智题刻石:"吴观我先生指天处。"

二、受戒莲池

吴应宾受莲池大师戒,法号为广瀹。莲池大师(1535—1615),净土宗八祖,俗姓沈,名袾宏,别号莲池。因久居杭州云栖寺,人称云栖大师。是万历佛教界最有影响的高僧。著有《弥陀疏钞》,辑《禅关策进》等。憨山德清撰《云栖莲池宏禅师塔铭》,谓师"禅净双修,不出一心",为"法门之周孔"。[1]吴应宾因眼疾不便,通过族中居士多次致书莲池大师。今存《云栖大师遗稿》卷一收有《答桐城吴观我太史广瀹》五书,指出无须以在家戒有缺杂为念,直须"究竟此心","一心念佛","愿一心本参而已"。[2]《云栖法汇》有《杭州上方寺放生池碑记》,题"赐进士出身、翰林院国史编修、桐乡优婆塞、广瀹吴应宾撰文"。[3]《云栖净土汇语》收莲池大师像赞,也为"广瀹吴应宾(观我)"所撰。

三、祈教憨山

憨山大师(1546—1623),金陵全椒(今属安徽)人。万历丁巳(1617),憨山在庐山五乳峰建法云寺,己未(1619)落成。[4]吴应宾《大明庐山五乳峰法云禅寺前中兴曹溪嗣法憨山大师塔铭(有序)》赞憨山:

> 纵其乐说无碍之辩,曲示单传,而镕入一尘法界,似圭峰。解脱于文字般若,而多得世闲障难,似觉范。森罗万行,以宗一心,而严无生往生之土,又似永明。

---

[1] 憨山大师著述,孔宏点校:《憨山老人梦游集》,上册,第503页。
[2] 莲池大师著述,孔宏点校:《竹窗随笔》,北京:北京图书馆出版社,2004年,第369—372页。
[3] 见《云栖法汇》,收《嘉兴藏》,第33册 No. B277,台北:新文丰出版公司,1988年,第182页。
[4] 憨山大师著述,孔宏点校:《憨山老人梦游集》,上册,第457页。

并叙其两度相见：

> 余小子广瀹宾之在中秘也，偕同参数子，请益牢山憨公于龙华精舍。萧宗伯玄圃，暨吾家司马体中与焉。所闻非帝网之十玄，则祖灯之五叶，而师特以体究念佛为露地两轮。后十年入粤，而皖江之素复我。又后二十年入吴，因体中而浮渡之鼓振我，于是余始能游师之籓。[1]

牢山，今山东青岛崂山。萧云举（1554—1627），号玄圃，明代公安学派创始人之一，官至礼部尚书。体中，吴用先之字，号本如。憨山有《答吴观我太史》，足见器重：

> 法门寥落，不但明眼宗匠难求，即衲子中真心实行者，亦不易见，奈何法门澹泊至此！老居士净业精纯，法味日深，心见发光，当洞十方矣。倘有缘徐会一谈，亦此生之余幸也。[2]

朗目卒于万历乙巳（1605），憨山为之作《皖城浮山大华严寺中兴住山朗目禅师智公传》。[3] 澹居卒，又为之作塔铭。据《憨山老人自序年谱实录》丙辰（1616）："访吴太史观我、吴中丞本如，欲建如意庵以留。游浮山。"[4]作《游浮渡歌》，有"我欲诛茅依石室，余生借此藏踪迹"之句。[5]《浮山志》法谱以憨山为华严寺方丈，当据此，似并未实际住持。

---

[1]《憨山大师梦游全集》卷第五十五（附录）题"赐进士出身左春坊左谕德兼翰林院侍读，菩萨戒弟子，皖舒广瀹宾吴应宾顿首拜撰"。收入蓝吉富主编：《禅宗全书》，第51册，北京：北京图书馆出版社，2004年。

[2] 憨山大师著述，孔宏点校：《憨山老人梦游集》，上册，第336页。标点略有更改。

[3] 憨山大师著述，孔宏点校：《憨山老人梦游集》，上册，第563—566页。

[4] 憨山大师著述，孔宏点校：《憨山老人梦游集》，下册，第582页。

[5] 见《浮山志》，第130页。

四、于博山处脱桶底

吴应宾与博山相见,在天启丁卯(1627)。博山和尚奔父丧,过桐城,时觉浪道盛随行。〔1〕吴应宾与元来和道盛结缘即在此时。吴应宾《中兴信州博山能仁禅寺无异大师塔铭并序》称:

> 明年天启丁卯,寻讣而至,取道桐乡。慈社法檀厥名,锡类盍簪,盈缶实蕃。有徒小子,妄引其端。攀附有心,步趋无足。而浮山密迩,桑梓赖师。右掌遥擎,永言孝思。缘熏增上,寂光与力,庶几究竟庄严。〔2〕

吴应宾参博山后,"愿厕弟子列"。刘日杲详细记载了吴应宾与博山相见时的情形:

> 吴庶子应宾,夙参云栖,自负知识,来参和尚请益。和尚曰:"睹公所著颂,深入禅理,第解耳语,于悟犹未也。"庶子曰:"云何?"和尚曰:"烧菴颂云尔。(颂曰:寒岩枯木太僧生,说道无情却有情。烟灭灰飞成露地,闲花野草任纵横。)得无不肯是僧邪?"庶子曰:"然。"和尚曰:"吾故谓公乃解也。"庶子始心服,愿厕弟子列,受菩萨毗尼焉。鞭影频加,绝尘而奔矣。〔3〕

---

〔1〕 觉浪道盛有诗两首,记录了他的随行。一为《博山老参往桐城候何之岳相国吴观我太史》:"博山雷雨过龙眠,蟠窟腾空总电鞭。璎珞光中垂两手,云霞洞里只孤拳。浮丘金凤飞还息,投子青鹰梦自圆。赤脚油饼相见笑,千秋一带与谁传。"二为《怀浮山远祖》:"尚论宗门奇特事,辄于远祖不胜情。五丝将绝谁兼命,二桂中兴独主盟。叶县盘根千古峭,太阳翻茂两眉清。儿孙碌碌盈寰宇,几识浮山脚下行。"见《天界觉浪盛禅师全录》卷十八,收《嘉兴藏》,第 34 册 No. B311,台北:新文丰出版公司,1988 年,第 687 页。
〔2〕 见《博山无异禅师广录》卷第三十五,收《禅宗全书》,第 56 册。
〔3〕 刘日杲:《博山和尚传》,见《博山无异禅师广录》卷第三十五。

"寒岩枯木"出自"婆子烧庵"公案,意指修禅者尚处于精进用功的层次,未达彻悟。故方以智称博山"助拍一掌"。方以智《药地炮庄》又称"于博山处脱桶底",其"闲翁曼衍"记博山对吴应宾另一次开示云:

> 吴宫谕受戒莲池,祈教憨山,于博山处脱桶底。博山示曰:一口气不来,毕竟甚处去?血肉身心非常住。勘破缘生缘不生,根尘即是大宝聚。百草头边亲祖意,毋拘路滑恣游戏。漫将佛法当真参,沾着些儿成垢腻。本来无古亦无今,肉髻明珠岂外寻?黄鹤楼前伸转语,方知居士问头深。[1]

远公棋局,使天下知浮山为临济与曹洞二宗祖庭,浮山宗风遂以二宗兼带为特色。吴应宾兴复远公道场,浮山新棋局合莲池与博山为一滴水,遂使浮山宗风演化为禅净双修。

第四节 《浮山志》的精神系谱——方以智承三一渊源继寿昌法脉

吴应宾兴复的远公道场,在他身后又趋寂静乃至颓坏。但博山、道盛的曹洞宗寿昌系法脉并没有在浮山中断,特别是吴应宾外孙方以智在江右青原山的弘法和崛起,激起了家乡官绅和延陵吴族迎方以智回浮山主席华严、重振道场的热望。而以方以智弟子山足主持重修《浮山志》为纽带,以报亲为精魂,方以智如何承三一渊源、接寿昌法脉的叙事也清晰地呈现出来。

在计划回浮山"报亲"之前,方以智思想尤其是他的禅学思想明显受三一老人影响。方以智在拜觉浪道盛为师、圆具足戒、成为寿昌法嗣后,

---

[1]《药地炮庄》修订本,第69—70页。

编撰《药地炮庄》成为师命和使命。方以智《炮庄小引》自供:"重翻《三一斋稿》,会通《易余》,其为药症也犁然矣。"〔1〕就是说,吴应宾的《三一斋稿》和自己所著的《易余》,是他编撰《药地炮庄》的重要思想资源,并且,《易余》的撰写也同样受三一老人吴应宾的指引。方以智在《浮山文集前编》卷之八《又寄尔公书》中向友人张自烈透露以少所学河洛、象数"患难自慰,时加紬绎"。〔2〕时加紬绎的成果应该就是《易余》。同期的诗文《无生寱》也供述了《易余》的写作时间和意图。《无生寱》系《浮山后集》卷之一,所收诗文,从丁亥(1647)起,至辛卯(1651)初被迫逃禅,再至壬辰(1652)七月放归回乡,逗留庐山创作《东西均》止。最可注意的是,《无生寱》落款为易贡游子笔("易贡"出自《易传》"六爻之义易以贡"),而其序名为"斋戒",方以智有自注:"以此斋戒,洗心退藏,《易传》之所叮咛也。心斋大戒,人间世何所逃乎?丁亥,转侧天雷苗中,设三世位,烧三一老人香,以此自遁。"〔3〕此处所云"烧三一老人香"无疑明确指出《易余》的思想来源之一是吴应宾。《青原志略》有方孔炤《寄怀笑峰大师西江》诗,其中亦云:"有子苍梧归,杖门饮法乳。自闭高座关,足疗平生痼。宗一而圆三,外祖早回互。"〔4〕杖门,指觉浪道盛禅师门下。笑峰为方孔炤友人,又与方以智同为道盛弟子。方孔炤此处即指出方以智投道盛,是因为他的外祖吴应宾与禅佛教、与道盛禅师和寿昌法脉早已结缘,且能相回互。

以性论为例。性论是禅学的核心,曹溪禅以"明心见性"开宗明义。方以智继承吴应宾《宗一圣论》的性说,其《性故》开篇即云:

> 或问:性说纷然,何以折中?答曰:说皆不离对待之二也,说善则对恶,说有善恶即对无善恶。惟通先后天,而明其本自如是、正当如

〔1〕《药地炮庄》修订本,第8页。
〔2〕《浮山文集》,第269页。
〔3〕《方以智全书》,第十册,第235页。
〔4〕《青原志略》,第247—248页。

是、适可如是者,绝对待、贯对待,是何理乎? 知止至善而扬之,深几神哉! 姑衍旧说"性相近也,习相远也"。〔1〕

又云:"言善,言恶,言为善为恶,言无善无恶,是四说也。统其中而无先后,绝对待、贯对待,无心、有心,皆一者,非至善耶?"〔2〕可见,同吴应宾《宗一圣论》一样,方以智从性、习入手,而进一步发挥其无我、至善之说的特色,并明确导入先后天维度,认为性学不明乃因先天学之不明。

方以智的"三一渊源"还包括他的母亲。方以智《痒讯》有诗《九月十一,吴太君忌日》:"自背萱堂十九年,圆壶彩帕泪痕穿。梦中告我当斋戒,世上藏身托简编。外祖书言心是镜,浮山石待笔如椽。何时得遂藏轩意? 归种丹邱墓下田。(先祖题浮山丹邱崖下为此藏轩,先母墓在崖后。)"〔3〕方以智在遁隐沅州时所作《斋戒》诗中写道:"十二背吾母,斋戒梦中持。外祖示生死,患难尝追思。"〔4〕对于已经先后逝去的母亲和外公,方以智在情感上极度依恋,经常在梦中相见。在方以智的《象环寱记》中,缁老人的化身吴应宾称吴令仪"皈依博山"。〔5〕甲辰(1664),吴令仪已仙逝四十有三年,方以智《母吴太恭人忌日烧香》云:"吾母太恭人,秉莲池戒,受博山乳,总是三一之渊源。"〔6〕母亲受外公吴应宾影响,二人的佛教渊源都是莲池和博山。莲池大师主净土,博山和尚主禅宗。方以智《远祖塔院饭田记》云:"莲池、博山,合一滴水,天界杖人尝举此为不二社。"〔7〕不二,指禅(宗)净(土宗)不二。天界指金陵天界寺,杖人即觉浪道盛。故方以智禅学中来自外公和母亲的"三一渊源",具体内涵就是禅净不二。

〔1〕 方以智撰,张昭炜注释:《性故注释》,北京:中华书局,2018年,第1页。
〔2〕 《性故注释》,第13—14页。
〔3〕 《方以智全书》,第九册,第217页。
〔4〕 《方以智全书》,第十册,第235页。
〔5〕 见《易余》(外一种),第217页。
〔6〕 《冬灰录》(外一种),第95页。
〔7〕 《冬灰录》(外一种),第37页。

"三一渊源"又与方氏家学（易学）相合。方学渐（1540—1615）著有《易蠡》，方大镇（1561—1631）著有《易意》，方孔炤晚年全力编著《周易时论》。方孔炤去世后，方以智在合山为父庐墓，并写道："墓下数年，重烹教乘，反复外祖观我公之旨，自合四世之《易》。"[1]易学乃方以智的家学，从方学渐、方大镇、方孔炤，到方以智这一代已是四世治《易》了。正是在合山庐墓期间，方以智编纂《图象几表》，并踵成《周易时论》，结集为《周易时论合编》，托付给堂兄竹西子方豫立（方若洙子、方孔炤从子），方豫立请他的好友李世洽题序刊刻，此即传世之顺治十七年白华堂藏板《周易时论合编》。[2]戴逸孝《合山栾庐诗》跋亦称："三世诗礼学易之旨，合之王虚舟先生之图书寂历，吴观我先生之宗一圆三，环中晚径，可谓皆备。"[3]王虚舟指方以智的老师王宣，环中系方以智父亲方孔炤晚年的居所环中堂之省称，此处指代方孔炤，说的也是方氏家学与吴应宾宗一圆三思想若合符节。故方以智晚年欲回浮山"报亲"，不仅为父系的方氏家学，亦关三一之渊源。

吴道新《重修〈浮山志〉缘起》就直截了当地称浮山欲迎无可大师（方以智）树浮渡经幢为：

> 仍继三一蒴。三一者，先宫谕自署其居士之号也。无师秉摩耶之胎，饮三一嫡血，于世法，三一为师外王父，于佛法，师为三一乳孙，且三一圹在金谷前，摩耶瘗在华严后，唱还乡之调，歌锡类之诗，无师允宜为浮渡主。

---

[1]《青原志略》，第187页。
[2]《浮山志》山图系方豫立所绘，志成，方豫立有识曰："康熙丙辰浴佛日白华老人竹西方豫立识。"由此可见，所谓"白华堂藏"系由方豫立自号"白华老人"而来。此据安庆市图书馆藏本，疏荻点校本《浮山志》未见此方豫立识。
[3]《方以智全书》，第十册，第373页。

外公、母亲(以佛陀之母摩耶代称)都是佛教居士,都葬于浮山(渡)。"锡类"语出《诗·大雅·既醉》:"孝子不匮,永锡尔类。"吴道新《新建藏经阁碑记》又详称:

> 康熙己酉(1669),予迎无可大师主华严方丈。大师先宫谕女之子也,现宰官身证斯陀含果,受觉浪杖人咐嘱,树法幢于青原。可师夙奉先宫谕三一之学,畅衍宗一家风。悲宫谕有子早逝,[1]微言遂绝,欲以法王滴乳继蓺外王父,而阐其未竟之绪。庚戌(1670),……付嘱山师曰:"予外王父欲复浮山远祖之一枰九带,再开生面,华严会上檀越订予更振起而举扬之。予昔庐先中丞墓于合山,假榻华严,扫先淑人墓,为外王父卜窀穸于金谷之麓,时蒙杖人即以华严一席嘱予担荷。予今应遵天界本师之命,嗣外王父于浮渡。予愿中有二大事:一者《浮志》未修;一者藏阁未建。"……山师来华严,九阅春秋,凡三载而《志》刊;又三载而阁就。……可师继宗一之志,而山师述其事,斯则孝子慈孙之所为矣。[2]

不仅指出方以智夙奉三一之学,欲阐其未竟之绪;更指出继席浮山华严实是因之前方以智庐墓合山时已有师(觉浪道盛)命。吴道新《浮山华严寺弘戒缘序》记述请青原无可大师驻锡华严寺,称赞方以智:

> 大师贯通三教,透悟心宗,撰著《时论》、《炮庄》等书,渊源家学,饮宫谕之心血,印杖人之指归,证迦文中谛两宗,则大师为华严主,诚三僧祇劫所夙定也。[3]

---

[1] 吴道凝登第后不幸中道旋夭,于乙未(1655)去世。
[2] 《浮山志》,第35页。
[3] 《浮山志》,第54页。

钱澄之《重修浮山华严寺碑记》亦云：

> 方朗公时，寺已久废为民居，殿址皆丘垄矣。朗公发心兴复，以宫谕吴公矢大愿力，大中丞晋川刘公当道主持，故其事虽难而功以共济。后此则寺不废而实废，不为民居而犹之民居。……山公青原高座，而青原于世俗固宫谕公外孙也。寺以青华严得名，青禅师固太阳所寄直裰皮履，托远录公为求以续沿宗者。浪杖人洞宗嫡传，青原为之法嗣。世出世间，渊源一脉。〔1〕

对于入主华严，兴复"两宗真脉，一带常圆"〔2〕的浮山道场，方以智自称"此乃素怀"，心情是"久矣欣然"的。陈焞有诗题曰"青原无和尚书来期以秋还浮渡……"。〔3〕方以智在《复合邑公启》中写道：

> 伏以重门洞开，并唱还乡之曲。千里同调，久知合拍之风。每念一寺五岩，曾经先外祖之兴复，直接两宗九带，更为我杖人所注存。……信得遇缘即宗，……应遂退老之衷，用赴报亲之地。定与诸公合约，共期此刹重光。垂翼徙溟，行看法喜盘桓。互提尊贵，一路翻身吐气。佇俟垂老敲唱，踏碎环中四维。时哉幸甚，久矣欣然。〔4〕

方以智《答延陵吴山主公启》也称："愿为内护，此乃素怀。""但毕青原

---

〔1〕《浮山志》，第39页。
〔2〕 方以智：《答延陵吴山主公启》，《浮山文集》，第542页。延陵，桐城吴氏一支，吴应宾属此宗。
〔3〕《浮山志》，第228页。
〔4〕《浮山文集》，第541页。

之役,即抵素业之庐。"〔1〕素业之庐当指此藏轩。方大镇在浮山墨历、掌岩之西麓建有"在陆山庄",题在陆之中堂曰"此藏轩",后授方孔炤,方孔炤又授方以智。方以智三子拟修此处为报亲庵。余飏《报亲庵序》引方以智语曰:

> 吾将聚千圣之薪,烧三世之鼎,炮之以阳符,咀之以神药,弥缝之以象数,妙叶之以中和,裁成之以公因反因,范围之以贞一用二,时当午运,秩序大集,使天下万世晓然于环中之旨、三一之宗。谓方氏之学继濂、洛、关、闽而兴,集昙聃归涂之成,克尽子职,所以报也。〔2〕

此处报亲之意,明言三世方氏之学,所谓环中指方孔炤,三一指外祖吴应宾。方以智《致青原笑和上》写道:"墓下数年,重烹教乘,反复外祖观我公之旨,自合四世之易。"〔3〕又据方以智《炮庄小引》,他"重翻《三一斋稿》,会通《易余》"而编撰《药地炮庄》。这实际上交代了为什么《药地炮庄》正文九卷皆题有"天界觉杖人评,三一斋老人正"。此时吴应宾虽已去世,但方以智炮《庄》时经常重翻《三一斋稿》,反复沉潜三一老人宗一圆三之旨,并形诸文字。兴斧致陈焯书请主修《浮山志》云:"先师于数十年后重振宗一先生之风。"〔4〕以《药地炮庄》观之,此言不虚。方以智《答延陵吴山主公启》盛赞宗一先生:

> 思我宫谕外祖,为今调御丈夫。青鹰梦里急翻身,云栖戒先斫额。黄鹤楼前伸转语,博山偈已传睛。备五早谢憨公,宗一全提圣

---

〔1〕《浮山文集》,第542页。
〔2〕《浮山志》,第52页。
〔3〕《青原志略》,第187页。
〔4〕《浮山志》,第103页。

论。不忘沟壑,自妙弥纶。学《易》多年,杂花独契。觑破虎铃系解,但悬义象纵横。点出圆∴,何必争如不必。中常用两,裁成即是生成。道场随分功功,时节实论曝曝。曩修一寺,遂复五岩。招朗、隐二公,衍紫柏之教法。独向寿昌一脉,续宝镜于参同。胜事如斯,愿王常在。高卑雨化,顽慧风从。稿藏三一斋,无人发匣。骨经五十岁,露扶指天。盖欲穷尽上下四维,体如来之五中道,始能折摄顿渐万法,为午会之一大成。[1]

调御丈夫,佛十号之一。佛能教化引导一切可度者,故称。青鹰梦,指浮山远公夜梦青鹰而得投子义青,为之传法。吴应宾从云栖受戒,又得博山以偈点拨。义象,分指义理与象数。朗、隐二公,指朗目、清隐。

方以智《与陈默公司马》坦陈:"华严棋局终在报亲。"[2]方以智愿掌华严法席,实为重振宗一先生之风,也为重振桐城方氏家风。吴道新《延陵合族请药地和尚启》对浮山宗风和浮山禅有云:"爰自衫履付与青鹰,远公遂称两宗之祖;逮至钟板设从紫柏,朗公复绍两祖之宗。"[3]远公为临济法嗣,又代大阳传曹洞法于义青,则远公禅实兼临济、曹洞两宗。朗目和宗一先生兴复浮山,实绍远公、义青两祖之宗。故所谓浮山禅、浮山宗风便是临济、曹洞两宗兼带,而方以智弥缝之,妙叶之,裁成之,范围之,无非环中之旨、三一之宗,这便是方以智与吴应宾浮山禅的心印。

方以智最终未能回到浮山。康熙庚戌(1670),山足承药地师命先行到浮山监院华严。《青原愚者智禅师语录》卷三方以智有《示山足兴斧》交代了山足的学禅经历:

---

[1]《浮山文集》,第542页。
[2]《浮山志》,第101页。
[3]《浮山志》,第111页。

静住禅人,旧事祖堂石溪大师有年。还里,又炙西生大师,教乘滋茂,回互宗趣。今来青原讯其本分,不昧疑关,以山足字,更其名。愚者曰:"青原垂一足,住山唯钁斧。且劈古今薪,冷灶自烧煮。"因命之曰兴斧。〔1〕

辛亥(1671),粤难作,方以智临行时寄山足札云:"浮山一局,努力善守,致意吴氏诸护法。"〔2〕此后,山足在浮山华严和远公道场弘法十七年,并完成了青原老人修《浮山志》、建藏经阁两大咐嘱。由山足监修的《浮山志》法谱"正宗主持"以无异元来禅师为第十一代,〔3〕觉浪道盛禅师为第十二代,无可禅师(方以智)为第十六代,山足禅师为第十七代。山足兴斧还和方中通一起,将方以智法语《青原愚者智禅师语录》连同《天界觉浪盛禅师全录》一起送入《嘉兴藏》,则山足兴斧非独为浮山禅、青原禅,且为寿昌禅之大功臣。吴道新《请山足禅师入华严方丈启》称赞山足:"药地传薪,荆枝继荫。捧巾瓶于浮渡,兼绍两宗;接衫履于华严,重宣九带。"〔4〕可以说,方以智借弟子之手仍然间接地完成了浮山禅在清初的复兴,并使宗一先生之风和桐城方氏家风载入史册。

---

〔1〕《冬灰录》(外一种),第321页。
〔2〕《浮山志》,第27页。
〔3〕《浮山志》卷六载吴应宾《请博山无异大师住浮山华严寺启》。见《浮山志》,第108—109页。
〔4〕《浮山志》,第115页。

第四章
托孤传法——禅士觉浪道盛的禅儒会通

方以智禅学更直接的渊源,是觉浪道盛的曹洞宗寿昌系法脉。

道盛,号觉浪,别号杖人,明末清初曹洞宗寿昌系著名禅僧,福建浦城人,生于万历壬辰(1592),至己亥(1659)于金陵示寂,世寿68岁。受大慧禅(菩提心则忠义心也)的影响,道盛从弘法一开始便注重于士大夫阶层,具有时代感和社会关怀,他对于士人的定位别出心裁,以禅士自任,为国说法,救世救心,为法求人,托孤传法。作为曹洞宗传人,他力主会同五宗而集大成,以"宗门孔子"自期许,并提倡禅教一致,禅净合修。进一步,他主张会同世间法与出世间法,儒佛双选,三教并弘,在明末清初的禅史上独树一帜。张贞生《天界觉浪盛禅师全录序》称赞道盛:"乃于今佛法极盛即极衰之时,谓其人为世所共宗之人,谓其书为世所共传之书,而推崇之。"[1]李鹤鸣题《天界浪杖人全录序》云:

---

[1] 觉浪道盛述,大成、大然等校:《天界觉浪盛禅师全录》(附《杖门随集》,后文简称前著为《全录》),见《嘉兴藏》,第34册No. B311,台北:新文丰出版公司,1988年,第587—588页。又见《中华大藏经》(台北:修定中华大藏经会,1968年)第二辑第136册。道盛另有《天界觉浪盛禅师语录》(12卷)约11万字,《天界觉浪盛禅师嘉禾语录》(1卷)约1.7万字,均收入《嘉兴藏》。这两种《语录》的绝大多数内容,都已收入《全录》中。

明启、祯间,觉浪盛禅师起于八闽。嗣法东苑,决几寿昌,手挈祖印,肩荷佛乘,年三十(引者注:应为二十八)即开法于兴化,道风远振,海内倾仰,名公钜卿莫不入室扣击,俯首皈心,而笑峰然、药地智二大士,则以宰官身现比丘相,称师之嫡骨真子也,岂不盛哉!夫师于佛法凋落之日,能使斯道复兴,天下士大夫,气宇如王不可一世者,莫不折节师事之,以至儿童妇女,贩鬻屠沽之流,亦莫不知天下有觉浪和尚者,盖由其双选之法,足以佐斯道之穷也。[1]

《全录》卷十七刘余谟撰《传洞上正宗二十八世摄山栖霞觉浪大禅师塔铭(并序)》:"嗣法弟子二十九人,记莂居士四人,往来问道及皈依缙绅、孝廉、文学若干人。得戒剃度弟子不可数计。师说法四十余年,坐道场五十余处,著作百余种,皆载师《全录》。"[2]道盛的禅学思想及其禅法主要体现在他的法子方以智所编《天界觉浪盛禅师全录》(三十三卷,附《杖门随集》上下卷)[3]中,约40万字。方以智《杖人全集跋》也自称:"故就杖

---

[1] 《嘉兴藏》,第34册No.B311,第791页。
[2] 《嘉兴藏》,第34册No.B311,第686页。
[3] 《全录》署名由竺庵大成、笑峰大然等众弟子参与汇校,但据大成弟子黎元宽(法名兴远)《杖人翁全录集要序》称:"无大师董其成。"(见《嘉兴藏》,第34册No.B311,第791页。)无大师即无可大师,方以智僧号,可见《全录》实由方以智编成,类似《青原志略》。方以智卒于康熙十年(1671),其法语《冬灰录》(约8万余字)未公开刊行,由方中通和兴斧编成《青原愚者智禅师语录》入藏,约3万余字。兴斧丙辰(1676)跋称方以智:"末后受嘱于杖人翁,担荷曹洞大法,计出世二十余年,说法多处,语录若干卷。"(见《冬灰录》(外一种),第355页。)方中通《送山足法兄运天界、青原两录赴嘉禾入藏序》称:"既编《物理小识》(引者注:甲辰刊),老人顾谓曰:'杖人求天下大伤心人,为天地托孤,其言深于救世,不可不传,余辑三汇稿当令先行。'……岁庚申,山公(引者注:指山足兴斧)还自吴门,云当泝洄青原,运杖人翁《全录》。"(见吴道新纂集,陈焯修订:《浮山志》卷之四。)《全录》约始编于甲辰(1664),卷首方以智好友徐芳序则署康熙庚戌(1670),而附于《全录》后之《杖门随集》有序两篇,其一李鹤鸣序署康熙辛亥(1671),文中提及"辛亥春入青原,与药地和上坐语移日,和上命作《杖人全录》序",其二黎元宽序未署日期,也称:"爰恭无大师之命而序之。"《全录》系由方以智编定也由此可见,因方以智于康熙辛亥(1671)辞世,故《全录》定稿也当系于当年。但天界、青原两录由山足兴斧送入《嘉兴藏》的时间,据方中通序,则同时在庚申(1680)。

第四章 托孤传法——禅士觉浪道盛的禅儒会通

人三汇稿而芟烦去复,归决于此。"[1]通观《天界觉浪盛禅师全录》,被陈垣称为"洞上显学"[2]的道盛禅学,体现了哪些鲜明特色和强烈个性呢?[3]

第一节 为国说法——道盛的禅士定位及其士大夫禅

陈垣指出:"禅悦,明季士夫风气也。"[4]晚明士大夫参禅成风,禅僧亦无不与士大夫结交,伴随着晚明特有的"士绅社会"的形成和居士佛教的发展,[5]佛教和禅宗的世俗化(高度融入士民社会生活)自宋元以来达到一个顶峰。清人彭绍升所撰《居士传》呈现了万历间居士佛教盛兴的这段历史画面:"共计56卷,自37至53卷,为明代居士的传记,其中只有四人是万历以前的人,其他的有67人的正传及36人的附传,均属于万历年间以至明朝亡国期间(公元1573—1661年)的人物。"[6]明清鼎革之际又使士大夫(明遗民)逃禅群体不断扩大,形成遗民僧。所以,无论是外部高度世俗化的社会需求,还是禅佛教内部僧人的多元化构成,都使得晚明清初禅佛教的变革势在必然。死守古典、纯正的禅佛教已不合时宜。

---

[1]《嘉兴藏》,第34册 No. B311,第805页。
[2]《清初僧诤记》,收入陈垣:《明季滇黔佛教考》,石家庄:河北教育出版社,2000年,第494页。
[3] 台湾学者廖肇亨对道盛有高度评价:"一言以蔽之,觉浪道盛可以说继万历三高僧之后,明清之际佛教丛林最有原创性的理论家。""觉浪道盛与无可弘智师徒等人联手打造了一种特殊形态的禅法,贯通儒佛、融摄一切世间法与出世间法,强调忠孝节义,在佛法洪炉中化伤心为悲心,转识成智,甚至小说戏曲也成为体悟人生真理的绝佳契机,在禅学思想史上可谓独树一格。"见氏著《巨浪回澜——明清佛门人物群像及其艺文》,台北:法鼓文化,2014年,第164—179页。
[4]《明季滇黔佛教考》,第333页。
[5] 中国传统社会,士农工商被称为四民,而士为四民之首,士绅和士大夫阶层对民间社会有巨大的影响力。加拿大学者卜正民提出,晚明地方上出现了一个特征鲜明的"士绅社会","它是晚明历史时期的独特产物"。参见氏著《为权力祈祷——佛教与晚明中国士绅社会的形成》,南京:江苏人民出版社,2005年,第21页。
[6] 圣严法师:《明末佛教研究》,北京:宗教文化出版社,2006年,第200页。

觉浪道盛的禅学和禅法应运而生,呈现出士大夫禅学和遗民禅学的鲜明特色。

如果说"中兴"宋代临济宗禅的大慧宗杲与其门下参禅士大夫群体有密切交往,《大慧书》集中体现了宗杲的士大夫禅学,那么,遍观《天界觉浪盛禅师全录》,可知道盛在精神上完全继承了大慧的禅学关怀。道盛不仅常提及大慧或妙喜,《全录》卷二十七《与蔡莲西明府》还曾向地方官员推荐《径山大慧全录》:"其于心法圣学,治政经济,无有不讲,行将大有得于此也。"[1]《全录》卷三十一方兆及《过枞阳记》载道盛:"灯下论国家治乱之故,两京殉难之士,世人出处之情,甚悉。"[2]荒木见悟认为,大慧禅的出现,表明禅的社会化方向已经不可阻挡。他在《忧国烈火禅》中给予道盛禅学高度评价:

> 明末动乱激化,国家面临灭亡危机,流民尸骸散乱于街头山野,而民众依赖的为政者却尽显无能颓废,整个官场笼罩在无责任态势之下。应该说,这个时候恰恰要轮到以"大用现前"为旗帜的"活禅"出场了。应众生之期待登上历史舞台的,便是觉浪道盛。可以认为,这位"亦僧非僧"的人物,与"亦儒非儒"的王阳明,是前后呼应的。因为两者在向"自由即由己"之路迈进这点上,有着共通性。在此意义上,可以说道盛是临济大慧以来的佛门英杰。[3]

江灿腾评价荒木先生这本关于清初著名禅僧觉浪道盛的奋斗史专著时提出:

---

[1] 《嘉兴藏》,第34册 No. B311,第752页。
[2] 《嘉兴藏》,第34册 No. B311,第776页。
[3] 荒木见悟:《忧国烈火禅:禅僧觉浪道盛のたたかい》后记,东京都:研文出版,2000年。译文采自谭仁岸:《忧国烈火禅——禅僧觉浪道盛的挑战》(2017年初稿,尚未出版),特此鸣谢!

所谓《忧国烈火禅》,即是在荒乱时代中伟杰禅僧觉浪道盛如何从事社会关怀的悲壮忧心录。……和陈援庵教授的《清初僧诤记》在精神上的彼此呼应,所以禅的实践是有社会性的,而所谓怨禅、火禅、霸禅、社会禅等,也都是荒木教授精深解读明清禅僧思维后所作的精彩学术定位与见识高人一等的非凡表露。〔1〕

万历丙辰(1616),年方25岁的道盛从博山元来受具,并于当年在东苑元镜处得法,传承曹洞宗法嗣。丁巳(1617),随东苑礼寿昌和尚无明慧经,又获印可。时年仅26岁。按道盛《自叙年纪略》的说法,"丙辰参博山和尚于董岩,受具,有机语。是冬病于书林,遇东苑和尚,投机,有嘱。丁巳春到江西庆寿昌和尚七十寿,亲承密印,有机缘"。〔2〕《全录》卷十七刘余谟撰《传洞上正宗二十八世摄山栖霞觉浪大禅师塔铭(并序)》称:"自是荷担大法,当仁不让。"〔3〕对于道盛来说,无明慧经是万历时中兴曹洞宗的著名高僧,在新城(今黎川)和南城一带有黄端伯等大护法;博山元来是寿昌和尚的第一高足,在桐城、太平(今当涂)和金陵一带弟子众多;而东苑和尚则赋予他曹洞正宗法脉的禅门身份,顶着这样的光环出山,也是一时无二! 加之寿昌、博山和东苑和尚不久先后圆寂,留下丰厚的法门资源和遗产尽为道盛所用,道盛也很快被耆宿尊为"新寿昌"(语见黄端伯《寿昌觉浪大师语录序》),成为寿昌系宗门领袖和"洞上显学"。

丁巳(1617)冬,年仅26岁的道盛初到金陵,便大有斩获。上引刘余谟《塔铭(并序)》称:"与焦太史(竑)、周海门、曾金简诸公游,大有敲击,诸公重之。"己未(1619)春,年方28岁的道盛应福州曹能始诸公请,于兴化

---

〔1〕 江灿腾:《晚明佛教改革史》,桂林:广西师范大学出版社,2006年,第3—4页。
〔2〕 见《天界觉浪盛禅师语录》卷之十二,《嘉兴藏》,第25册No. B174,第750页。
〔3〕 《嘉兴藏》,第34册No. B311,第685页。

(莆田)开堂说法,提唱卓然古德,自此,

> 四方启请狎主名刹,如楚之李太宰、梅中丞、陈司寇、周司马诸公,请住龙湖。蕲州荆王、豫章建安皆延说法内庭。江右黄元公司理、邓太史、涂司寇诸公请主寿昌、福船及匡庐圆通。如金陵魏上国及王乔司礼、倪朴庵、陈旻昭、蔡二白、李小有诸公,请主灵谷、天界、报恩祖堂。如虎林姚愚谷、方子凡及徐太史诸公,请住凤林双径。[1]

大致来说,道盛聚陇的士大夫群体主要有六:一是湖北麻城,二是江西庐山、寿昌,三是江苏金陵(今南京),四是浙江杭州、嘉兴,五是安徽太平(今当涂),六是福建武夷山等。均为居士信仰流行之地。据圣严法师对《居士传》的研究,居士人数分布最多的是江苏、浙江、湖北、江西和安徽等,其中江浙者占78人中的48人,有进士身份的居士,也多达30人。与道盛最亲密的,包括司理黄端伯(1585—1645,字元公,称海岸道人)、太宰李梦白(长庚)、侍御陈旻昭等。至清初,道盛身边更围拢了一大批进士出身的逃禅明遗民,其中就包括成为其法子的笑峰大然倪嘉庆、无可弘智方以智。道盛无愧为江南遗民僧领袖。

那么,道盛为什么如此重视与士大夫群体的交往呢?这和他对士的认识密切相关,也是由他毕生坚持为国说法、为法求人的愿求所决定的。

《全录》卷三癸未(1643)有上堂语云:

> 况三百年来养天下臣民,岂无忠臣烈士一旦奋发,展生平经济,为国驱除戮力者乎!三百年来养天下僧道,岂无真僧高道一旦奋发,

---

[1]《嘉兴藏》,第34册No. B311,第685页。

展生平机用,为国说法破迷者乎!山僧何幸,得遇金陵诸大护法及诸法侣,目击时危,心伤类惨。人人有忠孝之心,个个求佛祖之力,延山僧登此大灵谷三百年虚席之座,举扬直指人心、见性成佛之旨。[1]

《全录》卷二十二道盛在为大斧毛尊素《书义全提序》中提及:"癸甲全提、原道诸论、剑川二刻,哼哼在兹。既当仁不让之道在躬,体道而行,更何避焉?"[2]据陈丹衷言,戊子(1648),道盛在太平闉中作圣教师《三宝图》,在教宝图中,书经(《尚书》)被配以乾卦,帝王治道之统其参赞化育,有圣作万物睹之象,道盛既认为自己这几篇文章"哼哼在兹",则其主旨在"为国说法"不言自明,并且说自己要当仁不让,体道而行。

据道盛《自叙年纪略》,《癸甲全提》作于癸未(1643)甲申(1644)之际,时道盛在金陵,《全提》为李小有诸公所集。[3]在首篇《癸未除夜语》里,道盛彻夜说法,意在以禅门的常住真心破除儒门的生死之心:

> 若欲了此常住真心,本无生死,非参究《楞严经》及唯识论诸经典,决不知有了生死之法。不参究禅宗,更无直下了生死之心。看经教,只明得了生死之理。参心性,乃尽得了生死之心。……了生死者,但了其虚妄心之生死。……可见生死识情,皆自心妄想执着。非真有生死识情,能系缚我之灵妙真心也。[4]

《原道七论》系道盛于明清鼎革的特殊时刻所撰,即《各安生理论》、《士为治本论》、《法为国本论》、《道治宗旨论》、《生死重超论》、《圣主当兴

---

[1]《嘉兴藏》,第34册 No. B311,第605页。
[2]《嘉兴藏》,第34册 No. B311,第721页。
[3]《天界觉浪盛禅师语录》卷之十二,《嘉兴藏》,第25册 No.B174,第750页。
[4]《嘉兴藏》,第34册 No. B311,第777—778页。

世出世法论》《三教会同论》。〔1〕《全录》卷二十《士为治本论》中,道盛竟一腔热血,以士自勉,并勖同人,提出:

> 古立四民以类天下,而士独统天下之治,农工商实所摄焉。……夫士也者,圣贤之通称也。三教九流能以道术主辅治化者,皆名为士,所谓儒士学士道士高士禅士大士无上士,皆足以互相为治也。使农工商等能通道术,又何莫非士哉? 但士独以出治属之耳,是故古今之治独统于士,古今之乱亦责于士,而农工商不与焉。夫农工商等之能各安生理,不作非为者,非彼自能也,治之教之化之者,士也。……士乎! 士乎! 真今日赤子之父母乎! 真今日大旱之甘霖乎! 真今日饥寒之衣食乎! 真今日刀兵之放赦乎! 真今日苦海之慈航乎! 真今日火宅之宝车乎! 予上不能预出治之贤圣,下不能预食力之农商,深愧乎不能为士也,敢以士自勉,并勖同人,凡主世法出世法者,各当竭力尽忠辅治,始不负食此国王之水土也。〔2〕

在这里,道盛把僧人也定位为士人一分子,禅士的角色定位也几乎惊世骇俗。

剑川二刻,则指《全录》卷二十五的《丽化说》和《参同说》。《全录》卷二十七《复毛尊素居士》,道盛提及:"近于剑川,提《丽化》、《参同》。"〔3〕《天界觉浪盛禅师嘉禾语录》有道盛《为金载含居士作法戒约》云:

> 予倚杖龙渊。……座中有金载含居士,避席而礼请曰:"……得

---

〔1〕 大成在《七论》文后记云:"戊子(1648)冬,因江院王公屡慕师道化,求师语录。因阅师《原道七论》,谓不应称明太祖三字,遂坐师狱中。"见《全录》卷二十,《嘉兴藏》,第34册 No. B311,第710页。

〔2〕《嘉兴藏》,第34册 No. B311,第703页。

〔3〕《嘉兴藏》,第34册 No. B311,第754页。

第四章 托孤传法——禅士觉浪道盛的禅儒会通

读和尚诸刻,专提佛圣安身立命之旨,与'精一中和、易简勤俭'八字,为世出世法之根本。……"予乃惊起曰:"……予新刻有《丽化》、《参同》及《充智证传》,如能深心参究,则此悟证当不让古人也。"[1]

可见,《丽化》、《参同》大约作于道盛弘法龙渊(浙江龙泉)时。《嘉禾语录》乃癸戊合集,指癸巳(1653)戊戌(1658)年的语录合集。《全录》卷二十五《丽化说》关注佛圣之道的存续,提出:

> 庄生谓薪尽火传,人或失于附丽。予以火丽薪传,人当悟此神化。今人心之火,初失于藏而不能善取,次则失于取而不能附丽,后又失于附丽非法而不能传此真神。[2]

> 世人只知王公设险以守其国,百姓设险以守其家,谁知先圣之制河图、洛书、《洪范》、《六经》书史,与礼乐刑政、射御书数、九流百工等,无非此心之附丽,设几感之险,令人习之,以维天下之心,以创天下之义,以治天下之情,以通天下之志,以开天下之愚迷,以塞天下之狂放,以绝天下之篡逆,以杜天下之窃欺。……佛氏以慈悲设教,而附丽于三藏修多罗与宗门千七百淆讹公案,则一言一句,一机一境,一语一默,一棒一喝,一逆一顺,一正一邪,如吹毛剑、涂毒鼓,如虎缺马骡,触背不得,何非设险? 使参学者习而脱化之,为入坎出坎,使众生之金出矿,无明之火出木,真心出于妄想,解脱出于执着。……予故重重表此习坎心亨、丽正继照之旨,盖佛圣能以心习坎而成卢舍纲宗,凡夫须以坎习心而入法界种草,合之不妨能异,分之不妨能同,为参学者不传之秘,其有能猛然自悟自证,则此道之存于丽化者

---

[1]《嘉兴藏》,第 34 册 No. B312,第 813 页。
[2]《嘉兴藏》,第 34 册 No. B311,第 737 页。

何幸。〔1〕

《全录》卷二十五《参同说》意在参同世间、出世间,呼唤造新命、立新身、处新世、作新宗旨经法。在道盛看来,凡厥有生者,皆当参造命、立身、处世之三法,是世间出世间皆不可须臾离也。

> 以故佛祖独贵参悟之门,圣贤全重省察之法。如曰三参者,一须参造命,二须参立身,三须参处世。参造命之法,莫过于一念未生前,父母未生前,喜怒哀乐未发前。参立身之法,莫过于善恶未萌之际,教养命意之际,人伦立义之际。参处世之法,莫过于事物交接之中,经营生计之中,出处变通之中。参此三法,唯佛祖、圣贤、帝王能始终本末,备悉天下古今之事理,成全天地位育之化机。〔2〕

> 儒者不肯参究,禅者不能遍参,便有儒释之分,浅深之异。使能参透此旨,则学佛自能知儒,通儒自能造佛。〔3〕

> 从来此道,一治一乱。天下承平日久,……如养痈之必溃,久蠹之必摧,积火之必燃,畜毒之必发,安能不倾天下之否,不倒天下之仓,不化腐烂为神奇,不反乾坤为再造,然后如大冶红炉,乃能煅去一切假物,炼出一切真性情、真文章、真事业、真功名道德、真禅道佛法。安知此非佛圣天地之所以为天下造新命、立新身、处新世、作新宗旨经法乎?人能参透此穷则变、变则通、通则久之妙密,则能以穷变之机,自造造人,自立立人,自达达人,虽不能博施天下,济众古今,亦可以一真之法存此世间,以济度人也。〔4〕

---

〔1〕《嘉兴藏》,第34册No. B311,第738页。
〔2〕《嘉兴藏》,第34册No. B311,第738—739页。
〔3〕《嘉兴藏》,第34册No. B311,第741页。
〔4〕《嘉兴藏》,第34册No. B311,第742页。

道盛并非空头理论家,而是奔走于刀兵水火中为国说法。己卯(1639)道盛在麻城,遇寇围城,据《全录》卷二十九《西陵别录》载:"师到西陵不数日,流贼骤至,三乡焚杀甚惨,百姓奔走城下,饿死者相枕藉。师因亲向诸缙绅居士处募米,散众煮粥,救活者无数。"〔1〕又:

> 梅中丞问曰:"吾闻斋僧造相,皆属有为。和上化米救死,真大悲寻声救苦也。还是施饮食,还是与他说法耶?"师云:"君子喻于义,小人喻于利,盖君子喻义于利,小人喻利于义,此义利相成,乃圣学王道之本。佛所谓于食等者,于法亦等也。"公曰:"善哉,此现儒者身而说佛法也。"〔2〕

道盛还提出《救荒乱策》、《麻城制边境策》,收于《全录》卷二十九。梅长公(中丞)感慨说:"此议洞见形胜于掌指,谁谓出世不可经世耶?安得经世者,见诸行事!"〔3〕

第二节 为法求人——托孤传法方以智

为国说法,须有担荷大法之人。出世法有佛法僧三宝,世间法,道盛也提出圣教师相对应。道盛非常重视惠洪《僧宝传》的示范作用,其《合刻四当参序》云:"予尝欲以《楞严》、《僧宝传》、《大易》、《南华》四种合刻,题其名曰《四当参》。"〔4〕《全录》卷二十二《重刻僧宝传序》,道盛认为:"《僧

---

〔1〕《嘉兴藏》,第34册 No. B311,第766页。
〔2〕《嘉兴藏》,第34册 No. B311,第766页。
〔3〕《嘉兴藏》,第34册 No. B311,第768页。
〔4〕《嘉兴藏》,第34册 No. B311,第716页。

宝》一传,妙尽禅宗之旨,此传一通,可以烹化《五灯》之秘。"〔1〕在《全录》卷二十六《挥鞭影·僧宝说》中,道盛云:"夫僧为无上宝者,以其能住持佛法大宝也。……呜呼,法末世降,道丧风漓,可宝真僧鲜见久矣,安得菩萨再来,豪杰并起,同扶大宝,耀古腾今也哉?"〔2〕据道盛《自叙年纪略》,《挥鞭影》作于己巳(1629)。〔3〕

甲申(1644)国变之后,在《全录》卷二十七《复少司农岩荦戴公书》中,道盛明确提出自己为法求人的使命:

> 沧桑以来,百苦交煎。始知偌大乾坤,无立锥地为未闻道者着脚处也。夙生悲愤,陡从兵火中唤出。甲申之冬,……乃知和尚求人之难,与学人遇师之难,其切一耳。……衲于方外为法求人,已数十年矣。近于江宁有陈旻昭诸公,力为护法,使此悬丝不坠。……当此之际,有如是机缘,得非佛祖不传之慧命大有以振兴乎?虽然,也须绝后重苏底汉子,始担荷得,始不自欺欺人。〔4〕

《全录》卷二十七《复吉州李梅公诸护法请住青原书》云:

> 达磨不面壁,不服毒,则不能传法。二祖不立雪断臂,则不能安心得髓。即六祖亦有室中挥刃之事。传此法者,命如悬丝,不其然乎!自古佛圣英雄,谁非以吉凶悔吝而生大业?即二支五派之后独存济、洞二宗子孙,亦从近世始盛也。山僧数十年,正为祖宗大法,不惜躯命,而海内诸明眼咸能见谅,以故到处建立,非为一己之私。〔5〕

---

〔1〕《嘉兴藏》,第34册 No. B311,第718页。
〔2〕《嘉兴藏》,第34册 No. B311,第746—747页。
〔3〕《天界觉浪盛禅师语录》卷之十二,《嘉兴藏》,见第25册 No. B174,第750页。
〔4〕《嘉兴藏》,第34册 No. B311,第749—750页。
〔5〕《嘉兴藏》,第34册 No. B311,第753—754页。

《全录》卷七《为监院七净悔过开示》云："我杖人为法求人，几遍天下，最初于楚中遇李梦白太宰，次于江西遇黄元公仪部，今乃于金陵遇陈旻昭侍御，此吾三十年历尽苦辛，始得此数人。"[1]又《复毛尊素居士》云：

> 杖人自出世来，遇大根器，如焦弱侯诸老，乃耆皓之年。又曾心蕊、曹能始、李梦白、梅长公、耿九一、黄元公、金正希诸公，皆退休于鼎沸之时，相遇酬唱，足以引发后昆。而吾此法脉，犹未及托嘱。至竺庵、笑峰、光雪、无可辈。[2]

《全录》卷二十七《与刘潜柱居士》发出无限感叹：

> 江南宗门之盛，曾不过三十年来，而衰滥之极，过于唐宋之末。此亦风运之所致也。不有振古真人，孰能挽回既倒之狂澜乎？前自吾寿昌崛起江西，而承嗣者，独博山、东苑二师。一显一隐，门堂大峻，传法者命如悬丝。而雪关兄早逝，独区区责任在己。故不惜躯命求人，几四十年。然所遇名公，几满天下，求其如李梦白、黄元公、余集生诸公，能自参究，挺身为我(护)法者甚少。即有之，亦但外护，不克如庞、裴、杨、李诸老，必以参透生死牢关，亲证佛祖宗旨，表表于传灯，足为千古之心眼也。[3]

《主博山时复何观我书》云：

---

[1]《嘉兴藏》，第34册No. B311，第634页。
[2]《嘉兴藏》，第34册No. B311，第754页。
[3]《嘉兴藏》，第34册No. B311，第755页。

衲自承寿昌先祖记别来，四十年求人，……即别传五宗，异唱同风，而洞上独以君臣父子，主宾正偏功位，内绍外绍，五位三堕，玄关金锁，鸟道玄路，种种纲宗，以简择圣凡之偷心，透彻佛祖之秘旨，何其密乎！后学不知先圣立法之微，辄或泥五宗之门庭，而失别传之指归，此又何足于世出世法，而能兼中妙叶其有知同体也乎？故衲以此宗难得其妙，乃于集成、鼎定，惓惓不能自已也。前得竺庵成能荷祖庭之事，复得笑峰然、无可智、旻昭中诸子，尚堪任此。[1]

何观我即何三省，后为方以智《药地炮庄》作序。由此，道盛的"为法求人"定格为"于刀兵水火求大伤心人"，被反复和公开申述。国变之后，所谓"大伤心人"者，即不愿仕清的明遗民也。"遗"又与"孤"几乎是可以互换的概念，和"遗"一样，"孤"是那个时代文人、士大夫群体的共同心理体验。按君父一体的观念，明社既屋，则明朝的子民们全都成了孤儿。"易堂九子"之一的彭士望在跋方以智《合山栾庐诗》写道："今天下孰有不孤者哉？"[2]张自烈甚至撰成《孤史》，而方以智为之作序，称：

自有天地，未有作《孤史》者。孤之有史，其见天地之心乎！知天地所以托孤者，知生死矣。……观《易》至十贞悔之际，留硕果反下，而长至得元，此其天地之托孤于小、大雪乎？振古终今，立天地间，而不负天地者，即天地之孤也。雨润之而又霆击之，勾芒之而又蒸郁之，继且吴落之、雕伤之，必坠其实而槁烂之乃已，是何用心之辛螫耶？天地曰：吾以成吾孤耳。孤而能以天地之心为心者，始不负天地矣。以天地之心为心者，能死其心以学天地也。[3]

---

[1]《嘉兴藏》，第34册 No. B311，第757页。
[2]《方以智全书》，第十册，第374页。
[3]《浮山文集》，第359—360页。

"孤"既是清初士人生命存在的普遍感受,则"托孤"即如何安顿自己的身心于残山剩水间便成为当务之急。传统儒学"修齐治平"的出处之道上,由于故国的倾覆已使得内圣与外王之间的通道被阻断,因而此时儒学不具备"托孤"功能。而寄身方外的庄、禅,既能保全"不事二主"名节,又能从事传统学术文化活动,实具有比儒学更优的"托孤"位置。如果能从理论上证明庄、禅与儒学的一致或不二,清初士人"托孤"于庄、禅就具有"合法性"。道盛的庄子"托孤"说就是在这一特殊语境下产生的,是作为一代曹洞宗掌门人为争取明遗民、壮大宗门而假托的一桩学术公案。黄宗羲曾提到:"兵火奔播,丛林之黠者,网罗失职之士,以张其教。"[1]这简直就像是在说道盛。甲申(1644)国变给宗门事业带来绝好的发展良机。道盛提出"托孤"说首先就是为了不遗余力地公开招揽明遗民。

　　道盛的《正庄为尧孔真孤》,借鉴《史记·赵世家》、《左传》中的《赵氏孤儿》故事展开论说。由程婴立孤引出庄子为尧孔立孤,引申出思想的传承话题,并影射现实,提出死节易、传道难,形成"托孤"说:

> 至战国,儒者不知有尧孔之宗,惟名相功利是求,……使尧舜危微精一、孔颜至诚天命之道,并归于杀夺。……而此嫡血之正脉孤而不存,天下万世下有为内圣外王之道者,无所宗承。庄生于是有托孤之惧矣,故托寓言于内外杂篇之中,……存宗脉于内七篇。[2]

　　"托孤"说无非是借鉴《庄子》中关于真儒的寓言,认为从保存内圣外王之道的"神"而非"迹"来看,反是《庄子》比后儒更得真传。其中并无史

---

[1] 黄宗羲:《刘伯绳先生墓志铭》,见黄宗羲著,沈善洪主编:《黄宗羲全集》(增订版),第十册,杭州:浙江古籍出版社,2005年,第315页。
[2] 《嘉兴藏》,第34册 No.B311,第769页。

实的支持,故所谓"托孤"不过是道盛"为法求人"炮制的公案。"不仕二姓"的明遗民们,对于庄子这种退隐哲学本就心灵相通,讲庄子又等于讲禅,道盛所谓"噫,吾于是独惜庄子未见吾宗,又独奇庄子之绝似吾宗"。〔1〕现在再提出庄子为尧孔真孤,为儒门别宗,破掉儒生们的成见,并从他们熟悉的庄子开始逐渐晓以禅法,或可去除儒生们对释教和宗门的戒备心理。这应该就是道盛抛出"托孤"说的内在动机。道盛在《正庄为尧孔真孤》文后有记:"时予倚杖灵山,偶与不二社诸子谈及庄生之秘,曹子请为快提以晓未悟,故提此托孤以正其别传。即有谓予借庄子自为托孤,与自为正孤,谓非庄子之本旨,予又何辞!"倚杖灵山,时在戊子(1648),谢明阳曾有专文考证。〔2〕此后,道盛又撰写出《庄子提正》进一步发挥其说。黎元宽《杖人翁全录集要序》指出"托孤"说的特殊价值:"惟托孤一语,于斯道绝续之际,恫乎其言之不独以资谈柄也。"〔3〕《全录》卷三十有弟子大时凌世韶题《庄子提正》,也点出道盛乃自正其孤、以真孤自期许:"乃知吾师所谓正孤,非直以正庄生所托尧孔之孤,实吾师藉此以正自正之孤,用正天下万世佛祖圣贤之真孤也。……吾师所正孤中更有真孤,藏之甚密,岂常情所能测耶?"〔4〕

如此一来,"为法求人"便成了"托孤传法"。徐芳《天界觉浪盛禅师全录》序云:"杖人于刀兵水火中,求大伤心人,穷尽一切,超而随之,乃集大成,乃定宗旨。恰好托孤于竹关,则吾友也。"〔5〕竹关,指方以智。道盛在给方以智父亲方孔炤的回信《复方潜夫中丞》中亦云:"梦笔托孤于竹关乎?竹关托孤于梦笔乎?代明错行,忽尔妙叶。非感时义,乌知消

---

〔1〕《嘉兴藏》,第34册 No. B311,第769页。
〔2〕谢明阳:《觉浪道盛〈庄子提正〉写作背景考辨》,台湾《清华学报》新42卷第1期(2012)。
〔3〕《嘉兴藏》,第34册 No. B311,第791页。
〔4〕《嘉兴藏》,第34册 No. B311,第776页。
〔5〕《嘉兴藏》,第34册 No. B311,第587页。

息？"〔1〕梦笔系道盛自指。方以智《杖人全集跋》也回应了这一托孤说："我杖人横身于刀兵水火,求天下大伤心人,与之担荷,传真宗旨。……凤山杖人忽发尧孔托孤之论,〔2〕而鹿湖老父亦致竹关下宫之辞。时节因缘,无容回避。"〔3〕方以智在晚年禅游江西,开堂说法,并最终主席青原行思祖庭,继承和弘扬乃师觉浪道盛的禅学与禅法,不负道盛四十年的为法求人。张贞生《天界觉浪盛禅师全录序》特地指出这一细节："药公继主青原,揭地掀天,不落阶级。四方来学,以为儒宗者,以为禅宗。而于杖人《语录》及别种著述,时手一帙,以教同人。且欲举各刻重行参订,汇付剞劂,用垂来兹。"〔4〕托孤说难免有杜撰之嫌,但托孤传法则是一段真实的历史,并且成就了一番可歌可泣的事业,在清初禅史和思想史上留下不可磨灭的印迹。

第三节　宗门孔子——道盛的集大成和以儒说禅

在《全录》卷二十四《宗门以不肯自欺相授受说》中,我们已看出道盛有学孔子、集宗门大成之志：

> 治世之道,自尧舜为正始,至文武为正终。设非集众圣之大成孔子崛起,则尧舜文武之道未免丧其浑全矣。仲尼直自祖述尧舜,宪章文武,明《大易》,删诗书,定礼乐,作《春秋》,标万世帝王不易之师法,

---

〔1〕《嘉兴藏》,第34册 No. B311,第752页。

〔2〕凤山指代天界寺。台湾学者谢明阳曾就"凤山"为我解惑,特致感谢！明洪武初年(1368),将元大龙翔集庆寺改名天界寺,与灵谷寺和大报恩寺并称"三大寺"。洪武二十一年(1388)寺遭火焚,朱元璋命在城南凤山重建,并赐额"天界善世寺",俗称"天界寺"。朱元璋在礼部之下设僧录司,管理天下僧寺,僧录司即设在天界寺。葛寅亮《金陵梵刹志》卷十六为"凤山天界寺"。

〔3〕《嘉兴藏》,第34册 No. B311,第805页。

〔4〕《嘉兴藏》,第34册 No. B311,第588页。

建终古天地不坏之纲维。真可谓成始成终、时中之大圣人也。后世虽有圣智复起,亦必守其成法,以救其偏弊而已矣。孰能于此加焉?于戏!我此法门,至于五宗以下,亦犹世运之值周末也,安得若而人振此乱绪之纲哉?[1]

该说似为《植圣草》之一种,《全录》卷二十七道盛《复钱牧斋老居士书》称:"山僧昔年以痛念法门滥坏,故于《植圣草》中有五大著述之作。"[2]据道盛《自叙年纪略》[3],《植圣草》作于壬申(1632),道盛时年四十一岁,可见为中年之志。此说有李长庚于崇祯己卯(1639)所作《圆通语录序》相印证:

> 师尝云:"治世之道以尧舜为正始,文武为正终,其删定作述,独孔子能始终一贯,集众圣大成,不则尧舜文武之道亦支离而失其浑全矣。至于出世之宗,以达磨为正始,五家为正终,若不有如孔子者出,则此宗犹未免于散灭也。"即此足见宗门孔子,当仁不让矣。[4]

在《全录》卷十九《天地无古今,人心生治乱论》中,道盛又云:

> 吾佛祖之道,至于五宗,亦当有集大成者,故吾作《会祖规》以追孔子集大成之意。假如世法无孔子删诗书,定礼乐,正《大易》,作《春秋》,使天下万世三纲五常,为圣帝明王传授心法,则尧舜中道之正始,与文武和道之正终,皆不得致中和成位育,为万古天人一贯之道矣!大哉,天下万世有不知孔子集大成之意,而能为天下身心性命之

---

[1]《嘉兴藏》,第34册No.B311,第728页。
[2]《嘉兴藏》,第34册No.B311,第755页。
[3]《天界觉浪盛禅师语录》卷之十二,见《嘉兴藏》,第25册No.B174。
[4]《嘉兴藏》,第34册No.B311,第589页。

治者,未之有也。有不知孔子之治而能知佛祖之道,亦未之有也。有不知佛祖之道而能会同世法出世法者,断断乎未之有也。〔1〕

据道盛《自叙年纪略》,《会祖规》作于辛巳(1641)。《全录》卷二十《道治宗旨论》(《原道七论》之一)亦云:

> 道贵中和,治贵易简,勤俭安生,精一传心,不息法天,主静法地,善用在人,此千圣不易之宗旨也。……呜呼,安得有仲尼再生于世,重为删定而集其大成哉?而孔孟之后无超孔孟者,万万无能重为删定而集孔孟之大成也。虽然,莫谓今人无制作,古人制作自何来?人能求诸自心天然之法则,自我作祖,中和易简皆备于我矣。人既知尧舜之后乃有孔子,又安知孔子之后不更有其人哉?所谓舜何人也,予何人也,有为者亦若是,则学道者不可自画,而谓后起更无有孔孟也。予不敏,深有望于后起而续此宗旨者。〔2〕

《原道七论》之后,道盛又作《学庸宗旨》,以儒门经典为资谈禅,向士大夫们拈提理学经典《大学》、《中庸》宗旨(圣门相传授受之心法秘旨)。据《全录》卷三十三该文文后杨廷枢丙戌(1646)题称:"顾心通万法,智会一原,不以佛道之幽玄,而笑儒门之澹泊,谓此《学》、《庸》二书,非独治世之准绳,而亦出世之心印也。为儒不可不知,为僧亦不可不知。特自拈为宗旨,以示后学。"〔3〕戊子(1648)又作《圜中衍义·儒宗三宝图》,收入《全录》卷三十三,道盛称:"因仿出世法,特揭出圣、教、师作三宝,为天下万世之当皈依者。为图以配四衍义,诚儒宗始终之标旨也。"〔4〕三宝指

---

〔1〕《嘉兴藏》,第34册 No. B311,第700页。
〔2〕《嘉兴藏》,第34册 No. B311,第704页。
〔3〕《嘉兴藏》,第34册 No. B311,第786页。
〔4〕《嘉兴藏》,第34册 No. B311,第786页。

教宝、圣宝、师宝,四衍义指《河图衍义》、《洛书衍义》、《准伏羲先天八卦会孔圣配大学宗旨》、《准文王后天八卦会乾象配中庸宗旨》。据文后道盛门人陈丹衷记:"戊子(1648),师在太平圜中,拈《心经》、《金刚》后,又著河图、洛书、先后天八卦衍义,而先作三宝图,归于一圆图,大哉旨乎!正欲人即行布是圆融,而与民同患,乃其所以为至密也。"〔1〕

《全录》卷三十一《五台纪略》载道盛云:"自阳明、近溪诸公过去,此脉遂衰。山野不惜心力,必欲扶起尧舜、孔颜之心,传于天下后世。"〔2〕由谈及《学庸宗旨》(丙戌),可见《五台纪略》约作于丙戌(1646)或稍后。

《全录》卷七《示笑峰诸子》(癸巳作),道盛云:

> 杖人不能学达磨于少林面壁,却要学孔子集众圣大成。学得孔子集众圣大成,则能传达磨心法正印。能传达磨心法正印,则能集孔子众圣大成。……此土宗风,至于二支五派之后,门庭堂奥各出异同,不有删定作述之手眼,安能存此千圣不传之真宗旨哉?知此,则西天之达磨即东土之孔子,东土之孔子即西天之达磨也。此世法出世法之大关键。〔3〕

道盛虽嗣法洞宗,却能五宗并举;主盟佛教,却能三教并弘;会同之,参同之,而集大成。方以智《杖人全集跋》云:

> 事以时起,道以法行。教立尊幢,为众所射。百家蜂午,关责互起,乌能免乎?……其说各别,似乎冰炭。非欲为异也,务发明前人之所未发者则专言之,其已发明者则略之。合观而体究焉,皆本具

---

〔1〕《嘉兴藏》,第34册 No. B311,第786页。
〔2〕《嘉兴藏》,第34册 No. B311,第779页。
〔3〕《嘉兴藏》,第34册 No. B311,第636—637页。

者,非人力所可诬饰也。后人不知集大成而后能应病予药,乃嚣嚣然倚一家而执之,岂不蔽哉?……时至此时,喙鸣矫乱。必通其故,必集大成,方能知天下分科专门之利害而用之各随其类,就材食力。[1]

《全录》卷十七刘余谟《塔铭(并序)》云:

窃观唐宋以来,举扬宗风,代不乏人。其间儒佛兼总者,惟明教嵩、觉范洪,然犹不无二歧。若师则易象、诗书乃至老庄、诸子百家并世谛文字,偶一拈提,言言妙谛。谟尝服膺"真儒必不辟佛,真佛必不非儒"二语,以为名言。然前此诸儒崖异,未免角立门庭,即宗主高自标诩,多轻外典。自姚江倡学以后,龙溪、海门诸公始不讳言佛。若以儒说谈宗,上下千年,独我师一人而已。盖东鲁、西竺两圣人,此心此理之同,不容终秘者也。[2]

道盛以儒说禅,尤重以《易》说禅,以《易》集大成。《全录》卷三十三《圜中衍义》提出:"圣人未作《易》,此易理具在天地造物、人生性情之中。既作《易》,则天地造物,人生性情,具在易理之内。……《易》者,古今设教之祖也。"[3]《全录》卷三十三《灵山公衍》亦云:"寂感之妙,即出于如来藏心,能妙悟之,何分儒释?……是故圣帝明王之道,皆取法于《易》,以致中和,易有不易则得中,不易有易则得和,惟尧舜能允执厥中而和平,故能知人心之危,道心之微,危微乃出入之几,即天人之际也。"故门弟子称:"孔子之集大成,犹今日吾师之明《大易》也。吾师开佛祖之面目,儒者未

---

[1]《嘉兴藏》,第34册 No. B311,第805页。
[2]《嘉兴藏》,第34册 No. B311,第686页。
[3]《嘉兴藏》,第34册 No. B311,第789页。

见为奇。惟吾师开周孔之面目,儒者乃见为奇。"[1]《全录》卷二十二《合刻四当参序》也突出《易》的地位,道盛认为:

> 治世之法,莫尚于五经,独《大易》为诸经之本。盖圣人之道,皆取法于《易》也。圣人未作《易》,则此易理具在天地人物中。圣人既作《易》,则天地人物之理,具在《大易》之中。所谓先天不违,后天奉时,范围曲成,无先无后者也。诸经皆因时事而作,其宗旨皆法乎《易》。至于明天地之几微,通生死之变化,岂诸经所几及乎?[2]

在《全录》卷二十四《人法必交相重说》中,道盛又指出:"故儒独以《易》为天地人物不易之法,至于余经皆因时制宜之事也。"[3]

道盛以儒说禅,以《易》说禅,为方以智全盘继承,在《药地炮庄》中有集中体现,我们在后面的章节再做具体分析。

---

[1]《嘉兴藏》,第34册 No. B311,第790页。
[2]《嘉兴藏》,第34册 No. B311,第716页。
[3]《嘉兴藏》,第34册 No. B311,第730页。

第五章
药地炮《庄》——方以智逃禅中期的行实

方以智前期逃禅，先是为白头计，其不曾在永历朝"一日班行"，[1]为免老父在北方老家受牵连，故于湘西秘密地"自为僧"，当时他心中盘算的其实是向子平式的终老五岳名山，和隐居逃庄(子)无异；庚寅(1650)在广西昭平为清兵所执，平乐法场誓死不屈，遂获允为僧，出家于梧州云盖寺(后居冰舍)，其公开的禅僧生涯拉开帷幕。直至壬辰(1652)，方以智在施闰章的帮助下，"得离粤阱，息病匡阜，开三迭路，上五老峰，庶几子骥，欲约同心而终焉"。[2]此时方以智的计划是效法东晋义熙年的刘遗民，[3]归隐庐山，事佛孝亲。可惜事不如愿，"癸巳(1653)春，复因归省，两遇煴火"，[4]遭遇地方官以袍帽相逼，为誓坚不仕清的遗民志节，方以智投南京天界寺拜觉浪道盛为师，圆具足戒，成为曹洞宗寿昌系法嗣。自

---

〔1〕《象环寤记》，见《易余》(外一种)，第216页。
〔2〕《五老约引》，见《浮山文集》，第376页。
〔3〕 方以智《五老约引》所称子骥，并非陶渊明《桃花源记》里所云"南阳刘子骥"或《世说新语·栖逸》里的南阳刘驎之，也不是《世说新语·任诞》里的刘遗民。方以智所指，当是义熙年与庐山慧远等共结莲社的彭城刘程之，被称为刘遗民，后人奉为居士念佛初祖。
〔4〕《建初集·涅槃矢》，见《方以智全书》，第十册，第315页。

此至甲辰(1664)冬入主青原山净居寺弘法,为方以智逃禅的中期,时间长达十年多。又可分为三期。"闭关"于长干(金陵)高座寺的看竹轩,被方以智称为"竹关堕灶三年",[1]是中一期。[2]乙未(1655)秋方孔炤辞世,方以智破关回乡于合(明)山为父庐墓,被方以智称为"栾庐溅血又三年",是中二期。戊戌(1658)春服阕后禅游江西(方中通称之为行脚西江),时间长达六年多,是中三期(又可分为前后期,前期在新城廩山,后期在西昌泰和)。方以智逃禅的中期始终肩负道盛托孤的使命,从未间断对《庄子》的炮集,撰成著述后命名《药地炮庄》,而《炮庄》的编撰也和方以智逃禅行实的分期完全一致,可分为四期(行实中三期的前后期,分别对应编撰《炮庄》的第三和第四期)。

第一节　竹关堕灶——炮《庄》第一期

方以智合山栾庐之前都在长干闭关,这个时期的诗集题为《建初集》。建初为寺名,寺有"江南第一寺"之称,孙吴时为康僧会而建,晋更名长干寺,南陈为报恩寺,宋改天禧寺,元改慈恩旌忠教寺。明永乐十年(1412)于建初寺原址重建为大报恩寺。有称建初寺为继洛阳白马寺之后中国第二座寺庙,是佛教初传江东的标志,成为江南佛教象征,故方以智来此地(但非此寺)自矢闭关,便引以为诗集之名。

《建初集》的编次,第一首为《涅槃矢》,表明宁出家不仕清的决心。第二首为《重到长干》,大约想起年轻时的南都生活,有"当街收布袋,……谁

---

[1]《五老约引》,见《浮山文集》,第376页。
[2] 方中通:《陪诗》卷一《迎亲集·癸巳春省亲竹关》,见《陪集》,《清代诗文集汇编》,第133册,第70页。关于"竹关"一词的使用,此篇或为最早。高座寺建于东晋,位于金陵雨花台前,南朝齐、梁时宝志禅师曾住持该寺。参葛寅亮《金陵梵刹志》卷三十四"雨花台高座寺"。

听汝嘘嘘"的感慨。〔1〕第三首为《吴骏公詹尹见访高座口占走答》,"惟祝东篱甘露满,没弦琴上足生涯",〔2〕对吴伟业(即吴骏公,号梅村)诉说的仍是陶渊明式的归隐。第四首为《涉江阮仙诸公送住高座竹轩闭关》,〔3〕涉江即陈丹衷,刘阮仙则是以智父执,诗云:"竹影虚堂破灶寒,……面前木末钟山在,当作匡庐绝壁看。"虽然很无奈,也只好把竹关当庐山了。匡庐绝壁的榜样应该是刘遗民,所谓"莲开白社许遗民"。〔4〕陶渊明并没有上庐山入莲社。莲社的事佛孝亲,比陶渊明式的归隐诚然更接近方以智逃禅的选择。

与高座寺相邻,雨花台有木末亭,亭畔有泰伯祠,有南宋杨邦乂剖心处,有明大学士方孝孺墓,有海瑞祠等,故"木末风高"常用以称赞志士仁人的高风亮节。虽然方以智很想去庐山绝壁隐逸,来此闭关事出无奈,如《柬施尚白》诗前小序云:"尚白自苍梧拨我埋匡山,诓意牵来铁限",〔5〕但幸有"木末风高"相砥砺。《象环寤记》方以智自注:癸巳入关笔,估计《象环寤记》便作于入关之初,而文中信息已明确透露:方以智"入关"时已知道盛的庄子为尧孔真孤说及孟、屈、庄三子会宗说。

方以智的竹关生涯并不是一潭死水。既有家人如中通来省亲,并带来方孔炤《周易时论》及十六字箴,又有亲友如周农父、曹梁父等来访。著名藏书家、《千顷堂书目》的撰者黄虞稷(俞邰)来称学人(有《答黄俞邰》诗)。又与好友张自烈为邻。来求序求画者也大有人在。在《建初集》的诗里,方以智向亲友们吐露心声:"一生全是节,出世竟何心。"(《新

---

〔1〕《方以智全书》,第十册,第315页。
〔2〕《方以智全书》,第十册,第316页。
〔3〕《方以智全书》,第十册,第316页。
〔4〕见《建初集·送陈心简》,《方以智全书》,第十册,第320页。
〔5〕《方以智全书》,第十册,第324页。

竹》)〔1〕"岂将胡咒待知音?"(《再见周农父》)〔2〕"没弦琴在东篱手,许汝西方树下弹。"(《和曹梁父见赠韵》)〔3〕至于研《易》和读《庄》,则有"无趾那用关门居,牢笼大地皆蘧庐。龙知画壁者多事,蝶笑曳尾人著书"等诗句为之写照。〔4〕

癸巳(1653)冬,道盛离开金陵作别方以智,"全标《庄子》"以付"竹关",并有《破篮茎草颂》相托孤。道盛早在《庄子提正》"正庄为尧孔真孤"中抛出托孤说。〔5〕陈大中(大中系陈丹衷法号)《庄子提正》跋称:"杖人癸巳,又全标《庄子》,以付竹关。奄忽十年,无可大师乃成《药地炮庄》。解拘救荡,因风吹火云耳。"〔6〕大别的《炮庄发凡》也称:"杖人《庄子提正》,久布寓内。……在天界时,又取《庄子》全评之,以付竹关。"〔7〕可见,大中、大别的说法完全一致,方以智的《炮庄小引》也称自己编撰《药地炮庄》是由于"忽遇破蓝茎草,托孤竹关,杞包栎菌,一枝横出,嚗然放杖,烧其鼎而炮之"。〔8〕所谓"破蓝茎草",指的是道盛所作《破篮茎草颂(有序,癸巳孟冬书付竹关)》:

  文殊与善财采药。殊曰:是药者采将来。财曰:尽大地无有是药者。殊曰:不是药者采将来。财曰:尽天地无有不是药者。殊信手拈起一茎草,曰:只此能杀人,能活人。……或又药物之辨性味,其杀人活人原在人而不在药。出入之机,各有亲切。……予今年倚杖天界,无可智公从生死危难中来皈命于予,受大法戒,乃掩关高座,深求少

---

〔1〕《方以智全书》,第十册,第318页。
〔2〕《方以智全书》,第十册,第318页。
〔3〕《方以智全书》,第十册,第319页。
〔4〕《方以智全书》,第十册,第332页。
〔5〕详参笔者《方以智庄学研究》第三章"托孤"说——从〈庄子提正〉到〈药地炮庄〉。
〔6〕《嘉兴藏》,第34册 No.B311,第776页。
〔7〕《药地炮庄》修订本,第11页。
〔8〕《药地炮庄》修订本,第8页。

林服毒得髓之宗，披吾《参同》、《灯热》之旨。喜其能隐忍坚利，真足大吾好山之脉。予时归博山、武夷扫二先师之塔，特潜为别。予因嘱之曰：圣人无梦不能神，大海无波不生宝。使圣凡无怨艾之毒，则皆无出身之机也。子当以大法自命，痛此悬丝，宁不自愤乎？……[1]

"杖人托孤竹关"，所托者即其全评的《庄子》，道盛喻之为能杀人、能活人的一茎草，希望方以智慎辨药物之性味，并因此参悟出入之机，然后能担当起应病予药、疗毒救世的宗门大法。而"圣人无梦不能神，大海无波不生宝"，更是鼓励方以智不遗余力将"托孤"公案传扬出去，吃准参透。

方以智于是开始炮庄和炮《庄》。至于定名《药地炮庄》，则在十年后之廪山时期。

竺菴大成所作《读炮庄题辞》称："药地主人不知何时窥见神农皇帝咬百草的消息，集诸杂毒，到处试人。窃见杖人以庄子为尼山托孤，人多不信，辄以其毒攻之，谓之《炮庄》。"[2]慈炳《炮庄后跋》也称："乃拈一茎草，烂烧冷灶，炮制君臣五味，杀活古今，因法救法，广施针艾，用医天下后世之误中钩吻乌头者。于是，咀南华片而表里之。"[3]南华指南华真人——庄子，或《南华真经》——《庄子》。道盛所言一茎草能杀人、能活人，正和方以智早已有之的"炮庄"思想相一致。庄子之书有毒，也是药。炮庄如同中医炮药，药经炮制方能中和药性，医病救人。他在《易余·生死故》里提出"自炮庄者言之"，这是方以智著作中"炮庄"二字第一次出现。在庐山又撰有"炮庄"二书，即《向子期与郭子玄书》、《惠子与庄子书》，为《东西均》作注脚。而《东西均》也正是方以智的"炮庄"之作。[4]

---

[1]《嘉兴藏》，第34册 No. B311，第662—663页。
[2]《药地炮庄》修订本，第6页。
[3]《药地炮庄》修订本，第13页。
[4] 参邢益海《方以智庄学研究》相关章节，第一章《炮庄——以会通为集大成的庄学》，以及第二章第三节《"三教道一"的新庄学》。

方以智赋诗《杖人托孤支离语》曰:

> 天地伤心久托孤,弥缝自肯下红炉。支离藏却人间世,破碎人间有世无?[1]

诗句中,方以智虽然对道盛欲借《庄子》托孤传法没有异议,并且自己已有"炮庄"之作《东西均》自可与师说相弥缝,但笔锋一转,方以智以庄子笔下的支离自况其竹关生涯,可以说,方以智的逃禅心态仍然一览无遗。

甲午(1654)冬,道盛《寄无可智》诗曰:"漆瓠全标付竹关,铁椎信得造连环。撄宁破镜犹然笑,一掌翻身何处还。"[2]对方以智完成炮庄充满信心和期待。正巧方以智炮《庄》至《齐物论》终篇,方孔炤有《周易时论》三稿寄示竹关:"老父在鹿湖环中堂十年,《周易时论》凡三成矣。甲午之冬,寄示竹关。……不肖子以智时阅此论,谨识之以终卷。"[3]

大约是方以智投道盛时方孔炤捎有书信,道盛在回信中云:

> 梦笔托孤于竹关乎?竹关托孤于梦笔乎?代明错行,忽尔妙叶。非感时义,乌知消息?诵至此处,哑然一笑,请更为公广之。水火托孤于土乎?春秋托孤于冬乎?道理托孤于象数乎?百物托孤于一毫乎?五伦托孤于师友乎?正坐托孤于旁观乎?覆载托孤于虚空乎?混沌托孤于天地乎?……先咻后笑,怨怒中和。杏花药树,真空妙有,以貌例之,无不反判,果知其故,皆一贯也。直是业缘无回避处,多生公愿,随分自尽。[4]

---

[1] 《方以智全书》,第十册,第325页。
[2] 《嘉兴藏》,第34册 No. B311,第695页。
[3] 《药地炮庄》修订本,第147页。
[4] 觉浪道盛:《复方潜夫中丞》,见《嘉兴藏》,第34册 No. B311,第752页。

梦笔为道盛自代。读道盛这段文字,初看之下你几乎以为作者是方以智。可见二者相"回护"和"弥缝"到了简直难分彼此的地步!

癸巳(1653)至乙未(1655),大中(陈丹衷)、大然(笑峰)、大杲(石溪)[1]、大别[2]及薛更生[3]等受师命相助方以智炮《庄》,"约期炮集"。据枹山行者大别所记《炮庄发凡》称:"薛更生、陈旻昭时集诸解[4],石溪约为《庄会》[5],兹乃广收古今而炮之。适同此缘,相随药地,因为发凡,以启读者。"是则薛更生、石溪也有参与相助,观《药地炮庄》前几卷诸家议论中引薛更生、石溪语颇多,并且二人的引语常常前后相联,似可旁证。其中大中又为《药地炮庄》的订者。从"适同此缘"的语气看,作《炮庄发凡》的"枹山行者别"即大别似也为参与者之一。《药地炮庄》书中

---

[1]《信叶·江城子》(见《方以智全书》,第十册,第311页)方以智自注:"送石溪仁者。"石溪作《庄会》也应在此时。

[2] 大别在《炮庄发凡》中自称"相随药地",很可能系道盛交代的。能为《炮庄》写发凡,表明和方以智相处时间应不短,特别是竹关时。

[3] 方以智在闭关时曾为他的《孝经通笺》作序。

[4] 钱谦益曾作《薛更生墓志铭》:"君讳正平字更生,华亭人也,晚以字行,字那谷,号旻老夫……晚参浪丈人于天界……平生好著书……《金刚》、《周易》、《阴符》、《老》、《庄》……各有纂述。"见《有学集》卷三十一,载钱谦益著,钱曾笺注,钱仲联标校:《钱牧斋全集》,上海:上海古籍出版社,2003年,第1144—1145页。薛更生卒于丁酉(1657)腊月,享年八十有三。《浮山文集后编》卷之一有《孝经通笺序》,方以智作于闭关时,序称:"那谷者,薛更生正平也。年过八十,作《孝经通笺》。"见《浮山文集》,第355页。

[5] 石溪(1612—1673),"清初四画僧"之一。武陵(今湖南省常德市)人,二十岁削发为僧。改名髡残,字石溪,号白秃,一号石道人。钱澄之曾为石溪作传,见《田间文集》卷二十一《髡残石溪小传》,收钱澄之撰,彭君华校点:《钱澄之全集》之六,合肥:黄山书社,1998年,第423—424页。钱澄之引兴足山斧为石溪所作传云:"甲午(1654)再来白下,遂住锡长干。戊戌(1658)往谒浪杖人于皋亭,一见皈依,易名大杲。"此后主持南京牛首山的一个分支祖堂山的幽栖寺,卒于南京。周亮工《读画录》(杭州:西泠印社出版社,2008年)说道盛对石溪"深器之,以为其慧解处,莫能及也"。此传似不确。石溪既1654年即到金陵,并住锡长干,何以1658年才参学道盛?方以智1653年闭关高座寺,至1655年破关奔丧,如果石溪1658年礼拜道盛,很难解释他如何与薛更生、陈旻昭等人合作"佐炮"。我怀疑应为1655年谒浪杖人。又皋亭在杭州。由石溪集成的《庄会》文字稿,大量体现在《药地炮庄》一书正文九卷的"集评"中。《药地炮庄·总论中》有引:"石溪《庄会》曰:天道即性道,出世间法也。人道,即君臣父子世间法也。人道从天道生,故曰嗜欲深而天机浅。……杖人拈出真孤,亦自道也。庄子偶得路便,如粪扫明珠,可惜无人为粪击碎。余曾有偈曰:一二二一柱分张,九鼠三蛇也自忙。祇者髑髅干未得,庄周蝴蝶废商量。"见《药地炮庄》修订本,第52页。

六次出现"枹山曰",三次出现"别曰",尤其在《大宗师第六》"子桑户、孟子反、子琴张三人相与友"段的"闲翁曼衍"中,石溪、陈旻昭、枹山的引语更相连出现在同一段中。〔1〕至于辅佐方以智炮《庄》的形式,似为书面可能性大,因为方以智毕竟是在"闭关"。估计大中、薛更生、石溪以及大别等人,一面集录前人的议论,一面自己也"长书论症"〔2〕,就《庄子》作评语,然后转交给闭关中的方以智。但薛更生此时年事已高且于丁酉(1657)年圆寂,石溪的分工是集为《庄会》,最后订正的任务落在大中陈丹衷身上。

竹关时,钱澄之、张自烈等朋友过来探望。黄虞稷常来受学于方以智,很有可能供给大量炮《庄》所用书籍。王宣的关门弟子、方以智师弟戴无忝也前来称学人。黄、戴二人还为方以智《浮山后集》卷二《借庐语》做了编校。

第二节　栾庐药地——炮《庄》第二期

乙未(1655)方以智因父丧破关回桐城,于合山庐墓三年。〔3〕方中通作《先祖讣至老父破关奔丧》诗。〔4〕方以智《合山栾庐占》自识云:"以十余年之锋头鎩纳,得依聚里之匡庐,多生障深,封刀度刃,铁门附近,安我环中。谁料成破关奔丧之终天绝地乎!"〔5〕此处"环中"指代方孔炤。方孔炤晚年隐居白鹿山庄撰述《周易时论》,名其斋曰环中堂,方以智等遂

---

〔1〕 见《药地炮庄》修订本,第217页:"石溪寄石廪曰:要悟即易,要迷即难。打鼓弄琵琶,一筹不及。杖人去后,无可与语,宁以病为药耳。陈旻昭为方翯序曰:端喿晨歌,自以为乐,而闻者悲涕。孤孽感愤,不惜身入鼎镬,以残沸溅人,乃吊昊天而固其法命。今吾师已往,如颜平原,余发犹濡濡动也。传曰:使死者反生,生者不愧。其言可谓信矣。枹山曰:琴歌送归鸿,未免一声欤。"

〔2〕 见《冬灰录》卷三"为陈旻昭居士举扬"(该书第217页)。

〔3〕 方以智《合山栾庐占》自注云:"山有白石,日出放光,故名合明。"栾,《说文》:"木,似栏。"《礼》:"天子树松,诸侯柏,大夫栾。"

〔4〕 见《陪集·陪诗》卷一,《清代诗文集汇编》,第133册第77页。

〔5〕 《方以智全书》,第十册,第343页。

称他为环中老人。"鹑纳"为僧衣,所云"十余年"应是从方以智离开北京南下流亡算起。此处方以智仍是道出近十年来之人生抉择包括逃禅,始终围绕家中的白头老父,欲依止靠近家乡的庐山奉佛孝亲而已。如今庐山归隐梦不成,而老父又辞世,禁不住开口便是"刀锋溅血柱还家"、"踊地擗天号不出"之伤恸![1] 感慨:"人恸烧庐成独子,天容守冢立孤僧。"[2] 于独子,老父遗命竟编《周易时论》,同时授编《图象几表》。《周易时论合编后跋》称:"果不可以庄语,而以卜筮象数寓之乎?"[3] 于孤僧,杖人托孤炮《庄》之师命仍在身。他仿王令《於忽操》,作《庞公於忽操》云:"於忽乎,何者非潜?且言初潜。随地采药,随寓垂帘。"[4] 庞公最终选择登鹿门山采药不返,方以智也对自己今后的人生作出了随地采药随寓垂帘的新选择。也即后来《青原志略·仁树楼别录》所言:"且以象数医药为市帘,山水墨池逃砚坑。"[5] 这或许是方以智在栾庐后期称"药地"的最初暗示。

药地,字面意思即是炮药卖药之地,引申则有医者或佛教所言"大医王"之义。方以智精通医理,早期著有《医学会通》、《内经经络》等,[6] 并且一直有意"艺食"或"食力"。[7]《合山栾庐诗·慕述》述及抚养自己的仲姑方维仪,"诚以芜迹,医卜可托"。[8] 方以智早年即身怀采药、行医

---

[1] 宋明以来,佛教和禅宗注重孝行。明教嵩(契嵩)著有《孝论》。博山元来也曾为父守丧。《冬灰录》卷首二有《雪中问》,方以智引博山无异和尚《庐墓遇雪》诗曰:"天悯缁衣孝,青山尽白头。"又《偶答》:"士问:'教以哭泣为浊识,如何法云禅师奔丧恸哭,拘此世礼?'愚者曰:'泪出痛肠,不起一念。'"

[2]《方以智全书》,第十册,第344页。

[3]《浮山文集》,第364页。

[4]《方以智全书》,第十册,第352页。

[5]《青原志略》,第84页。

[6] 两书今编入《方以智全书》,第八册。

[7] 参看方以智《东西均》的《道艺》、《食力》篇。初闭关时所撰《象环寱记》,方以智梦见蒙媪将象环(环中之象)佩于知(智)身,并叮咛:"珍重珍重。游戏人间,聊以艺食。"参《易余》(外一种),第226页。

[8]《方以智全书》,第十册,第370页。

之技艺。流离岭表时,方以智已实践变姓名卖药、卜算等"聊以艺食"的生涯。戴逢孝《合山栾庐诗跋》即称:"以药囊禅钵转侧苗峒。"[1]壬辰(1652)他逃离广西归乡省父,途径樟树这一药都,或联想到将来可以采药行医为生而取"药地"以为号。相关证据有二。其一,同年施闰章与方以智同游庐山,有诗题为《初至归宗寺同药公作》,称:"五岳高僧来挂锡,半生多难爱逃禅。"[2]称方以智为药公,这是因当时施闰章已知晓方以智"药地"之号,还是后来修订诗题所更改或增加不得而知。其二,据任道斌《年谱》,方以智壬辰(1652)冬在庐山前后作有《意在笔外图》,自题:"壬辰冬日药地头陀写。"[3]这是以药地为号的最早记录,但似乎属于偶尔为之。直至栾庐后期,方正式自称"药地"。方以智《货殖传评题词》称:"合明山栾庐中,重得此册,……令伤心之士,彷徨起舞。时方炮庄,……药地愚者,更发一笑。"[4]此文最值得注意者便是"药地愚者"之号的出现。方以智既言撰于合明山栾庐中,又言"时方炮庄"。后定名为《药地炮庄》的著作编撰始于竹关时期,而栾庐时期也在继续中,如《药地炮庄》"盗跖"篇"闲翁曼衍"便有引白白斋《货殖传评》。孙晋后来为方以智在青原山净居寺建药树堂,撰《药树堂碑文》称:"于栾庐时得药地图章,因随所在,名为药地愚者。"所谓得图章,可虚指,即开始启用"药地"之号,也可实指,因方以智栾庐后期有行脚西江之打算,便刻"药地"图章携带在身。

方以智庐墓结束后,暂回浮山脚下的此藏轩居住,即以此藏轩为退藏轩,为易寓,同时,以浮山为药地。计划随寓垂帘,随地"炮药"。我们不妨考察一下作于"易寓"的《药集》和《正叶》。

现存《药集》中有《忘忘》诗序,方以智自称"药地病夫"。药地之号见诸文字!《药集》主题正是随地炮药,随寓垂帘,相关语句和思想在《药地

---

[1]《方以智全书》,第十册,第373页。
[2]《施愚山集》(增订版),第三册,第211—212页。
[3] 任道斌:《方以智年谱》,第182页。
[4]《浮山文集》,第370页。

炮庄》中都有反映。如《药集》中有:"集药善制,不枉其材。皆在笼中,医医者来。"(《忘忘》)"冤仇岂有定? 在人善用之。饮食与药饵,予夺随其时。"(《炮药》)而方以智《药地炮庄》正是主张重治病更应重制药,医病人首先要医医者。"黄帝方宜论,毒药西方来。治病去其半,执药者堪哀。"(《茹吐》)"有无何有无,不落更不落。此是叁合丸,救病复救药。"(《茹吐》)"水火固可蹈,人心本不死。"(《亶隐》)"莫以死责人,立孤事更难。"(《亶隐》)"天地一行窝,弄丸怀百原。"(《亶隐》,百原指邵雍)"鼎烹一画前,饮食乃知味。……嗒然无前后,一瓢大吐气。"(《茹吐》)〔1〕

再看《正叶》。《正叶》推崇《洪武正韵》,序署"浮山孤子愚者智,自题于易寓中",时间在戊戌(1658)正月。序称:

> 环韵而起于冬,中和以平,心法寓焉。……生死也,喜惧也,天人也,理事也,虚实也,中旁也,顿渐也,统辨也,世出世也,无非代错之交轮几也。皆叶其中,皆贞夫一也。平心和气而善用之,不期而叶矣。……远社、易堂,一时铎应。托孤妙叶,我歌可乎?……衍之寓之,或以为均木,或以为哑钟,已不得已,又何所避?〔2〕

庐山远社、宁都易堂(方以智在从梧州至庐山的路上和易堂九子之一的曾灿似有约定),都是此时方以智所理解安顿明遗民(天下伤心人)的托孤之地,也是应病予药的药地。后来方以智在所编《青原志略》的《发凡》,将道场与山水合为一卷,盖尽大地皆道场,人人一道场,"千峰万壑,让出世之人居之,势也。"〔3〕"素逝之士,山水通昼夜而知。"〔4〕《僧传》则提

---

〔1〕《药集》见于《方以智全书》,第十册,第417—423页。亶隐,《方以智全书》作"整隐",误。
〔2〕《浮山文集》,第377—378页。
〔3〕《浮山文集》,第510页。
〔4〕《浮山文集》,第511页。

出对僧人"出世还传救世方"(方中通语)的定位:"因时说法,应病予药,自属通方。……舍身药树。"〔1〕早在《辛卯梧州自祭文》又诗一首中,方以智有句:"中土杏花知正命,雪山药树用奇兵。"〔2〕即以药树指代僧人,与杏花指代儒士相对。

《冬灰录》为方中通在方以智去世后编定的传法语录。卷首一不系年月,为综合性文字,卷首二以合山栾庐时期为方以智作为禅僧传法的开端,〔3〕如开篇为《合明山墓下结一栾庐,题曰"不择地",因拈示同住者》〔4〕:

> 高座闭关三年,博得一场终天绝地。今日者不择地而蹈之,三条椽子下,赖得几柯柏树与他攀折。《楞严》《金刚》,哭声震地,你道回避得么?汝等诸人,不肯相离,识得遇缘即宗,须信久长难得。且道今日以何相告?烹饭砍柴,是第一义。〔5〕

"三条椽子下"指代禅床,以墓庐为禅房。"遇缘即宗"与随处作主同意。〔6〕即有参禅说法之意。"烹饭砍柴,是第一义",〔7〕此是方以智以

---

〔1〕《浮山文集》,第512页。
〔2〕《方以智全书》,第十册,第245页。
〔3〕《冬灰录》卷首二有"行者兴种谨记"。兴种也许是方以智在高座寺收的徒弟,后来方以智在庐墓结束时派去向道盛禀明将行脚西江计划的行者,或许也是此人。又有"侍子中德、中通、中履谨识"曰:"老父庚寅一瓢栖仙回山,辛卯以法场供养,兴冰舍于梧州,壬辰还匡庐归省,癸巳圆具天界,闭关高座,乙未奔丧,遵先祖中丞公遗命,葬合明山,结栾庐焉。同学相从,随纪于此。"
〔4〕《青原愚者智禅师语录》卷二将题中"同住者"改为"众"。合明山,方以智文中又常称为合山。不择地,典出《庄子·德充符》:"事其亲者,不择地而安之,孝之至也。"又刘向《说苑·建本》称:"子路曰:'负重道远者不择地而休,家贫亲老者不择禄而仕。'"
〔5〕《冬灰录》(外一种),第25—26页。
〔6〕《无门关》第四十七则:兜率悦和尚设三关问学者:"拨草参玄,只图见性,即今上人性在甚处?""识得自性,方脱生死,眼光落时,作么生脱?""脱得生死,便知去处,四大分离,向甚处去?"无门曰:"若能下得此三转语,便可以随处作主,遇缘即宗。"
〔7〕第一义即无上甚深之妙理也。其体湛寂,其性虚融,无名无相,绝议绝思。佛经云:"甚深之理不可说、第一义谛无声字是也。"无声字者,谓离语言文字之相也。

禅师身份向"同住者"的第一次开示。可见,此时方以智是以欒庐为僧舍,以侍子(中德、中通、中履)和学人等"不肯相离"的"同住者"为弟子。后又有《药地易简约》对此前"不择地"之约加以细化,最重要者,此时已称"药地",文中提出:"此是炮地蒸天古药杵,全身放下大家举。"从《冬灰录》卷首二的编次看,称"药地"后只有《墨历崖警示》、《墨历崖切问》两篇发生在浮山墨历崖的开示和问答,而此藏轩也在附近。故"药地"所指地理空间当为浮山(墨历崖、此藏轩)。另有《浮山别拈》、《信叶》、《退藏轩咷笑行》等三篇均系相对独立完整的诗作。其中,《浮山别拈》应该是方以智在浮山继续编撰《药地炮庄》时的拈提,有"法身大病嗟同门,药笼五位煎君臣","别峰不必当堂坐,异类中行无不可"。〔1〕"只为应病予药须医王,毒草不负神龙尝。梦笔挥来空断肠,岁寒灯下写残方。"神龙似应为"神农",梦笔指觉浪道盛。《信叶》是对三教会同妙叶的吟唱。《退藏轩咷笑行》则是对《信叶》的礼赞,有"专门用偏,如何是全?全无肯路,怎免回互?""三点如流水,旁边似曲镰。早知饭是稻,依旧种荒田"等句。退藏轩尤值得注意。《浮山别拈》篇名即已反映出写作地点为浮山,而退藏轩很可能是对此藏轩的别称吧?故,很可能是戊戌春庐墓结束后,方以智从合明山转至浮山墨历崖下父亲方孔炤留给自己的此藏轩暂寓,做行脚西江的准备,一方面派出行者请示道盛师,一方面继续和弟子们参禅问学,编撰《药地炮庄》,是为《炮庄》第二期。

《药地炮庄》书中留下大量行实信息。如总论下《逍遥游总炮》之眉批劈头就说:"浮庐既安易寓,药地又来炮《庄》。"〔2〕易寓之地(浮庐)也即药地,而"药地又来炮庄",《药地炮庄》书名已经呼之欲出。今《药地炮庄》

---

〔1〕 异类,指属于佛果位以外之因位,如菩萨、众生之类。异类中行,指行于异类之中。发愿利生之菩萨,于悟道后,为救度众生,不住涅槃菩提之本城,而出入生死之迷界,自愿处于六道众生之中,以济度一切有情。据《景德传灯录》卷八南泉普愿章,一日师示众云:"道个如如早是变也。今时师僧须向异类中行。"归宗云:"虽行畜生行,不得畜生报。"
〔2〕《药地炮庄》修订本,第87页。

总论上和总论中,落款"墨历山樵集",〔1〕表明这些都是他于斯时斯地所撰。据《药地炮庄·达生》"闲翁曼衍":"嘘室曰:陶杜黄叶,惊耶诧耶?墨历山头炮漆吏,止图说梦作痴人。"〔2〕陶杜黄叶指《集评》中所引陶渊明、杜甫、黄庭坚、叶梦得,"墨历山头"指撰者是"墨历"还是撰集地点为"墨历山头"?如果是后者,则为庐墓后期居于墨历岩下此藏轩时所为,并可证此时方以智在继续《炮庄》的集评,其进度可能已至《庄子》外篇之末尾;如果是前者,则只是一别号而已,也可以是之后禅游江右时所写。《总论中》所附《黄林合录》,则是左锐(藏一)相随方以智,在合明山栾庐时就庄学、禅学和易学异同以及三教会通等相关论题的问学录,也是理解方以智《药地炮庄》禅学思想的重要单篇资料。〔3〕其眉批部分有"适在合明墓庐同览,不觉通身汗下。左锐记"。〔4〕可见,至少就"黄林合录"言,在庐墓时也已有部分眉批。"炮庄二书"后编入《总论下》,其眉批标为"平叟杂拈",又出现"合山栾庐与戴无忝大笑曰"语句,则也当为庐墓时所批。《合山栾庐诗·正决》自注:"《时论》、《炮庄》举《天下篇》、关尹所谓造迷不测者,承虚疑怪出头矣,杂卦一决,安能不现迁身正语耶?"似乎其时《炮庄》已"炮"至《天下篇》。诗云:"谈道天下裂,一曲皆偏倚。……世不可庄语,奇兵破庸垒。……素逝不动心,山水是山水。各予以饭碗,各泯于耘耔。请颂盇山谕,注重安生理。安生即无生,一声长不死。"这首诗也堪称一部《炮庄》之大旨。又,今存《药地炮庄》序跋中最早者为陈丹衷所撰,序中有言:"药地大师之炮《庄》也,列诸病症,而使医工自饮上池,视垣外焉。将谓梦笔

---

〔1〕《药地炮庄》修订本,第15页、第44页。
〔2〕《药地炮庄》修订本,第343页。
〔3〕左锐,字藏一,曾跟随方以智业师王宣学《易》。《药地炮庄》总论中之《黄林合录》眉批有:"吴公闻邹公与无念禅师盘桓,故挑之耳。不知其连架打,本庵公以真实叩,故甘露遍于此方。适在合明墓庐同览,不觉通身汗下。左锐记。"结尾处又称:"大师庐墓合明,幸得朝夕,剥烂复反,……因合录之,时自省览云尔。"分别参见《药地炮庄》修订本,第63页、第73页。
〔4〕《药地炮庄》修订本,第63页。

以药地为下宫耶？药地以梦笔为下宫耶？"末署"雍茂孟陬,天界学人大中陈丹衷题"。雍茂即著雍、阉茂,用于纪年指戊戌(1658),戊曰著雍,戌名阉茂。孟陬则指春正月,正月为陬,又为孟春月,故称。梦笔指道盛,陈丹衷为其弟子,法名大中,又因道盛住持天界寺,故陈丹衷自称"天界学人"。戊戌(1658)春正月,陈丹衷为《炮庄》作序,应该是机缘凑巧,时《炮庄》并未完稿,虽九卷的训词和集评绝大部分或许已经完成,但也有部分是禅游江右后增入的,如易堂九子和揭暄等人的文字。但序中称方以智为"药地大师",陈丹衷似是第一人。

方以智在浮山墨历崖、此藏轩称"药地",所以又称"浮山药地",此时是他开始对外自称药地禅师的初始阶段(到江西后因发音相近,墨历被称作"木立"),故此期文字单独编次于《冬灰录》卷首二。这时开始有弟子向方以智请教禅学。如《冬灰录·偶答》记:

藏一曰:"汝中标四无,[1]而三一老人救之,谓专以虚无自然为宗,乃佛所呵,为外道也。然则佛言空者何耶？"愚者曰:"《法鼓经》曰:'空者,大乘之初门。'紫柏大师曰:'以空药医世病,以妙药医空病,佛祖只是应病予药耳。'"[2]

方以智庐墓期间,还参与了浮山道场事务。一是会葬外祖。吴应宾卒于崇祯甲戌(1634),子吴道凝以卜兆鲲池,不吉,浅葬金谷岩下。又二十一年,乙未(1655)吴道凝去世。适方以智庐墓合山,汤日、亚侯、约之诸公,以吴应宾为中兴浮山之维摩诘,改葬丹丘岩,与远公红塔同时放光。雪中会葬,方以智作《金谷葬吴观我太史公致香语》,又作《三一颂》。二是

---

[1] 王汝中,名畿,号龙溪先生。王龙溪将王阳明的良知"四有"句(无善无恶心之体,有善有恶意之动,知善知恶是良知,为善去恶是格物),转为"四无"句(心是无善无恶之心,意亦是无善无恶之意,知亦是无善无恶之知,物亦是无善无恶之物)。

[2] 《冬灰录》(外一种),第28—29页。

将方孔炤与嵩庵铨部、玉河诸文学所倡会宫不二社社田奉之远祖塔院,供养十方。方以智作《远祖塔院饭田记》,并赞《远公塔》[1]。以上作品均收于《冬灰录》卷首二。

第三节 禅游江西——炮《庄》第三、四期

戊戌(1658)服阕后方以智禅游江西。方中通有诗《老父服阕行脚西江》:

栾庐三载日,遗论早编成(自注:老父重编先祖《周易时论》已成)。
木叶家山脱,芒鞋别路行。
一瓢谁托迹? 五夜独吞声。
敢向苍天怨,苍天竟不明。[2]

西江或江右,今指江西。方以智将行脚江西,是道盛有新的授命,还是方以智自己的选择?《浮山志》录有道盛《浮渡行者至,闻栾庐行脚》,诗称:"铎随道路晓闻钟,云护青山千万重。且喜浮杯能驾浪,虚舟使得八方风。"[3]此证据表明是方以智将自己的计划派行者转呈道盛,道盛此诗之外是否另有口信未得而知,但"且喜"的态度应该是认可了方以智行脚西江的计划。可疑的是,无论吴道新还是方以智本人,在《浮山志》里都强调道盛有要求方以智住持浮山大华严寺的,那么,方以智庐墓结束后留浮山岂不是顺理成章之事,为什么还要远游? 也许是方以智还不够资格,所以要先去曹洞寿昌系祖庭礼拜、历练?

行脚僧即游方僧,故如今研究者包括笔者在《方以智庄学研究》中称

---

[1]《青原愚者智禅师语录》卷三也收。
[2] 方中通:《陪集·陪诗》卷一,见《清代诗文集汇编》133册第79页。
[3]《浮山志》卷之七,第161页。

方以智"禅游江西"的说法,仍源自方中通的《陪诗》。问题是:西江的范围指哪些区域?方以智有没有设定目的地和路线?很可能,方以智向道盛汇报的计划是:去新城(今黎川县)礼拜曹洞宗中兴之地寿昌寺祖庭。只是,庐山和南城荷叶山的两次长时间逗留,表明方以智内心的挣扎和逃禅的本质:禅游是托词,"药游"才是真实计划。〔1〕据方叔文所作《年谱》,方以智"服阕,作《游告诗》,遂游江右,至廪山"。〔2〕所称"作《游告诗》"今未见,不知何据,遂游江右的说法没有问题,但随后直接说"至廪山",中间省略太多。也许,方以智向道盛和亲朋相告的,确是计划去廪山和寿昌寺祖庭,但方以智到达廪山的姗姗来迟无疑仍是他逃禅心态的流露。

一、五老约的流产

据吴道新《又用前韵送无可大师西上》,方以智的确已向亲朋相告行脚西江的计划,吴道新诗称:

寒山瞻锡卓,秋水望杯浮。半偈犹题石,孤僧已类沤。维摩何必室?弥勒不须楼。欲觅藏身处,原无踪迹留。

谁是归期受?同登殷若津。一吟岩下句,三见境中人。水乳融成酪,称檀碎作薪。西江今吸去,东海任扬尘。〔3〕

告别浮山墨历崖、此藏轩,方以智再上庐山,作有《五老约》诗,欲约同心者以五岳终老。徐芳《愚者大师传》:"结庐三载,有《栾庐草》。已心闾曳尾,溯江登匡庐五老峰。"〔4〕徐芳此处直言《五老约》心闾曳尾。涂斯

---

〔1〕 据方叔文《方以智先生年谱》丙午(1666):"公编丙午以前诗为《浮庐药游》。"《浮庐药游》今未见,若方叔文所见不假,则有两种情况:一是可能真的另有《药游》诗,今佚失;可能性更大的另外一种,是方以智只是将栾庐诗后之《正叶》、《五老约》、《药集》、《禅乐府》等诗文集统称为《浮庐药游》,与《药地炮庄》相发明吧。
〔2〕 方叔文编著:《方以智先生年谱》,第190页。
〔3〕 《浮山志》卷之九,第225页。
〔4〕 《浮山文集》,第570页。

皇《五老约》序称方以智后来在廪山时:"禅悦之暇,手一编示皇曰:此予游匡阜五老约诗也,韵皆正叶。"〔1〕《五老约引》中,方以智抛出"药游"托孤之论:〔2〕

> 栾庐溅血又三年,哀何能已?适在浮山药地,梦五老为五岳之老,题余杖以"药游"。嗟乎,梦何能已?药何能已?游又何能已?梦中告曰:五老峰下,雪浪奔雷,何其怒也!五老峰上,浸天拔地,何其旷也!谁能一怒一旷,而一其仁智之二乐乎?乐何能已?种药之孤曰:惟有洒此上池,锄此云峰,续白莲、青松之主宾,播不欺之种耳。天下有伤尽古今之心者,约归于此。约又何能已?或哀其乐,或乐其哀,何不可以哀乐之梦为药,而享其哀乐不入之山水也耶?五岳之老歌曰:锄洒得力,山天不知。我则随风,药游叶之。醒而如约,是亦哀乐不入之药梦也。聊当邪许,自有和者。〔3〕

仁智之二乐出自《论语·雍也》:"子曰:'知者乐水,仁者乐山。'"上池乃指代药。〔4〕白莲指庐山慧远与刘遗民等僧俗共结往生净土之白莲社。青松指白莲社分支青松社。〔5〕天下有伤尽古今之心者,此时特指遗民之士,遗即"孤",约归于此,即招揽遗民之士托孤于此。

方以智在庐山逗留期间,道盛来信责问。方以智对于"堕灶"竹关铁

---

〔1〕 方以智另有《正叶》诗集,为《五老约》之前写于浮山"易寓"时的作品。大约梧州时期所作《切韵声原》未能付诸实践,《正叶》则以诗歌形式表现《切韵声原》的理论。虽说世出世相叶,但方以智未能忘怀旧有学术也是无疑的。
〔2〕 方叔文《年谱》称方以智有《药游诗》,今未见。
〔3〕《浮山文集》,第376—377页。
〔4〕《史记·扁鹊仓公列传》:"(长桑君)乃出其怀中药予扁鹊:'饮是以上池之水,三十日当知物矣。'"见该书2431页,北京:中华书局,2011年。
〔5〕 王祎《自建昌州还经行庐山下记》:"宋元丰间,真净文禅师住归宗,时濂溪周先生自南康归老九江,上黄太史以书,劝先生与之游甚力。以故先生数数至归宗,因结青松社,若以踵白莲社者。"

限实际上是耿耿于怀的,也就是说圆戒成为禅僧绝非自愿,竹关犹冰舍,故逃禅的性质没有变化。他在庐墓时所作《灵前告哀文》称:"家有数千年正决之学,而复不能侃侃木舌,且行异类,托之冥权。"[1]《慕述》中再称:"痛哉穷子,终天绝地!深伤实学,不能阐继。下宫郁血,行于异类。"[2]逃禅之无奈和不得已一目了然。他在庐墓结束后没有回金陵,而是直奔庐山,"心间曳尾",计划的是"药游",种药、行医,悬壶济世,并且大有一直隐居下去的迹象。当道盛得知被自己寄予厚望的方以智有异动,非常不安,即时驰书一封,责他担当起宗门重任,言辞之严峻似不难发现:

> 老胡西来,踏翻震旦盘子。立倚天长剑,使绝代英雄皆从渠乞命。迫二支奔放,五派横流,更出淆讹,别施杀活。虽有神奸,莫能反款。及乎虫生狮肉,狐假虎皮,僭窃成褫,诡诈交易,而符剑失真,邪异得计,安知更无踏翻此盘,从彼乞命者乎?此杖人隐忍、的有不容自己者在也。你智子于此,又何敢自委乎?彼卧薪尝胆,破釜焚舟为何事?而吾宗正丁此时,如不能于无门创开不测之门,无毒拈出不传之毒,则又何足使此能作向上主盟、别展逆流手眼乎?闻子已出龙眠,隐于匡庐,当以破篮一茎,慎自变化之。[3]

道盛不要方以智只做居士,他多年来为法求人,希望方以智以宗门法子的身份,能向上主盟,振兴"吾宗"。迫于师命,方以智于是继续行脚西江,目的地或在寿昌寺祖庭。这同时也宣告"五老约"计划失败,而宗门"药地大师"的修炼之路就此展开。

二、经南城至新城,寿昌药地再炮《庄》

方以智去新城礼拜寿昌寺祖庭,途径南城,于是拜访同科进士兼好友

---

[1]《浮山文集》,第362页。
[2] 见《方以智全书》,第十册,第370页。
[3] 觉浪道盛:《寄示无可智公》,见《嘉兴藏》,第34册 No. B311,第755—756页。

徐芳。后来徐芳所作《愚者大师传》称：

>　　再入盱江，访所知愚山荷叶山中。适山行脚远出，则就所居草庵栖止，凡三阅月。寒铛破灶，晚汲晨刍，皆手操之，遇者憪然，不知为何等头陀也。会有居士鸿庄者，见其箧头一书，咤之曰："此桐城方密之笔也，奚为于是？"捉臂前诘，愚者猝不得匿，为嚛然笑，自是踪迹绽露。寿昌、青原，相次礼请。柱杖所历，法鼓霆震，诸方咋舌，谓师故儒，而当机作略，乃能远绍前祖若是。〔1〕

方以智到南城后，并没有直奔新城寿昌寺，而是先寻徐芳，不遇，干脆于荷叶山隐居了三个月，直至被人发现！没有什么比这更能说明方以智对于成为一名标准禅僧的恐惧，这是他逃禅本质使然。

徐芳称"寿昌、青原，相次礼请"。则寿昌寺祖庭在听闻方以智消息后，也必派人礼请。道光《南城县志》沿袭徐芳《愚者大师传》的说法，又补充说："复柱杖景云，又入资圣及新城寿昌诸刹。"〔2〕县志如此，《建昌府志》也如此，而同治《新城县志·人物志》又据"府志"，称："往来数十年，一时名人无不从之游（府志）。"相互间文字皆大同小异，母本似都来自徐芳。景云、资圣，都在南城。其实，据《冬灰录》，方以智到南城景云、资圣活动似在庚子（1660）年。方以智行踪被发现，时间当在戊戌（1658）秋冬。此后至己亥（1659）五月间的行踪有确切文字可系者，仅两条。

一是戊戌（1658）十月二十五日，青原山净居寺住持、方以智同门法兄笑峰大然七十生辰。笑峰为方以智父执，宋倪文节公之后。张贞生《青原笑峰禅师衣钵塔铭》称：

---

〔1〕《浮山文集》，第570—571页。
〔2〕见时式敷修，廖连、朱辂纂：道光《南城县志》卷二三《寓贤·方以智》，道光六年刻本。

第五章 药地炮《庄》——方以智逃禅中期的行实

师法讳大然,号笑峰,一名函潜。俗姓倪,讳嘉庆,字笃之,别号朴庵,再号邃庵。……以万历己丑(1589)十月廿五日生。……壬戌(1622)进士,累官户、兵二部正郎。不徇匪人请托,且偶忤相意,被诬下狱。适与余集生中丞同福堂,即知有宗门事。……乙酉(1645),遇祖心太师来自罗浮,遂薙染,遥礼其师空隐和尚为师。丙戌(1646),圆具于竹林颛愚和尚。[1]

笑峰于丁亥(1647)开始追随道盛,戊子(1648)监院栖霞。壬辰(1652)任栖霞寺首座。丁酉(1657)春扫塔青原,秋奉师命入主青原。庚子(1660)卒于金陵,世寿七十二。据《青原志略》,他在崇祯末年与方孔炤曾同系狱中,《仁树楼别录》称:"中丞公忭杨、姚逮理,与黄公(道周)、倪公(嘉庆)同在西库。"[2]方孔炤《寄怀笑峰大师西江》也称"忆昔剑头炊,把臂在西库"。[3]方以智闭关高座寺时,笑峰大然主持栖霞寺。《建初集》有《刀山正利刻刻法场笑大师见勘答此》记载两人曾有应和。[4]方以智寄诗《自寿昌寄上青原笑和上》,序称:"《鼎薪》《易图》祝寿,知惟一笑。"[5]是将自己在庐墓时所作《鼎薪》(或作于"易寓")、《易图》(或指《图象几表》)随诗呈上。既是祝寿,则所寄诗必作于戊戌(1658)十月二十五日前。

---

[1] 张贞生《青原笑峰禅师衣钵塔铭》又称:"丙申(1656),师从博山过寿昌,有请主廪山者,有请主宝方、景云者,概辞之。明年,诣吉州、扫塔青原。时祖庭虚席,师从诸护法之志,绘山图呈,杖人以书委主之。……所著有《计草》、《枢草》、《铨草》、《邃草》、栖霞、天界、博山、寿昌、景云、青原各有《语录》。立众安禅,则有《丛林须知》。正讹宗派,则有《定祖图说》、《熄邪四辨》、《五灯正宗》。"见《青原志略》,第108页。又据施闰章《青原毗卢阁碑记》,笑公至,乃落成。阁始建于戊午(1618),成于戊戌(1658)。"公尝爱颜鲁公所书'祖关'字,谓五贤祠馆既立,宜分树二坊曰'圣域'、'祖关'。予至吉,则坊立之,完公志也。吾闻曹洞之学,以理事兼融、智行并懋为长。笑公冥搜力行,禅坐之余,手不辍笔,著《熄邪》、《正宗》诸书。又习劳,与众同役,不私一箸。其教人不专执浮图说,随其高下,立中道引之。故出处之士,皆乐闻其言,往来徒众,尝千余人。用能阐浪公之传,以振七祖之绪,而青原为再盛。"见《青原志略》,第112页。

[2] 《青原志略》,第76页。

[3] 《青原志略》,第247页。

[4] 《方以智全书》,第十册,第322页。

[5] 《青原志略》,第249页。

方以智又有《致青原笑和上》书称：

> 忽忽三年，栾庐自倒，聊以五岳破鞋掩袂耳。又恨韩康卖药，为药所卖。〔1〕龙山菜叶，臭气熏空。〔2〕茱萸堂边，觅一住处寄锹，其能免乎？幸尔望礼慈云，野讴上祝。黄龙峰下，且息医寮。〔3〕

聊以五岳破鞋掩袂，指的仍是原计划行脚五岳以作药游，不露行踪。但其终究已是宗门中人，不得已被请至寿昌寺。诗题"自寿昌"或指"自寿昌寺"。此处"黄龙峰下"，也正指寿昌寺。医寮与药地同意，方以智也许住在寿昌寺为他准备的一个别院，供他栖息、炮《庄》。这些文字表明戊戌（1658）冬，方以智的确在新城寿昌寺。

二是所撰《河村集序》，〔4〕文末自注"又戊己书"，戊己，戊戌己亥之交，即戊戌（1658）末己亥（1659）初。

徐芳《悬榻编》卷五《寄木立道兄（己亥）》称："去秋放浪一出，……不虞失之咫尺。……兼闻道履近离寿昌，未尝暂住何地。"〔5〕既言"近离寿昌"，则必然曾住寿昌（寺）。

---

〔1〕《后汉书》卷八十三："韩康，字伯休，一名恬休，京兆霸陵人。家世著姓，常采药名山，卖于长安市。口不二价，三十余年。时有女子从康买药，康守价不移。女子怒曰：'公是韩伯休那，乃不二价乎？'康叹曰：'我本欲避名，今小女子皆知有我焉，何用药为？'乃遁入霸陵山中。"见该书第2225页。

〔2〕《五灯会元》卷三"龙山和尚"：洞山与密师伯行脚经由，见溪流菜叶，洞曰："深山无人，因何有菜随流，莫有道人居否？"乃共议拨草溪行，五七里间，忽见师羸形异貌，放下行李问讯。师曰："此山无路，阇黎从何处来？"洞曰："无路且置，和尚从何而入？"师曰："我不从云水来。"洞曰："和尚住此山多少时邪？"师曰："春秋不涉。"洞曰："和尚先住？此山先住？"师曰："不知。"洞曰："为甚么不知？"师曰："我不从人天来。"洞曰："和尚得何道理，便住此山？"师曰："我见两个泥牛斗入海，直至于今绝消息。"洞山始具威仪礼拜。见普济著，苏渊雷点校：《五灯会元》，北京：中华书局，1984年，第185页。

〔3〕《青原志略》，第187页。

〔4〕戴逸孝之父戴重（1601—1646），崇祯十七年拔贡生迁试第一，授湖州推官。明亡，戴重在太湖结义军抗清，三失三复湖州。有《河村文集》、《河村诗集》。

〔5〕转引自任道斌：《方以智年谱》，第210页。

己亥年中,方以智至南丰程山书院会谢文洊。〔1〕方以智《游梅川赤面易堂记》称:"程山秋水斋晤止山,言赤面、三巘、冠石之胜,先走信回梅川,令愚者过万安寨,顿黄介五竹蓬。遇子宣,语迄日,而彭逊士来相辂矣。"〔2〕止山为曾灿之号,易堂九子之一,方以智自梧州东归路上曾相遇,据方以智《别滴投》诗,二人临别时似有约定将来相会于易堂。方、曾既在程山相会,曾便随即先去梅川报信,而方以智在去梅川途中遇广昌人揭暄,揭自此即追随方以智左右,成为方以智虞山时期最重要弟子。〔3〕而彭逊士即彭任,易堂九子之一,也前来迎接。"愚者因留卧此逾月。每随日阴,倚杖听瀑,天地之供闲人不既多乎?"〔4〕据林时益《朱中尉诗集》,有《己亥季夏郭家山呈别木大师》长诗称:"复闻谢子言,有僧号木立。期以五月中,来易堂言《易》。"〔5〕木大师即指方以智,季夏为六月,而方以智与易堂诸子盘桓逾月,则方以智来梅川可系于五月。不过,正当"愚者安之。而寿昌遣人至,谓黄龙背新筑一药地矣"。〔6〕

寿昌指寿昌寺,曹洞宗寿昌系祖庭,或许也是道盛认可方以智行脚西江的目的地,所以在南城行踪暴露后,前往寿昌寺报到已是必然选择。由于方以智身负编撰《炮庄》的任务,所以寿昌寺筹划为他另建别室,并于建成后派人迎归。

寿昌寺在无明慧经戊午(1618)圆寂后,应居士黄端伯请,由阒然元谧(号见如)继席,住持20多年。崇祯九年春,元谧请声誉日隆的道盛住持寿昌寺,自己前往建宁"潜修",并于顺治己丑(1649)示寂。道盛在接任后

---

〔1〕 谢文洊(1615—1681)字秋水,号约斋,又号程山。
〔2〕 《浮山文集》,第378页。
〔3〕 胡映日与方以智结识并于此后追随方以智,似也在此时。乾隆《南丰县志》卷三十《人物志·流寓》:"字心仲,南昌人。顺治甲午(1654)来南丰,及谢约斋门。"
〔4〕 《浮山文集》,第380页。
〔5〕 林时益:《朱中尉诗集》,《豫章丛书·集部十》,南昌:江西教育出版社,2007年,第35页。
〔6〕 《浮山文集》,第380页。

因四处邀请者众,寿昌寺又受地理位置影响和局限,因而并没有实际住持。癸巳(1653)寿昌寺遭火灾烧毁,道盛弟子竺庵大成从金陵圆通寺赶来兴复重建。据《五灯全书》卷一百一十七,江宁摄山栖霞竺庵大成禅师为湖南潭州醴陵龙氏子。辛巳(1641)叩天界盛。后命主圆通。次主寿昌、景云、栖霞诸刹。康熙丙午(1666)在福建长庆示寂,门人归骨南岳毗卢洞。〔1〕方以智在青原净居寺所作《竺和尚讣至,上堂》叙其生平:

省侍太平狱中,亲磨干将。自此接圆通之鼓搥,兴寿昌于瓦砾。金殿嵯峨,功成不处。翛然南岳,毗洞再开。奔天界之讣音,造栖霞之无缝〔2〕,重溯西江顶上,廪山之塔肖然。〔3〕拜扫东苑、武夷,不跨石门雷鼓。竭澥掀天,突然脱去。〔4〕

又据刘余谟撰《传洞上正宗二十八世摄山栖霞觉浪大禅师塔铭(并序)》称:"(道盛)闻竺庵成公重兴寿昌,推双峰存公住持,特为上堂举扬。未几,吉州李梅公、刘平田诸公请主青原,师命笑峰然公住持。"〔5〕可见,大成在重修寿昌寺后,功成不处,不久离开,去了南岳,而寿昌寺住持由双峰大存接任。方以智到达寿昌时,正是大存当家。方以智重修廪山寺时,"寿昌双峰和上发禅堂人为廪山运木"(《谢寿昌诸禅者》)。后于《冬灰录》

---

〔1〕《冬灰录》(外一种),第229—230页。
〔2〕 无缝塔。僧死入葬,地上立一圆石作塔,没有棱、缝、层级,故称无缝塔。指为道盛造塔于栖霞寺。
〔3〕 竺庵大成于康熙丙午(1666)辞世,而就在这一年,他在南城景云寺丈室为方以智写了《读炮庄题辞》。见《药地炮庄》序跋。
〔4〕《冬灰录》(外一种),第230页。《设供致语》称:"骨肉虽同门,一生不相识。"见《冬灰录》(外一种),第231页。二人始终未能谋面。《青原愚者智禅师语录》有《为竺庵和上设供》修订为:"同门双眼不识面,载回南岳舟中见。"见《冬灰录》(外一种),第348页。是则"门人归骨南岳"途经江西时方以智估计有去相送。
〔5〕《嘉兴藏》,第34册 No. B311,第686页。

卷首一之《念佛孤颂》写有识语,署"寿昌大存"。〔1〕甲辰(1664)九月,方以智《寿昌其天和尚讣至设供》称:"暖多变雨北风怒,又闻吹折黄龙一枝树。寿昌主人重过飞猿岭,途中撒手来时路。虽道不同条,只履何尝有来去?莫问其天法兄向何处。"〔2〕《冬灰录》卷四记录了方以智丁未(1667)年法语。在《扫寿昌老祖塔》、《扫二世见和上塔》(《语录》卷四更改为"扫二世见如老和上塔")之后依次是《为双峰和上设供》和《为其天和上设供》,〔3〕表明二人曾先后住持寿昌寺。〔4〕据《五灯全书》,其天示寂于康熙甲辰(1664),〔5〕则双峰示寂当在己亥(1659)后、甲辰(1664)前,具体时间待考。方以智《为双峰和上设供》致语称:"咬指流胸好兄弟,南岳西江一口气。黄龙背上留药地,重来毘目开不闭。无开闭,松枝挂剑霜风砺。"〔6〕黄龙背位于寿昌寺背后。"黄龙背上留药地"指的是己亥(1659)夏方以智游梅川易堂时,"而寿昌遣人至,谓黄龙背新筑一药地矣"。〔7〕药地此处似为室名,指双峰大存为方以智在寿昌寺后之黄龙背新筑一别室,作为方以智编撰《炮庄》之场所,故方以智自己以"药地"名之。

据魏禧《同林确斋与桐城三方书》:"昔岁己亥,丈人栖迹寒山,列兄德

---

〔1〕《冬灰录》(外一种),第57页。
〔2〕《冬灰录》(外一种),第94页。据达珍编《正源集略》,建昌寿昌其天浩禅师,虔州信丰杨氏子。
〔3〕《冬灰录》(外一种),第243—244页。
〔4〕 据康熙十二年《新城县志》载寿昌寺:"僧大成,字竺庵,顺治中重建寿昌寺;僧弘智,字木立,著有《炮庄》《通雅》诸书;僧大存,字双峰;僧大浩,字其天;僧大忍,字梅蓬。已上具相继住寿昌。"按照这个谱系,方以智曾住持过寿昌寺,这应该是该志的"编次"者涂景祚所为。但无论从方以智《冬灰录》,还是方中通《陪诗》均称廪山才是方以智的开法地。事实上,方以智建廪山塔院时,寿昌住持应为大存,继之者则为大浩。
〔5〕《五灯全书》卷一百一十八"新城寿昌其天大浩禅师":虔州信丰杨氏子。二十四依天界得法。住芜湖兴国。后应寿昌请上堂。师示寂于康熙甲辰(1664)秋九月朔二,寿三十七,腊二十三,塔于寿昌。南昌督学黎元宽撰碑(觉浪盛嗣)。
〔6〕《冬灰录》(外一种),第243页。
〔7〕 参方以智《游梅川赤面易堂记》,见《浮山文集》,第378—381页。该记编次于《浮山文集后编》之《河村集序》之前,而《河村集序》文末自注:戊戌书。即戊戌己亥之交书,则《游梅川赤面易堂记》的写作时间似应为戊戌冬。

业便已委悉。"[1]余英时《方以智晚节考》,将寒山系于新城东南四十里之大寒山,[2]实属望文生义。且不说方氏文字中从未提及寒山,即以情理论,方以智既已在南城荷叶山隐居三月余,被发现后又转至新城寒山继续隐居,实在讲不通。而魏禧所言"丈人栖迹寒山,列兄德业便已委悉",明明是说方以智到访梅川金精山时,与易堂九子提及三个儿子的情况,故魏禧称三兄弟的德业便已委悉。除了曾灿,方以智与易堂诸子均是在梅川初次会面,方氏三兄弟于己亥五月前也没有任何一人在方以智身边,故此处寒山只能是魏禧对自己栖迹之地的谦称,犹如寒舍之称。或泛指荒山野山,如杜牧诗"远上寒山石径斜,白云生处有人家"之用。

又据涂斯皇[3]《五老约序》:"己亥夏,游敝邑,获晤于天峰禅院。[4]既而扫塔祖庭,卓锡廪山,皇因时时过从。"己亥夏是指孟夏、仲夏还是季夏并不明朗,则方以智在天峰禅院是梅川行之前还是之后,不好确定。可确定的是卓锡廪山在此后。天峰禅院也许是寿昌寺的一个子孙院,由寿昌寺管理。

己亥秋,九月初七日,觉浪禅师圆寂于金陵天界寺,方以智作《善世门哀词》悼念:[5]

---

[1] 魏禧著,胡守仁、姚品文、王能宪校点:《魏叔子文集》,上册,北京:中华书局,2003年,第233页。
[2] 余英时:《方以智晚节考》增订版,北京:生活·读书·新知三联书店,2004年,第20页。
[3] 涂斯皇,字宜振,新城人,明吏部尚书涂国鼎幼子。
[4] 同治《新城县志》卷二《寺观》:"天峰寺,在县西曰峰山。"乾隆《新城县志》卷十称"在县西一里"。魏禧《送药地大师游武夷山序》称:"丁未闰月,师自青原游武夷,迁路新城,招晤天峰寺中。"见《魏叔子文集》上册第510页。丁未为1667年,己亥是1659年,方以智时隔八年仍特意去天峰寺,很可能方以智真的有住持之名。
[5] 《冬灰录》(外一种),第71页。洪武四年,天界寺改称天界善世禅寺,洪武五年改称善世法门。此处善世门即代指觉浪禅师。达珍编《正源集略》载觉浪盛禅师法嗣(十一人):金陵栖霞竺庵成禅师、杭州崇光观涛奇禅师、吉水龙华梅逢忍禅师、金陵天界巨音选禅师、广东曹溪石濂汕禅师、吉州青原啸峰然禅师、江宁天界方融玺禅师、建昌寿昌其天浩禅师、新城福山石潮宁禅师、吉州青原无可智禅师、杭州虎跑大慈石公琎禅师。

天生天界,出格全提。〔1〕涂鼓双槌,赞悼不及。自感刀头余喘,恰遇吹橐。旷劫相逢,随场冤债。竹关迸破,血溅古今。以三不收之废人,〔2〕行混不得之鸟道〔3〕。回视环中、宗一,妙叶时宜。是甚东西,托孤伤绝？破破堕堕,苍天苍天！火泯薪烧,自不容己。岂复望青蝇解蝴蝶耶？出门炮药,发愿医医。……触着痛肠,一声寸断。……集成大鼎炼真金,干戚形（刑）天忍不禁。笔扫三丸〔4〕归一梦,壁伤双选托孤心。报恩宵炼空传剑,遁世支离善挫针。柏树开花莲五色,杏仁嚼碎种香林。十年万死一瓢还,煴火投机闭竹关。押不卢将冰水下,眉开尺在镬汤闲。弥缝发愿琴传指,痛哭归家血破颜。知得连环何用解？招魂更与结连环。水牯、泥龟任汝疑,何劳黄鹄问何之？灵衣不挂五千字,〔5〕挽歌自和三百诗。（皋亭返天界,杖人作尊天命诗三百首。）下士苍蝇声可吊,上楼蝴蝶语遗谁？中宵滴滴枕头泪,世出世间皆不知。乃与纸钱同烧云：咦！

道盛的辞世应该极大地唤醒了方以智对完成托孤传法师命的责任感。此后,方以智一面加紧《炮庄》之编撰,一面准备开法弘法。方中通在方以智辞世后有《哀述》："终制后复游西江,扶起廪山、东苑。吉州诸公因请主青原法席,而药地之斧始酬米价焉。然历住建武之资圣、安福,西昌之首山、汋林,何往而非药地乎？"〔6〕

---

〔1〕 指全提《庄子》。
〔2〕《东西均》中方以智自称为儒、道、佛三不收。
〔3〕 原意小径；禅林中,引申为禅道至难,犹鸟道之险峻；又比喻至道寥廓,如鸟飞空中,绝其纵迹,不堕有无迷悟之一切见。即取无踪迹、断消息,往来空寂处之意。
〔4〕 三丸指儒、道、佛。
〔5〕《抚州曹山元证禅师语录》：问灵衣不挂时如何？师曰："曹山孝满。"云孝满后如何？师曰："曹山好颠酒。"
〔6〕 方中通：《陪集·陪诗》,《清代诗文集汇编》,第133册,第107页。

三、廪山开法

《冬灰录》卷首三以《廪山缘起》开篇。方以智应居士请建廪山塔院，重兴廪山寺，为药地大师(时称木大师居多)开法之始。道盛弟子为道盛建塔于金陵栖霞，署方以智法号即称"廪山大智"。

廪山为寿昌之源头。[1] 同治《新城县志》卷二记："廪山寺，在县北十五里。宋光宗绍熙元年建，明宏(弘)治八年僧道智蕴空重建，天启丙寅僧德和复建。国朝顺治十五年，僧映初重修。"又："寿昌寺，……明洪武癸酉年，主僧宏迁建其基于黄龙峰下。"[2] 蕴空，即蕴空常忠(1514—1588)，于嵩山少林小山宗书(1500—1567)处得法后，到黎川廪山弘法，收无明慧经为徒，[3] 无明慧经重建寿昌寺，"寿昌系"崛起，开启了明末清初曹洞宗中兴，无明慧经被称为寿昌老祖，忠和上也因此被称为寿昌初祖。方以智《廪山缘起》称：

> 既饮寿昌之乳，爰修廪山之塔。其谷有泉，轶出甘冽，不肖饮此，沧况冷然。遂因旧址，欲施数椽。徐仲光、杨东曦(名日升)、涂宜振(名斯皇)、万年(涂景祚)诸居士，共发欢喜，许建精舍。[4]

康熙十二年刊《新城县志》卷二《寺观》："廪山塔院：皇清顺治十七(1660)年，僧墨历建。"建成或在年初。

---

[1] 于成龙等《江西通志》卷六称："在(建昌)府城西六十里，高百余丈，上有大石如禾廪。"见该书第47页(收《中国方志丛书》，第781号，台北：成文出版社，1967年)。

[2] 康熙《新城县志》载："寿昌寺，在县东兴乡石峡，距城四十里。唐咸通间僧泉南桂琛始建永居院；宋治平纪元间，赐名寿昌院；元皇庆壬子年僧云白子心重修；明洪武癸酉年主僧宏迁建其基于黄龙峰下，请释西竺住持；永乐初，僧元偕徒荆山重建；正统乙未僧越善重建，丁卯奏议赠赐寿昌禅寺，礼部尚书胡濙撰碑记；万历戊申释无明重建；皇清顺治十年僧竺庵复建。"寿昌寺在今黎川县洵口镇香炉山村附近。

[3] 达珍编《正源集略》，系"建昌黄龙寿昌无明慧经禅师"为廪山忠禅师法嗣，抚州崇仁裴氏子，曾隐峨峰，后出住宝方寺、寿昌寺等。

[4] 《冬灰录》(外一种)，第56页。

但是,我们从后来方以智将廪山托付瑞如时所说的一番话,可知廪山的寺务似一直由寿昌寺打理。《青原愚者智禅师语录·示瑞如》云:

> 廪山源远流长,我杖人梦寐为此一事。竺庵、笑峰二和尚相继注神,而未遑得遂。今幸时节开端,树起梁柱,旧山田地次第,自然渠水。我今出门,瑞如老成,监事料理,自有寿昌主之,宝坊又近,但砺铁脊,又何忧焉?古人化米化炭,桶箍自脱,破屋缩项,唱雪珍珠,看是何等家风!岂使两橛?固知三斤镢头,断然不相负耳。勉之勉之。〔1〕

"监事料理,自有寿昌主之",大约方以智新开法廪山,需要祖庭人才支持,而方以智又到处游方,不常住寺,自然不耐寺务,故在管理上很可能全权委托寿昌寺。至于宝坊,似指无明慧经驻锡的南城宝方寺,距离廪山比寿昌寺更近。如果我这推测成立,也就不难理解后来方氏兄弟均以寿昌相称,而朋友弟子则有称廪山,有称寿昌,实在是因为二者之间的紧密联系。而我们从方以智在廪山正式开法的意义上,将方以智己亥至壬寅(1659—1662)在南城、新城(黎川)这一段近四年的时间称为方以智禅学的"廪山时期"。超永编《五灯全书》有列方以智条,载有"寿昌上堂":

> 吉州青原墨历大智禅师。桐城方氏子,别号药地。寿昌上堂。向上不传,向下文长,何必争如不必。通身讵若遍身?但作话会,徒辱家风。只如老祖曰"醍醐上味出乎乳,滴水挽中便不成",还曾亲过此锻炼关么?"三十棒头开正眼,何曾传得祖师心?"……(觉浪盛嗣)

---

〔1〕《冬灰录》(外一种),第325页。

这其实是丁未（1667）方以智住持青原净居寺后往新城寿昌、福建扫塔，停留寿昌寺时，楚云请他上堂讲法，与平常住持升堂不同。见《寿昌楚云大师率两序请上堂》[1]：

"此地乃寿昌老祖开，西竺之山，一时龙腾虎啸，鼓震炎午之运。二世和尚克家厚载，请我师杖人特主此席，大阐无私。嗣后竺（庵）兄和上瓦砾再造，双（峰）、其（天）二老善奏埙篪，兄唱弟酬，金声玉振。"……乃曰："向上不传，向下文长。何必争如不必？通身讵若遍身？但作话会，徒辱家风。只如老祖云'醍醐上味出乎乳，滴水搀中便不成'，还曾亲过此锻炼关么？'三十棒头开正眼，何曾传得祖师心？'"

庚子（1660）春，方以智游南城之麻姑山。道光《南城县志》卷五："麻姑山在县城西南十里，三十六洞天之一。"《冬灰录》卷首三有《愚者自廪山赴景云请，萧元声、刘广生、朱济寰、吴芳仲、邓幼立、冏仍、日生诸居士设供，同景云、资圣禅侣茶话（一春风雨，是日初晴）》[2]景云寺、资圣寺均在南城。

---

[1]《冬灰录》（外一种），第245—248页。两序又曰两班。朝廷之制有文武两班，禅林拟之于住持之下设东西两班。长于学德者归西序，谓之头首。通于世法者归东序，谓之知事。东序以都寺、监寺、副寺、维那、典座、直岁为次第。西序以首座、书记、知藏、知客、知浴、知殿为次第。由于宗派而略有不同。敕修清规有两班图。据康熙十二年《新城县志》载寿昌寺：其天大浩之后是大忍，即吉水龙华梅逢忍禅师，曾住芜湖兴国。以及僧大宁（字石潮），僧大奇（字观涛）。楚云未知是否在大宁前？达珍编《正源集略》系"金陵栖霞楚云源禅师"为竺庵成禅师法嗣："长沙龙氏子，母彭氏。年八岁时，有老僧至。师问：佛名如来，何义也？僧乃摩顶。告众曰：此曹溪之瑞，非尘世所能望也。顺治己丑，师走浏阳觉恒上人剃染圆具。后遍参尊宿。师参竺庵成，之寿昌。昌问曰：大好山消息如何？师曰：此去杭城三千里。昌云：且道无明师翁鼻孔长多少？师曰：御龙桥下水潺潺。昌曰：可惜许多草鞋钱。师云：行人更在青山外。师继席寿昌。后主栖霞。"

[2]《冬灰录》（外一种），第73页。

四月,《啸峰大师讣至设灵炷香》,〔1〕啸峰即笑峰大然,于庚子(1660)四月十六日圆寂于金陵。

四月,《佛诞日金楼茶筵普示》云:"似此金楼再造,殊亏知予老宿一段真实。……不觉庆赞中带累廪山饶舌。"〔2〕《冬灰录》卷首一之《药地苍天语》,有自注"金楼识",很可能方以智在金楼有小住。佛诞日在四月,故《冬灰录》原编次应该有误。

九月初七日,为《天界老和尚周忌拈香》。〔3〕

自方以智"行脚西江"后,钱澄之一直没有方以智的确切消息,一度听人传言他隐于黄山。至庚子稍知近况,却又《拟往江右寻药地不得去,里中诸子闻白门近事,招余还山》,诗云:"庐山有愿去何迟,况复追寻慧远师。"〔4〕十月二十六日,方以智五十寿辰,钱澄之在桐城作《寄药地无可师五十》长诗,诗称:

> 言念药地翁,一身栖廪山。廪山在何所?草屋八九间。……惟彼药地翁,今年正五十。十载参学功,兹事应已毕。……闻翁在药地,终日只读书。此事佛所禁,翁意那得舒?佛法制凡夫,岂为我设与。……远公亦有塔,浮山自有庐。翁倘能归来,我其从翁居。……知翁无所嗜,亦不用学禅。惟有一卷书,可以终天年。〔5〕

据此,钱澄之已得知方以智在廪山驻锡,以及终日只读(著)书。方以智仍只是在逃禅,作为老朋友的钱澄之对此最清楚。既然只是逃禅,那又何必流落异乡?不如归来吧,回到家乡浮山道场驻锡,我们便又能一起相

---

〔1〕《冬灰录》(外一种),第75页。
〔2〕《冬灰录》(外一种),第58页。
〔3〕《冬灰录》(外一种),第75页。
〔4〕钱澄之撰,诸伟奇校点:《田间诗集》,合肥:黄山书社,1998年,第115页。
〔5〕《田间诗集》,第149—150页。

伴读书研几以终老——钱澄之如是呼唤。

除夕,在资圣寺。有《资圣除夕请示》。方以智称:"者个资圣寺,多年破缺。幸有轮公与吴芳仲居士,二十年来一片心血。平实修行,种田待客。药地病夫游麻姑山,撞到者里休歇。"[1]指该年春曾到资圣寺,因被请住持。此消息想必被扩散,林时益和魏禧都相继来访。[2]

早在己亥(1659),方中通于家乡有《忆亲寿昌》诗:"踏完南北死生场,留得空门谢彼苍。姓字哪能逃末世?袈裟今又隔他乡。天知不孝无如我,自恨逢人分外狂。易水盱江魂梦远,白云停处九回肠。"[3]盱江又称"抚河",流经南城县城。

第二年庚子(1660),方中通来省亲(后来在青原山还以侍子身份陪侍,得兴磬之法号)。因为有了方中通的陪侍和所作《陪诗》,方以智之后的行实开始具体起来。《庚子同四弟省亲寿昌》诗称:"吸进西江水,东流不到家。阶前如见佛,座上便拈花。颜色成枯木,愁心结乱麻。趋庭无别语,开示总南华。"[4]诗末自注:"时老父著《药地炮庄》。"这首诗不仅告诉我们,方以智的《炮庄》编撰经历了竹关第一期和栾庐第二期后,进入廪山第三期,并且首次出现了《药地炮庄》的书名。己亥(1659),方以智作《炮庄》小引。[5]又内七篇的总炮大约撰于此后。《逍遥游》总炮的眉批

---

[1]《冬灰录》(外一种),第76页。
[2] 林时益有《将过资圣寺访木立和尚经南背方丈》诗,见《朱中尉诗集》,收《豫章丛书·集部十》,第62页。魏禧庚子(1660)冬有《同友人之资圣寺访木大师留宿赋呈》,诗曰:"三年迟行杖,十里望松阴。争识先生面,谁知后死心?"(见《魏叔子文集》,下册,第1335页。)又前一首编次为《登日峰》,日峰山,天峰寺所在。后一首编次为《过刘氏竹园同林确斋骆樵客江玉仲》,诗曰:"曾上天峰寺。"(同上书第1336页)
[3] 方中通:《陪集·陪诗》,见《清代诗文集汇编》,第133册,第82—83页。
[4] 方中通:《陪集·陪诗》,见《清代诗文集汇编》,第133册,第88页。
[5] 考《浮山文集后编》卷二此文(见《浮山文集》,第382—383页)的编次,在《河村集》序之后,而该序自注:戊(戌)、己(亥)书,则时为1658至1659年。又编次在《东山俗民和五老题辞》之前,该题辞有"余来西江四年",则可判为辛丑(1661)所作。综合判断,该序应作于己亥(1659)。

中有记"今日登黄龙背,饮南谷茶,诵《逍遥》一过"。〔1〕《养生主》总炮眉批有"林确斋言种茶宜西南山坡",〔2〕林氏为易堂九子之一,此时和方以智刚结识不久。同篇中还有"磬曰",应是兴磬——方中通的法号。弘庸也过来助"炮",并于辛丑(1661)撰《炮庄》序,自称:"遍历诸家门庭,毕志天界座下。……而杖人翻然去矣。余驰讣寿昌,会大师于药地,痛惬宿志,托孤在此矣,愿以事杖人者事之。……予小子,毕志于天界者,将毕志于此矣。"〔3〕

又,方中通《赠揭子宣》诗称:"世外逢高士,相依不问禅。叩钟曾受业(一见老父即拜为弟子),班草竟忘年(子宣年长于予)。好我同推步(后成《揭方问答》一书),知君独写天(子宣著有《写天新语》)。图成经纬合,绝学谁与传?(又有《经天纬地图》)"〔4〕可见,揭子宣在己亥方以智去梅川易堂时即拜为弟子,不久便追随至廪山不离,而身份则完全是俗家学人,相问的也多是天文物理等俗学。方中通来侍后,更得以相互问学。应该说,廪山时期,不仅是《药地炮庄》一书的成形期,也是方氏学派的形成期。

又,方中通《涂宜振、孔八桂、江五章、邓文始诸子过龙湖寺》:"双选还名社(时有双选社),追随奉我亲。岁寒堪共守,腊尽自回春。竟以尼山学,来传鹫岭神。祖庭新露柱,从此结比邻。"〔5〕祖庭新露柱当指廪山塔院之兴建。方以智《谢寿昌诸禅者》曾称:"药地愚者时在龙湖。"〔6〕同治《新城县志》卷二记龙湖寺:"在北郊龙潭上,元至正间建。"《冬灰录》有《龙湖不二社茶话》,文末署"廪山学人揭暄、涂景祚全录"。〔7〕可注意者,正

---

〔1〕《药地炮庄》修订本,第88页。
〔2〕《药地炮庄》修订本,第92页。
〔3〕《药地炮庄》修订本,第3页。
〔4〕 方中通:《陪集·陪诗》,见《清代诗文集汇编》,第133册,第88页。
〔5〕 方中通:《陪集·陪诗》,见《清代诗文集汇编》,第133册,第88—89页。
〔6〕《冬灰录》(外一种),第57页。
〔7〕《冬灰录》(外一种),第66页。

是"廪山学人"而不称"寿昌学人"。文中有子宣、五章、文始、东曦、宜振等诸子与方以智的问答,诸子均为当地有名的学人,并且五章、文始、宜振三人都参与了方中通所记龙湖"双选社"的集会。不二社,参《远祖塔院饭田记》:"莲池、博山,合一滴水,天界杖人尝举此为不二社。"[1]旨为禅净不二。而方中通诗中所称"双选社",同样为道盛所倡建,内涵则指儒佛双选。《天界觉浪盛禅师全录》附《杖门随集》有对"双选社"的多则开示。其《参悟宗旨之大端》言:"夫选佛选儒之举,古人从来如此结社。"[2]《冬灰录》也有《双选社传语》长文。[3]龙湖"不二社"与"双选社"或是一社两称而已。

又,《伯兄至自建昌》:"异乡兄弟集,古刹老亲开。"[4]方中德也来省亲,兄弟相聚,而廪山塔院应已建成。

四、四方启请说法

辛丑(1661)春,萧孟昉始交方以智,并成为方以智后十年生涯中最重要之人。[5]萧孟昉,即萧伯升,号春浮行者,萧士玮(萧伯玉)从子,泰和人,己未(1619)生,晚年因有诉讼缠身致卒于60岁后,即戊午(1678)冬之后不久。居春浮园,家富,藏书甚丰,后为方以智《药地炮庄》总论上、中及"闲翁曼衍"作校对,对方以智顺利完成《药地炮庄》的编撰与刻行有决定性的帮助。萧伯玉与方孔炤丙辰(1616)同籍(进士),与笑峰大然则壬戌(1622)同胪,又曾与吴应宾和觉浪道盛交,为佛教居士,翻刻过《大乘起信论》并作《起信论解》。

辛丑当年,据《冬灰录》载,方以智曾三度到泰和。

---

[1]《冬灰录》(外一种),第37页。
[2]《嘉兴藏》,第34册 No.B311,第799页。
[3]《冬灰录》(外一种),第68—71页。
[4]方中通:《陪集·陪诗》,《清代诗文集汇编》,第133册,第89页。
[5]甲辰(1664)方中通省亲汋林,有《文石篇》写道:"吉州之南西昌北,中有桃源堪偃息。特为萧君此间,顿令老父开胸臆。古寺新题一段云,主人好客真殷勤。"萧氏有陶庵,时请方以智休歇。彭士望有文亦称:"癸卯老人始至,顾而乐之。"(《树庐文钞·首山濯楼记》)

《西昌般若寺茶筵请示》称:"此般若寺,三十年前,不调禅师与伯玉长者合手创建。沤若耆宿同孟昉居士护守到今,……闲人步过春浮,正喜草深丈二。到此不觉春尽,拄杖又欲他游。苦留不获,因求曲示。"[1]光绪《泰和县志》卷一《形胜》称:"西昌旧称神仙窟宅。"又载彭士望游西平山(一称西阳山),称般若寺"即西阳宝藏寺之行刹也"。[2]乾隆《泰和县志》卷三十二有王愈扩《西阳山宝藏寺记》:"去邑百余里。"匡山(又称义山、王山、子瑶山)称阳山,为区别二山,故称此西平山为西阳山。于成龙《江西通志》卷七将西平山系于万安县。

又,四月八日,《浴佛日萧孟昉、小翩二居士为太常伯玉老居士冥诞请升座》。[3]萧小翩为萧孟昉之弟。

又,十二月初八(腊月初八),在泰和。《金莲山嵩月监院腊八请示》言:"去年在青原,一腊尝下雪。""金莲山为月舟禅师开山,萧老居士重建,孟昉、小翩护持。"[4]据《陶庵杂记》萧孟昉记,萧士瑀(次公)"生万历辛卯(1591),卒甲午(1654)于金莲山僧舍"。而方以智《陶庵杂记叙》又称:"次公为理家事,又搆陶庵居之。……西阳悼别。"[5]可以推论金莲山寺庵或许也在西阳山。

壬寅即康熙元年(1662),应涂万年(景祚)居士请,[6]方以智主廪山南谷寺法席。其《廪山南谷缘起》称:"此是廪山南谷,舟旋一涧环林麓,通玄顶上不自知,平田回首孤峰绿。今日涂万年居士请住安福,药地愚者特为指出面目。"[7]同治《新城县志·寺观》:"南谷寺:在县北十五里八都。南唐保大中建,旧名龙安院。宋治平间改安福院。明弘治间僧息庵迁居

---

[1]《冬灰录》(外一种),第79页。
[2] 乾隆十八年新镌《泰和县志》卷二十八载:般若寺,在县西鱼池巷内。
[3]《冬灰录》(外一种),第80—83页。
[4]《冬灰录》(外一种),第83—84页。
[5] 见《浮山文集》,第549页。
[6] 康熙十二年(1673)《新城县志》,由周天德纂修,涂景祚编次。
[7]《冬灰录》(外一种),第59—61页。

九都南谷,在县北二十五里。皇清顺治戊子(1648)毁。壬辰(1652)僧元谧同僧道信众建。康熙元年(1662)请禅师墨历主法席,改称南谷寺。有《望廪山》诗云:高卧山头不见山,别从南谷望云间。有时风扫青螺顶,一笔参天自破颜。"〔1〕在《冬灰录·南谷警众》中,方以智以"病夫"自称。〔2〕

壬寅(1662),方中通到金溪浒湾(又称许湾),有《壬寅同三弟省亲旴江,相遇于许湾》诗:"记录尽归门下去(时子宣钞《通雅》),禅宗唤醒世间多。……莫讶蒲团尘不染,萍踪随处是行窝。"〔3〕何三省的"《药地炮庄》序"约撰于壬寅(1662)。何氏系揭暄父友,又称"梦笔学者大崭",为道盛住持寿昌时所收俗家弟子。大崭壬寅(1662)募梓《通雅》,故此序应作于此时。

壬寅秋,方以智到临江樟树,与施闰章十年后重逢。庐山别后,施闰章于丙申至庚子(1656—1660)曾奉使督学山东,辛丑(1661)秋迁江西布政司参议,领湖西分守道,辖临江、吉州、袁州三府,道署临江府,而清江为府治。施闰章作《浮山吟,送药公入青原山(时为笑峰禅师扫塔)》怀旧:"浮山一片云,飞落苍梧间。忽值南风吹,旋归庐岳下。往还离迕讵无因,十年旧事休重陈。三生石上魂未断,长瓢来濯清江滨。"〔4〕

壬寅(1662)冬,彭举于庐陵(今吉安)建"浮来精舍"请方以智住持。〔5〕《彭曼夫孝廉舍其祖状头公宅为庵,施愚山大参题为浮来精舍,请药地愚者居之。进院日,诸山浮侣请小参》称:"正笑浮庐愚者且得息病

---

〔1〕 同治《新城县志》,第349页。
〔2〕 《冬灰录》(外一种),第61页。
〔3〕 方中通:《陪集·陪诗》,《清代诗文集汇编》,第133册,第89页。
〔4〕 《青原志略》,第255页。又见《施愚山集》(增订版),第二册,第352页。苍梧间,作苍梧野。"旋归庐岳下"后有自注:"药公家浮山,避地梧州华盖寺,值余奉使西粤,始同归,抵匡庐别。"华盖寺有误,应为云盖寺。
〔5〕 同治《庐陵县志》卷三二《处士·彭举》:"字曼夫。"彭举曾为方以智《药地炮庄》作后跋。

闲居,却劳云集相随。"〔1〕约于此年,为解释《药地炮庄》九卷的署名,方以智作"极丸学人说"。〔2〕

癸卯(1663)春,方以智至南昌。方中通《随侍老父至章门,登陈士业先生章贡读书楼》:"万卷书分架,双江水合流。昨宵随白发,刚到百花洲。"〔3〕百花洲在南昌,故章门非指赣州,而是指南昌的章江城门。陈士业即陈弘绪。又,王琪序方中通《数度衍》曰:"位白省亲旴江,侍杖履过章门,适余随家君宦游此地。两家父子相聚,……殆无虚日,实为一时盛事。……癸卯春……"

方中通有《癸卯(1663)自章门省亲樟树》诗称:"章门初买棹,我欲上萧滩。"〔4〕萧滩镇,即樟树所在清江县治。则方以智的庐陵"浮来精舍"似乎又是另一个门面摆设,至樟树与施闰章游才是常态。

方中通《熊见可、祝大詹、黄家卿欲留老父就此驻锡》诗中言及:"春浮有书至,伫立首山前(萧孟昉书至自首山)。"〔5〕熊见可、祝大詹、黄家卿均为清江人。春浮,指萧孟昉的泰和春浮园,"首山"在泰和。据光绪《泰和县志》卷三:"春浮园故址在县西门外,今所建千秋书屋后,所称杯山、陶湖诸景皆在。……园为明太常卿萧士玮所建。玮为一世伟人,所来往皆当世名德巨公,故其园亦称海内云。"

五、主泰和汋林,定稿《药地炮庄》

康熙二年即癸卯(1663)秋,应萧孟昉请,方以智主泰和法华庵。据萧士玮《陶庵杂记》卷三丁丑(1637)有记,"老法华,燕人也。……今行年七十二矣,参天童最久,自觉有得。昨从楚入西昌,求终老地。伯兄喜其能

---

〔1〕《冬灰录》(外一种),第85页。
〔2〕 考《浮山文集后编》卷二此文(见《浮山文集》,第388—389页)的编次,在《徐巨源榆墩集》序之后,而该序作于壬寅(1662)。
〔3〕 方中通:《陪集·陪诗》,见《清代诗文集汇编》,第133册,第89—90页。
〔4〕 方中通:《陪集·陪诗》,见《清代诗文集汇编》,第133册,第90页。
〔5〕 方中通:《陪集·陪诗》,见《清代诗文集汇编》,第133册,第90页。

持《法华》,遂留供焉"。此或法华庵之起源。

方丈新挂钟版,改名汈林,〔1〕直至甲辰(1664)冬赴青原,是为方以智的泰和时期,《药地炮庄》于此得以校订与完稿,并由萧孟昉捐资刻印,历时十余年。〔2〕《炮庄》分总论三卷和正文九卷。各卷写作时间有差异,并非一气呵成,前后跨三个时期:金陵闭关近三年(1653年春至1655年冬)、合(明)山庐墓近三年(1655年冬至1658年春)、江西禅游近七年(1658年春至1664年冬)。方中履《砚邻偶存序》道出个中因缘:"忆余初交萧子孟昉,岁在癸卯(1663)。孟昉家多藏书,有园林之胜。时侍先公,日从孟昉借书,得尽读未见书,并宋元诸写本。"〔3〕我们现在看成书的《药地炮庄》,其《总论上》集汉唐宋至今诸家论说,署名"墨历山樵集、春浮行者萧伯升孟昉较"。《总论中》摘录憨山"影响论"、鼓山"瘨言"一则、天界"提正"、"托孤论"以及黄林学者左锐所录与方以智的问答——"黄林合录",同样署名"墨历山樵集、春浮行者萧伯升孟昉较"。〔4〕《药地炮庄》正文九卷的眉批部分,于每卷卷首也均署名:"闲翁曼衍,春浮行者萧伯升

---

〔1〕《冬灰录》卷首四开篇是方以智《汈林禅堂上梁语》:"快逢冬暖时节,恰好露布汈林。"见《冬灰录》(外一种),第86页。
〔2〕 潭阳大集堂梓行之《药地炮庄》原刻本,书牌页署名"天界觉大师评,吴观我先生正"。天瑞堂补刻本则标明为"浮山此藏轩本",暗示此书为方以智作品,但两个本子都没有署名方以智。
〔3〕 方中履:《汗青阁文集·砚邻偶存序》。见方昌翰辑,彭君华校点:《桐城方氏七代遗书》,合肥:黄山书社,2019年,第603页。
〔4〕 墨历山樵指方以智。徐芳《愚者大师传》云:"入匡庐为五老,一寿昌为药地,或为墨历,有讹呼木立者。"可能是受此影响,有研究者以为"墨历"在江西,其实是在浮山。据《冬灰录》卷首二(收方以智庐墓时语录),有《墨历崖警示》和《墨历崖切问》。又考《浮山志》卷二有《报亲庵》文:"报亲庵在墨历、掌岩之西麓,旧名'在陆居',方廷尉鲁岳公之山庄云。天启甲子,珰焰正炽,公筮得'同人于野',因罢官归。自号野同翁,题在陆之中堂,曰'此藏轩'。后隐白鹿,以此授中丞仁植公。"可见,墨历崖就在方孔炤转授给方以智的"此藏轩"东面。方以智"墨历山樵"之号大致由此而来。

第五章 药地炮《庄》——方以智逃禅中期的行实

较。"〔1〕正是凭借春浮园丰富的藏书,萧孟昉等人才得以完成《药地炮庄》付刻前的订正工作。《药地炮庄》全书的完稿(除部分序跋外),应结束于方以智入主青原之前。甲辰(1664)冬,萧伯升出资请曾玉祥开始雕板。萧伯升撰"刻《炮庄》缘起"。同时,方以智本师余飏撰《炮庄序》,张自烈撰"阅《炮庄》与滕公剿语"。嗒然慈炳撰《炮庄》后跋。

《总论中·黄林合录》的眉批有"芝颖曰",〔2〕芝颖即兴化禅师,原为笑峰然的弟子,其跟随药地似乎也在汭林时期,《冬灰录》卷首四"汭林禅堂上梁语"记为"兴化录"。〔3〕可见《总论中》的眉批此时仍在进行。又《齐物论总炮》眉批有"唐豹岩以高念东之言,千里见访",〔4〕考唐豹岩访以智也是汭林时期。《人间世总炮》有滕槚语,表明滕槚也在此时从学。〔5〕

不仅如此,正是由于春浮园优越的物质生活保障,围绕《药地炮庄》的最终付梓,在泰和形成了庞大的"编校班底":在作跋的弟子和"学人"中,除彭举外,兴秉、兴翱、嗒然均出现在《冬灰录》第一册的前二卷,是时间为癸卯(1663)前廪山时期的追随者,加上揭子宣、中通、中履、滕槚以及左藏一、戴迩孝等,这十人对《药地炮庄》的编校贡献最大。如果说,方以智本人在《药地炮庄》中是又集又评(曼衍、杂抬),是总撰,则前期陈丹衷有订,后期萧孟昉有校,故陈、萧先后担任总编校。

《药地炮庄》九卷正文部分,每卷卷首均署名:"天界觉杖人评,极丸学人弘智集,三一斋老人正,涉江子陈丹衷订。"《总论上》和《总论中》应该完

---

〔1〕 《药地炮庄》文本结构(体例)复杂,撰述时间长,参与者众多。除对《庄子》九卷文本的评注外(其中评注文字与《庄子》原文篇幅相若),尚有《总论》三卷(与九卷文本的评注篇幅也相若),各卷的题署更出现评者、正者、集者、订者、编者、校者等众多的参与者。在正文之上,又有大量眉批(与九卷文本的评注篇幅相若)所署"曼衍"者、"杂抬"者系方以智本人。
〔2〕 《药地炮庄》修订本,第60页。
〔3〕 《冬灰录》(外一种),第86页。
〔4〕 《药地炮庄》修订本,第89页。
〔5〕 汭林时期,张自烈、余飏、施闰章等前来探访方以智,相与论学。余飏九月到汭林。《芦中全集》卷六有《别揭喧、滕槚二生序》,极称滕槚(参《方以智年谱》,第229页),张自烈也有与滕槚谈《炮庄》并留序。

成于竹关和庐墓时期,有眉批,但无署名,而《总论下》除七篇《总炮》外,还收入方以智投师道盛之前的庐山所作,〔1〕其眉批署名"平叟杂拈"。平叟(或许是变《易余》中虚拟人物"平公"而来)和闲翁(可能是泰和汋林时期的别号)应均为方以智托名,〔2〕所谓杂拈、曼衍,都是"别路拈提"的意思,以眉批的形式放在所评论文字上方的相应位置。"训词",夹在文本段落之中,用小一号字体加以区分。所集"诸家议论",汇列在《庄子》各卷卷首及相关段落之后,比庄子原文低一格。

道盛癸巳(1653)将自己的《庄子提正》和《庄子》全评托付给方以智后就没有再过问,直至己亥(1659)圆寂,道盛似乎没能看到方以智的《药地炮庄》,则道盛所评,评《庄子》九卷而已,非评《炮药地庄》,所以道盛的评语便放在了正文段落之后。《药地炮庄》九卷各卷卷首均出现"天界觉杖人评"。至于书牌页出现的"天界觉大师评",只是尊师之意,也因方以智是奉师命而编撰《药地炮庄》。其实当时流行的评语都是写在眉批上的,眉批位置的文字既是方以智的,表明方以智才是真正的"评者",或可说是"重评者"。

书牌页的"吴观我先生正"以及九卷各卷卷首出现的"三一斋老人正",当然更是"名义"上的。三一斋老人即吴观我(吴应宾),方以智外公。吴氏信奉林兆恩"三一教",卒后私谥为"宗一先生",又称"三一老人",所以,方以智把外公吴观我未刊行过的文稿统称为《三一斋稿》,〔3〕《三一斋稿》为方以智所保存,方以智拈出其中相关内容或大意编入《药地炮庄》

---

〔1〕《药地炮庄·总论下》署名"浮山愚者之子中德、通、履谨编"。"炮庄两书"("向子与郭子书"、"惠子与庄子书")系旧作编入,《总论下》的重心实为"药地总炮七论",其中《逍遥游总炮》记为"中德录",《齐物论总炮》记为"中通较",《养生主总炮》记为"中履较",《人间世总炮》、《德充符总炮》记为"戴逐孝较",《大宗师总炮》和《应帝王总炮》则由滕楫校。戴逐孝在庐墓和泰和时期都有出现,但滕楫似乎是泰和时期才加入方门。

〔2〕《易余》托当士、何生、平公三子作问答体。

〔3〕《流寓草》卷七《哭外祖吴观我先生》序:"子远舅氏载外祖观我先生遗集南来。"见《方以智全书》,第九册,第166页。

中。吴应宾卒于甲戌(1634),和道盛虽有一面之缘,[1]但道盛当时并无注《庄》。就《庄子提正》内容看,写于甲申(1644)后,约戊子(1648),故吴应宾生前不可能针对道盛所注《庄》而"正"之,对于三十年后才成书的《药地炮庄》,吴应宾更无法亲"正"。《药地炮庄》所引"三一老人"的话未必是吴应宾的原话,更大的可能是方以智自己的发挥,方以智服膺外公思想,以此表明自己的思想渊源而已。又因为吴应宾比道盛年长,则托外公之名来"正"(既有"显正"更可能是"回护"意)道盛对《庄子》的所评。弘庸题《药地炮庄》序称:"药地炮庄,合古今之评,以显杖人之正",说的也是此意。《药地炮庄》九卷中引有众多家对《庄子》一书及庄子思想的评注文字,特标出道盛和吴应宾,一是因为此书的撰写和成书系道盛所托,以智在此书中也全面继承师说,故只署师名而不署己名以显师承、以示尊敬;二是方以智作为《药地炮庄》的主持人,肩负旁采博征各家之言以"回护"和"显正"师说的使命,其中标举家学渊源实属必然,而吴应宾被选作代表,因其"宗一圆三"思想最为圆融,又长期与禅宗和佛教大师亲近,加之自己是得法佛门弟子,故托外公以回护师说,成为会通、传承其家学的最佳选择。[2]这样做,其实也符合《庄子》"重言"的手法。

---

[1] 丁卯(1627)博山和尚奔父丧,道盛相随,取道桐城,吴应宾参博山后,"愿厕弟子列"。

[2] 曾祖父方学渐(1540—1615)为一纯儒,著作除记录赴东林讲学的《东游记》外,还有《易蠡》、《性善绎》、《桐夷》、《迩训》、《桐川语》等,因方学渐曾受学于泰州学派的耿定理,《明儒学案》把他列入《泰州学案》。祖父方大镇(1561—1631),比吴应宾年长五岁。所著《易意》、《野同语》、《宁澹语》等,坚守儒学立场。和吴应宾经常相互问辩。各自立场虽一为儒一为佛,但并不妨碍他们结为亲家,这显然已经打破方氏家规:"古云三姑六婆,不得入家。"(转引自蒋国保:《方以智哲学思想研究》,合肥:安徽人民出版社,1987年,第8页。)不仅儿子方孔炤娶了信佛的吴令仪,女儿方维仪也笃信佛教,善画观音大士像。《象环寤记》的寓言中,赤老人即指祖父方大镇,代表儒教,缁老人则指外祖父吴应宾,代表佛教。父方孔炤(1591—1655),曾任湖广巡抚,最重要的著作为《周易时论》,一生三易其稿,在释《易》时,打破了三教九流的界限,已非死守儒家立场,与道盛和笑峰大然均有书信来往,对方以智的出家有同情的立场,而方氏祖训则是子孙不得为僧。《象环寤记》云:"不肖少读明善先生之训,子孙不得事苾刍。"见《易余》(外一种),第216页。按,明善先生指方以智曾祖方学渐;苾刍,即比丘。

《炮庄》九卷均为"极丸学人弘智集"。方以智有"极丸学人说"对自己这一别号有所解释。[1]弘智即方以智法名"大智"的另一种称谓。所谓"集"指《炮庄》书中"诸家议论"为方以智所集。《炮庄》中有多条《集》云"、《集》曰"不知所指，或为方以智本人以"集"者身份所作的评论？这种可能性最大。如说"孟子知言，在世教正用上说……此方真教体，清净在音闻。言者载道之器，利害极大"。[2]"其颡頯更奇，与前息以踵相照，犹文王系《艮》云艮其背，即继之以行其庭。"[3]"一画以前，万象历然；一画以后，万理寂然。寂历同时之家，惟在子孙善理其家事而已。"[4]这些也都是方以智著作中典型的语气。

正文九卷的订者为"涉江子陈丹衷"。陈丹衷（约1587—1665）居士，法名大中，和方以智同为道盛弟子。据《江南通志》卷一百二十三："陈丹衷，上元（南京）人。"又《江南通志》卷一百六十五："字旻昭，江宁人，崇祯癸未（1643）进士，少以孝闻。登第后，请缨自效，授御史，召募苗兵，未遂志卒。为文闳奥，自成一家。"《江宁府志》："为文闳奥，自成一家。诗原本《离骚》，出入少陵、长吉（引者注：指杜甫、李贺）。工书能画。"《摄山志》云其为"参博山无异老人，才华温丽，名理精深，博雅宏通，妙于谈论。后得法于觉浪禅师，益增莹砺，不涉尘缘，萧然事外。晚年以翰墨为佛事，尝于栖霞跪书《法华经》七卷，点画端楷，笔势巇耸，见者敬叹。"据智达刘日杲撰《博山和尚传》，己巳（1629），陈丹衷曾与余开府大成迎博山大师至金陵天界寺。丁丑（1637），方以智《流寓草》卷六有《听陈旻昭谈禅赋赠》，《膝寓信笔》也有多处提及陈旻昭，则方以智及第前在南京与陈旻昭交往颇密。清顺治五年（1648）修葺栖霞寺，陈旻昭与刘觉岸、邓元昭等参与其事，并请觉浪主持，旻昭入"杖门"或在此前后，为以智法兄。大中对《药地

---

[1]《浮山文集》，第388页。
[2]《药地炮庄》修订本，第121页。
[3]《药地炮庄》修订本，第201页。
[4]《药地炮庄》修订本，第370页。

炮庄》九卷实有代表杖门履行订正之责。观陈丹衷《药地炮庄》序作于戊戌(1658)正月,为《药地炮庄》最早的一篇序文,是否意味着《炮庄》九卷主体部分在此时已经完成?同年,陈丹衷也作有《青原笑和尚七十寿序》[1]。《天界觉浪盛禅师全录》卷三十又有《庄子提正》陈丹衷跋语,称"杖人癸巳又全标《庄子》以付竹关,奄忽十年,无可大师乃成《药地炮庄》"。[2]此处可注意者两点:一是陈丹衷此跋语约撰于癸卯(1663),表明陈丹衷当时尚在世;二是陈丹衷再提《药地炮庄》,似是继庚子(1660)方中通《陪诗》卷三后透露《药地炮庄》书名的第二人。[3]

《药地炮庄》一书从经史子集中征引了大量庄学相关资料,同时,方以智在与同时代人和身边的朋友、弟子相与论学中也把他们的庄学思想吸收进入《药地炮庄》。《药地炮庄》所征引的人物及其著作,大多具有遗民思想,其中不少著作后被《四库》列为禁毁书。这也表明,方以智所交接者不仅多为孤高不屈之士,即便是所交仕清者如施闰章、苗蕃等人,其作品同样在乾隆时被禁,说明他们和方以智均有性情或思想相契合处。从这意义上说,《药地炮庄》即是一大批具有明遗民倾向的学人共同参与编撰和讨论的产物,可谓集大成之作。而这似乎正是道盛抛出"托孤"公案所预见之收效。

六、方以智晚年的精神归宿——首山

方以智来到泰和,住持汸林的同时,便和"首山"发生了生命联系。癸卯(1663)十月二十六日,《亦庵中千师设茶筵请示》(亦庵后更称"首山

---

[1]《青原志略》,第121页。
[2]《嘉兴藏》,第34册 No. B311,第776页。
[3]《冬灰录》卷三有《为陈旻昭居士举扬》称:"皈依博山而事杖人,受天界印而事栖霞,……痛念杖人借庄托孤,乃与竹关约期炮集……长书论症,不觉嘘嘘。十载西江,为君了却。今日对灵举出,送慰孝子。"此文在《冬灰录》里编在《药树堂成挂钟版法语》之后,而据《青原志略》卷四孙晋《药树堂碑文》,药树堂建成在1666年十月,又此文在《冬灰录》里编在《十月二十六日师寿日请上堂》之前,考见陈丹衷约卒于丙午(1666)十月二十六日之前,又因前考癸卯(1663)陈尚在世,可见他卒于1663至1666年间。

庵"。《语录》卷二便改题为"首山茶筵示众")称:

> 大雪后,冬至前,阴极阳生,好个时节! 恰遇我青原诸法姪(《语录》改为侄),新起个烹雪堂过冬。又有亦庵中千师兄(《语录》作"首山中千监院")设茶,为病僧祝寿。[1]

亦庵即后来更名之首山庵,中千过汸林,萧孟昉当日也来汸林。《冬灰录》有《师诞日,萧居士入山普斋祝寿,请升座法语》。[2]

甲辰(1664)九月十一日,《母吴太恭人忌日烧香》云:"孤儿撞入天界毘卢阁,拈出四大性自复[3],了却金字华严。昨夜通儿忽到,……又定建报亲庵于观音岩前。"通儿指方中通。方中通有《甲辰省亲汸林》诗,诗称:"匡君修炼地,故迹尚依稀。庙貌新钟版,盘餐旧蕨薇。"[4]据《道光泰和县志》卷三《舆地山川》王山条:"在县东八十里,二都。晋永嘉中王子瑶隐此,因名王山。唐贞观初,又有匡智弃官,与侄修炼此。……山形类

---

[1]《冬灰录》(外一种),第89页。乾隆《泰和县志》卷二十八《人物志·仙释》:"僧中千,号贤公,邑人,受法于青原。居西昌之亦庵,为萧太常士玮所建,常置赈狱(役)义田。又编辑同时诗文为《首山偶集》,宁都魏禧序之。""僧中千,号贤公"或有误。中千为青原(指笑峰)弟子,号兴贤。《冬灰录》称师兄,或有误,又加之后来中千拜方以智为师,故编入《语录》有更正。据方中通《陪集·陪古》卷一称中千为中兄,并注:"中千,讳兴贤。"见《清代诗文集汇编》,第133册,第26页。笔者曾因此条疑汸林和首山庵在同一地。后知汸林在匡山,而首山庵在陶庵旁,离春浮园也不远,是以二者不仅不在一地,且相距甚远。余飏《芦中全集》卷六《游快阁记》可侧证:"游汸林之次日,西昌萧孟昉发软舆沓至,一路十余里入城。……造孟舫之庐。……次日,游春浮园,别有记,时九月念五日也。"转引自任道斌:《方以智年谱》,第230页。
[2]《冬灰录》(外一种),第90—93页。
[3] 石头希迁《参同契》(《景德传灯录》卷三十):"竺土大仙心,东西密相付。人根有利钝,道无南北祖。灵源明皎洁,枝派暗流注。执事元是迷,契理亦非悟。门门一切境,回互不回互。回而更相涉,不尔依位住。色本殊质象,声元异乐苦。暗合上中言,明明清浊句。四大性自复,如子得其母。火热风动摇,水湿地坚固。眼色耳音声,鼻香舌咸醋。然依一一法,依根叶分布。本末须归宗,尊卑用其语。当明中有暗,勿以暗相遇。当暗中有明,勿以明相睹。明暗各相对,比如前后步。万物自有功,当言用及处。事存函盖合,理应箭锋拄。承言须会宗,勿自立规矩。触目不会道,运足焉知路。进步非近远,迷隔山河固。谨白参玄人,光阴莫虚度。"
[4] 方中通:《陪集·陪诗》,见《清代诗文集汇编》,第133册,第91页。

卓笔,旧名义山,一名匡山。自兴国大窑岭发脉,峻立峭拔,如笔架,旁耸一峰,尤尖利,秀出云表。"〔1〕又据《明史》志第十九、地理四:"洪武二年正月改为泰和县。东有王山,亦名匡山。"结合方中通诗,"匡君修炼地"当指匡山,"庙貌新钟版"则确指方以智住持之泞林,故泞林即在匡山(王山)。〔2〕

亦庵,笑峰、方以智等人称之为"首山庵",需联系陶庵来确定。乾隆十八年新镌《泰和县志》卷二十八杂记寺庙:"首山庵,在西一图,明太常寺卿萧士玮静室。从子伯升开为禅林,开堂接众,称邑名刹。西有陶庵,建大悲阁。"〔3〕魏禧《首山偶集序》称:"亦庵中公集其首山之文若诗,将授梓人,请叙于予。予往自翠微山来候药地老人,留亦庵信宿,坐陶庵之濯楼。二庵相去不数十武,……青原笑公尝游而叹曰:西昌诸山,此其首乎?于是人竞称首山,而药地又自青原退居于此,四方来者益众。中公集其诗文,意将欲以文传其地耶。"〔4〕笑公指笑峰大然,与萧士玮同胪,故住持青原净居寺时常和萧家来往。但"西昌诸山,此其首乎?"一说误人太深,一般以为是指山之高大言。〔5〕陶庵可联系陶湖来考察。光绪《泰和县志》载王愈扩有《游陶湖记》全文,但存本字迹模糊不清。光绪《吉安府志》卷三《地理志》有转述:"陶湖,去城里许。国朝王愈扩《记》云,陶湖,萧氏别业也。以围绕陶庵,故曰陶湖。药公谓此曲而潆者,以幽胜,非若湖之

---

〔1〕 萧士玮的记叙却省略匡君,将两个故事合而为一,其《春浮园偶录》记辛未(1631)四月二十一日:"望子瑶山色,顷刻百变,盖风烟云岚出入不定也。王子瑶初修炼于匡庐,久之丹不成,嫌其为阴山,遂徙而家于此,故山一名王山,一名阳山。"

〔2〕 到民国《吉安县志》卷二,已称紫瑶山至今,今在泰和县苑前镇,有王山村。

〔3〕 顾炎武《日知录》引《萧山县志》曰:"改乡为都,改里为图,自元始。"

〔4〕 《魏叔子文集》,上册,第423页。乾隆《泰和县志》卷二十三"人物流寓"列魏禧:"又至首山,留亦庵,信宿,坐陶庵之濯楼。(首山偶集)"同列张自烈:"访僧药地,及快阁、春浮之游,信宿亦庵。(首山偶集)"

〔5〕 于成龙《江西通志》言泰和形胜是:"匡山蟠曳,武姥雄驰,渊潭澄停,岗陇逶蛇。"笔者长期受此说之误导,在泰和名山如匡山或武山中寻找,加之亦庵之中千贤公来泞林请茶筵,结合方中通的诗,想象泞林以为是必与亦庵为邻,故将亦庵即首山庵系之匡山或王山!其实泞林与亦庵应相去八十里,且一在东北,一在西南。

以旷荡称也。改曰曲浒。"〔1〕萧士玮《春浮园偶录》记辛未(1631)四月十三:"雨新涨……放船纵游……陶庵亭立水面,萧斋及旃檀林俱可过艇。"萧士瑀著有《陶庵杂记》,李元鼎《陶庵杂记》叙:"若记称陶庵,则次公婆娑偃息论述之所,刘晋卿所谓兄弟共为园者是也。址亦在春浮侧。"

李元鼎称陶庵址在春浮园侧(春浮园则在县西门外)。陶湖,去城里许,而陶庵在湖中。可见首山就在城之周边,而城之周边并无大山。彭士望《耻躬堂文钞·首山濯楼记》称:

> 首山亦庵,中千公即陶庵之旧为大悲阁,阁旁为楼,以居其本师墨历老人。老人安之,名曰濯楼。名退寝之室曰卧听,为诗纪之,以沧浪自况。楼下环陶湖曲浒,老人常编木筏,月夜偕客游咏其中,咸有记。先启、祯间,萧次公为陶庵,杂莳林木,引水灌湖,周回数里,与其兄伯玉先生春浮相望。乙酉乱作,残于兵。丙戌,始迎中公居之,草创为亦庵。未几次公殁,诸子孟昉与其弟小翮继先志,护中公构缮,庵日以大。癸卯老人始至,顾而乐之。时方主青原,不能分席。中公特为斯楼为老人归休之地。
>
> 老人既退院,归亦庵。辛亥春,已诹日移居濯楼。前三日,难作。冬十月,老人野死万安。是腊,予哭老人于亦庵影堂中。中公方笃疾几殆,为强起肃揖,盛蔬供,拱手向予曰:"先师称公灌吾耳,不图今始得见。予病甚,敢以濯楼记累公。今生见之,先师不死矣。"〔2〕

无论方以智为自己打算终老之所题作濯楼,还是彭士望指出方以智

---

〔1〕 定祥修光绪元年刊本,收入《中国方志丛书·华中地方》第251号之《江西省吉安府志》,台北:成文出版社,1975年,第134页。

〔2〕 彭士望:《耻躬堂文钞十卷诗钞六卷》,清咸丰二年刻本,载《四库禁毁书丛刊》,集部第52册,第146页。

第五章 药地炮《庄》——方以智逃禅中期的行实

以沧浪自况,均指向收于《楚辞》之《渔父》:"渔父莞尔而笑,鼓枻而去,乃歌曰:'沧浪之水清兮,可以濯吾缨;沧浪之水浊兮,可以濯吾足。'遂去,不复与言。"〔1〕《药地炮庄·大宗师》方以智曼衍道:"濯缨濯足还渔父,一笑沧浪去不言。庄子亦化一渔父身,画出精诚之至,即是素逝息影。有见其莞尔而笑,鼓枻而去者耶?"〔2〕可以说,这是方以智以屈原、庄子为楷模,欲终生坚守遗民、隐逸志节和操守之举。《药地炮庄·让王》载伯夷、叔齐"二子北至于首阳之山,遂饿而死焉"。方以智"闲翁曼衍"云:

  王介甫、魏了翁,皆辨夷、齐无扣马谏事,无饿死首阳事。据孔子二语,皆表其让国也。饿于首阳,字法也。说家浚而状之,子长拾之。愚者曰:何必以后世之爱惜其死,以爱惜古人之死耶?留作凉药,有何不可?〔3〕

此处可见,方以智对于伯夷、叔齐选择死节是表示赞赏的。这或许为方以智后来选择自沉惶恐滩埋下了人生伏笔。

方以智《首山庵记》〔4〕写道:

  西昌西郊,自春浮以南,列刹钟磬相闻,皆萧太常金玉所扶植者。次公多居陶庵,每月朔望,集通邑长者作放生会。而亦庵比邻,在般若旃檀香界长者园之中。陶庵、亦庵,皆崟阳郑公署书。庵忽经劫火,而殿堂诸寮,鼎新翼翼,接众安禅,数十年如一日,远近差肩,望亦庵为诸山之首,则中千贤公与其徒胼胝一行所致者也。孟昉、小翩,衍经结集,施义田、振園土,每从亦庵首事。近以陶庵归之,曲泞乔

---

〔1〕 渔父所歌"沧浪之水",又见于《孟子·离娄》:"有孺子歌曰:'沧浪之水清兮,可以濯我缨;沧浪之水浊兮,可以濯我足。'"
〔2〕 《药地炮庄》修订本,第202页。
〔3〕 《药地炮庄》修订本,第431页。
〔4〕 宋瑛等修,彭启瑞等纂:《同治重修泰和县志》卷三十,台北:成文出版社,1989年。

荫,周回数里,赠网不施,鱼鸟咸适。中千又建大悲阁,簃连濯楼。一方檀信,岁倡此地建法华会,海内高人达士,乐此宝所,题为首山,良有以乎!汾阳之道,续于首山念《法华》。夫所谓首山者,中条也。元有孤云尊者,临溪作了了庵,亦以双柏当门,首山起兴。[1]

方以智的文章终于将所谓"首山"解密:诸山指的是列刹,佛教寺庙的代称,在西昌(泰和)众多功德林[2]中,亦庵接众安禅,数十年如一日。加之泰和首富、大檀护萧氏兄弟衍经结集,施义田,振圜土,每从亦庵首事,故望亦庵为诸山之首。又于亦庵建法华会,"海内高人达士,乐此宝所,题为首山,良有以乎!"方以智还进一步说:"汾阳之道,续于首山念《法华》。夫所谓首山者,中条也。"在历史上,首山乃首阳山或雷首山简称,在今山西省永济市南,相传伯夷、叔齐于此山采薇隐居。[3] 又据顾祖禹《读史方舆纪要·山西·雷首山》:"一名中条山,在平阳府蒲州东南十五里,首起蒲州,尾接太行,南跨芮城、平陆,北连解州、安邑及临晋、夏县、闻喜之境,……延长数百里,随州郡而异名,一名中条山,一名首阳山,又有蒲山、历山、薄山、襄山、甘枣山、渠猪山、独头山、陑山、吴山之名。"[4]由此看来,方以智又把泰和"首山"比作伯夷、叔齐隐居的中条山。这同样是赋予了首山以首阳山的遗民志节和操守。至于"元有孤云尊者,临溪作了了庵,亦以双柏当门",则是指出首山曾有了了庵,最早出现在元代。

---

[1]《浮山文集》,第543页。
[2] 本梵语,意指功能福德,亦谓行善所获之果报。
[3]《诗·唐风·采苓》:"采苓采苓,首阳之巅。"《论语·季氏》:"伯夷、叔齐饿于首阳之下,民到于今称之。"
[4] 1928年安阳殷墟发掘后,关于夏文化和夏墟,考古学界提出二里头遗址说。又据唐晓峰《新订人文地理随笔》称:"我们在考古学文化面貌上看到代表夏朝的'二里头文化'是地兼中条山的两面。另外,历史文献中称中条山以北有'夏墟',中条山南面偏东的一带是'有夏之居'。看来夏朝的地域,确实是跨越中条山南北的。今天我们地理学强调的一个思考主题是'人地关系',那么夏族与中条山的'人山关系'应当有一番独特的内容。"(北京:生活·读书·新知三联书店,2018年,第51页。)

第六章
《药地炮庄》——方以智逃禅中期的禅学

甲申(1644)国变后,出现了一个以明遗民自守的精英群体,他们在"孤(苦零丁)"的呻吟中难以自解,身心困顿。觉浪道盛的《庄子提正》,针对明遗民生存处境,借用"赵氏孤儿"的典故,抛出庄子乃孔门真骨血的"托孤"说,加以理论包装,又进而联系宗门实际,向方以智"双选(指儒佛)托孤"。其目标对准的就是以"天地之元气"自誉的明遗民群体,所谓"于刀兵水火中求大伤心人"乃是要网罗明遗民,以曹洞宗的山水道场安顿他们的身心,为汉文化的薪火相传存续精英。实际情况也正是这样。明遗民们(大多是饱学之士)对孤的体验已成为其压倒一切的共同生存处境,对"孤"的述说也因此成为明末清初最能引起明遗民注意的共同话题。觉浪道盛"托孤"说出笼后,遗民们果然心领神会,庄学成为他们自我精神治疗最好的资源,而道盛周围一时龙象云集。方以智编撰《药地炮庄》,虽是对宗门方略的实施,但有从孤臣穷子到天地之孤的理论升华,更进一步求得了"大伤心人"的认同与共鸣。此后禅游江右,撰成《药地炮庄》,弘道青原,便都是方以智实践乃师宏愿的具体行为,而方以智的人生价值也充分实现于这以出世的身份做疗病救人的入世事业。众多明遗民的参与及其庄学思想被征引入《药地炮庄》中，使《药地炮庄》具有集成明遗民庄学的性质，《炮庄》也成为他们人格、文化认同和自我精神治疗的"圣典"，这体现了道盛的"托孤"方略。《药地炮庄》征引人数近百，并且他们的著述十之八九在乾隆时都遭到了毁禁，许多著作因此佚失，《炮庄》这一解庄之书成为禁书的汇览，许多明遗民的思想赖此流传下来，这不仅在庄学史上空前绝后，在出版史上也属罕见。

生死、出处、进退等问题始终是最需要人生智慧来面对的，深陷因保守气节而不得仕清和用世困境的明遗民们，用他们的生存智慧，浇灌出《药地炮庄》这样的阆苑仙葩，穿越历史时空，今天成为人类共同的宝贵精神财富，使作为一种生活方式的庄学成为可能，是后世一切高尚气节者、不愿与浊世同流合污者、急流勇退者的智慧宝典。

方以智的学术志业是以会通为集大成，他所谓的集大成，最主要的方法论就是会通，他致力于会通儒、释、道三教和庄、禅、易三学，在晚明三教会通思潮中可谓特立独行。论儒家，他对《四书》随手征引，而六经中尤深于《大易》（象数易）。论佛家，他对华严、净土等虽有涉略，而终归于以《易》说禅的曹洞宗门；论道家，他对庄子情有独钟，终生谈庄不绝。他以象数易为会通之枢纽，所谓"极深研几，因象数而会通之"。[1] 会通，如同一条红线，贯穿于《易余》《东西均》以及他所编撰的《药地炮庄》（而"炮庄二书"和"黄林合录"则最为简明）。

第一节　不坏世法——以儒说禅

《药地炮庄·黄林合录》有方以智与左锐问答：

---

[1] 方以智：《通雅·文章薪火》，见《方以智全书》，第四册，第84页。

或曰：佛于人伦政事何略耶？曰：天竺外明，为治世资生象数声明之学；内明，则身心性命之理也。悯人世贪欲为生死，故说离欲出苦之药。《法华》曰：是法住法位，世间相常住。原不坏伦伦物物也。内外本合，有时分言，以专而后通耳。〔1〕

方以智这样一种观点是《东西均》的延续。张自烈《阅炮庄与滕公剡语》云："余溯江千里访宓山愚者于汋林，适阅《炮庄》，谓公剡曰：寓言十九，综百家，贯《六经》，《周易》外传也。试合潜夫先生《时论》求之，道在是矣。"〔2〕《庄子》书本就是"寓言十九"，在张自烈看来，方以智《药地炮庄》也同样如此。综百家，禅语佛理更多，但"贯《六经》，《周易》外传也"。萧孟昉《刻炮庄缘起》指出："杖人感世出世之流弊，而借庄以弥缝之。"《药地炮庄》也同样是借庄以弥缝世出世，会通儒禅。正如慈炳《炮庄后跋》所称："嗟夫！漆园之经正矣，药地之心苦矣，谁其服之？又谁其信之？此书一出，九转丹出，蜕化生死，下药上药，疗尽世间瘨瘟，又何拘于方之内方之外乎？神而明之，存乎其人。"此正"所谓空药医世病，妙药医空病者，岐伯用毒药，衰其半而止，调其饮食而已矣"。〔3〕以禅为空药，以儒为妙药，则大医王无非对症下药，以空药医世病，以妙药救空病，禅儒互救，弥缝世出世。

《总论中·黄林合录》又记方以智语云：

远公曰：如来与周、孔，发致虽殊，所归一也。……大慧与张太尉曰：佛不坏世间相而谈实相。……愚谓三教虽异，而道归一致。此万古不易之义。然虽如是，无智人前莫说，打你头破额裂。莲池尝言佛

---

〔1〕《药地炮庄》修订本，第54页。
〔2〕《药地炮庄》修订本，第2页。
〔3〕《药地炮庄》修订本，第47页。

道人伦兼尽,其《答王忠铭》曰:喜怒哀乐之未发,静时中也。发而皆中节,动时中也。故曰随时中也。……此中三教至理,无不贯彻。今欲即儒即释,即俗即真,只须向这里具一只眼。〔1〕

此即方以智的"三教道一"论,主张即儒即释,即俗即真。其眉批更举:

李端愿问金山观曰:死后心归何所?观曰:未知生,焉知死?李曰:生则某已知之。观曰:生从何来?李罔措。观揕其胸曰:更拟思量甚么?李曰:会也。曰:如何会?曰:只知贪程,不觉蹉过。笑曰:既会了,还有世出世否?〔2〕

此为以儒说禅,即儒即释,即俗即真之典型说法。与此同时,方以智也痛批晚明的狂禅、狂儒之风。《总论中·黄林合录》引管东溟语云:"所痛疾力挽者,则在狂、伪二端。今日当拒者不在杨墨,而在伪儒之乱真儒;当辟者不在佛老,而在狂儒之滥狂禅。"〔3〕又引袁石公语云:"近代阳明以儒而滥禅,既则豁渠诸人以禅而滥儒。禅者见诸儒汩没世情之中,以为不碍,而禅遂为拨因果之禅。儒者借禅家一切圆融之见,以为发前贤所未发,而儒遂为无忌惮之儒。"〔4〕

在《人间世》篇首,方以智评论道:

虚舟曰:人间世将有天间世耶?将有不落天人间之世耶?《华严法界品》、《化书》别构一天地,祇溢言耶?法界量灭,乃可语禅。无禅

---

〔1〕《药地炮庄》修订本,第55页。
〔2〕《药地炮庄》修订本,第57页。
〔3〕《药地炮庄》修订本,第65页。
〔4〕《药地炮庄》修订本,第66页。

可语,止有一实。正因、了因,藏于缘因,何世可出乎? 因物付物,随分自尽而已。然非穷尽,安能不惑?〔1〕

正因、了因,藏于缘因,以此来圆融世(人)间法和出世(天)间法,则人天之道尽矣。

《庄子·人间世》借孔子之口提出"大戒"说,此可视为庄子"借儒(孔)说庄"法:

> 天下有大戒二:其一,命也;其一,义也。子之爱亲,命也,不可解于心;臣之事君,义也,无适而非君也,无所逃于天地之间。是之谓大戒。是以夫事其亲者,不择地而安之,孝之至也;夫事其君者,不择事而安之,忠之盛也。自事其心者,哀乐不易施乎前,知其不可奈何而安之若命,德之至也。为人臣子者,固有所不得已。行事之情而忘其身,何暇至于悦生而恶死!〔2〕

方以智评曰:"云岩《宝镜三昧》,以臣奉其君、子顺其父为宗旨。曾知自事其心,与行事忘身之为自性戒耶?"〔3〕《宝镜三昧》以儒说禅,方以智特地指出庄子早已"借儒说禅"。曹洞宗有借五位君臣之喻发明偏正明暗之宗旨,可以说,以儒说禅本就是曹洞宗派的看家法宝。

《庄子·人间世》又云:"匠石觉而诊其梦。弟子曰:'趣取无用,则为社何邪?'曰:'密! 若无言! 彼亦直寄焉!'"〔4〕方以智的评论是:"或问:孔子比庄子何如? 曰:若人识得《涅槃经》菩萨的心,方许见得孔子。笑翁

---

〔1〕《药地炮庄》修订本,第157—158页。
〔2〕《药地炮庄》修订本,第166页。
〔3〕《药地炮庄》修订本,第167页。
〔4〕《药地炮庄》修订本,第173页。

曰:彼亦直寄焉!"〔1〕

《庄子·人间世》支离疏段,"闲翁曼衍"引卓左车曰:"尼山环辙,能仁转轮,正是千古热肠。故有如许栖皇赴汤蹈火之态。"〔2〕

《庄子·德充符》首段"鲁有兀者王骀",方以智引道盛语评论道:"此庄子拈出孔子之法身,而形容其化身。所谓中鲁国者谁乎?将引天下而从之者谁乎?"〔3〕

《庄子·应帝王》末段,方以智引虚舟语评论道:"能出世,乃能入世;能入世,乃真出世。此无身有事之双化也。"〔4〕

《庄子·天道》篇有"世之所贵道者,书也"一段,方以智"闲翁曼衍"曰:"僧问:一切诸佛及阿耨多罗三藐三菩提皆从此经出,且道如何是此经? 寿昌经曰:学而第一。"〔5〕

《庄子·天运》篇孔子见老聃而语仁义段,"闲翁曼衍"云:"庄子以渊藻菁峭之文,换人眼睛,此巧于眯人者也。朱子以万世茶饭注解,塞杀天下聪明好奇之眼,此法更奇。一庵曰:庄子到是声闻禅,朱子却是真祖师禅。"〔6〕

《庄子·庚桑楚》篇末云:"有为也欲当,则缘于不得已。不得已之类,圣人之道。""闲翁曼衍"曰:"圣人以庸为笼,佛以空为笼,五宗以疑为笼。仔细看来,人自笼人,本不得已。"〔7〕

后来方中通在青原随侍,方以智特地指出:"尼山、鹫岭已同时。"尼山指儒学,鹫岭指禅佛教。"祖关穿圣域,钟声敲出铎声。"青原山有"祖关"

---

〔1〕《药地炮庄》修订本,第174页。
〔2〕《药地炮庄》修订本,第176页。
〔3〕《药地炮庄》修订本,第180页。
〔4〕《药地炮庄》修订本,第237页。
〔5〕《药地炮庄》修订本,第297页。
〔6〕《药地炮庄》修订本,第305页。
〔7〕《药地炮庄》修订本,第382页。

题字。"冬炼三时传旧火,天留一磬击新声。"〔1〕方中通《青原愚者智禅师语录》将方以智与孔子相比,称:

> 孔子集尧舜禹汤文周之大成,药地老人集诸佛祖师之大成,时也,非人也。……老人本传尧舜禹汤文周之道,转而集诸佛祖师之大成,而尧舜禹汤文周之道寓其中,时也,非人也。教以时起,道以时行,何莫非异类中行乎?何莫非因法救法乎?何莫非乘午会叶兼中乎?〔2〕

对于方以智的禅法和集大成的思想特色,方中通则同时指出其托孤的使命:

> 老人之时乘也,以无我为过关,以不自欺为薪火,合尼山孔子正示、鹫岭禅佛教大过、漆园庄子旁击而一之,明乎公因反因,正知遍知,证此五位天然秩序、寂历同时之大符。所谓透过向上,打杀向上,同患尽分,决于中节,然后知医王集大成而后能应病予药也。……谓老人为杖人托孤,即为诸佛祖师托孤,即为尧舜禹汤文周托孤,实为孔子托孤也。〔3〕

第二节 开示终南华——借《庄》说禅与以禅解《庄》

庄禅相通、庄禅一致,前人论述颇多。方以智《药地炮庄·总论上》

---

〔1〕《冬灰录》(外一种),第178页。
〔2〕《冬灰录》(外一种),第353页。
〔3〕《冬灰录》(外一种),第354页。

云:"湘洲、二袁,皆以佛法谈《庄》。"[1]李腾芳有《说庄》,袁石公有《广庄》,袁小修有《导庄》,晚明士林借《庄》说禅、以禅解《庄》者比比皆是。

一、庄为禅之先机

方以智在《一贯问答·以明》中曾说:"愚谓《庄子》者,……禅之先机也。"[2]

《药地炮庄·总论中》引憨山德清著名的《观老庄影响论》曰:

> 姚秦时,鸠摩罗什译经,有生、肇、融、叡为徒。肇善老、庄,远公引《庄》破难,支公注《庄》,与人接机,故世以庄子为禅。圭峰以庄宗虚无自然,便属外道。《宗镜》亦辟之。清凉疏《华严》,亦引《老》、《庄》,曰取其文不取其意。有从余海上问及《庄子》者,因而叹曰:学佛而不通百氏,不但不知世法,而亦不知佛法。解《庄》而谓尽佛经,不但不知佛意,而亦不知庄意。余故曰:不知《春秋》,不能经世;不知老、庄,不能忘世;不参禅,不能出世。[3]

德清这段话里引了僧肇、庐山慧远、支道林、圭峰宗密、永明延寿及澄观等六位著名高僧而同时对老庄学又有很高造诣者,其中后三位对老庄批评稍多,以为庄禅有同也有异。方以智《药地炮庄·总论中》引鼓山永觉元贤论庄禅异同:

> 或问:《庚桑子》篇是禅,然乎?曰:宋儒之禅也。夫道超有无,离于四句,则虚无者非道也,乃其境也。彼欲习虚无以合于道,而虚无翻为窠臼矣。道无有自,云何有然?随缘而然,然而非自,则言自然

---

[1]《药地炮庄》修订本,第 37 页。
[2]《东西均注释》(外一种),第 501 页。
[3]《药地炮庄》修订本,第 44 页。

者,非道也,乃其机也。彼欲习自然以合于道,而自然翻为桎梏矣,此庄生所以为外学也。道不以有心取,不以无心合,要在圆悟一心。悟此一心,则主宰在神机之先,不必言顺其自然也;运用在有无之表,不必言返于虚无也。〔1〕

元贤之论即以为庄不如禅。德清则采取庄禅(儒道佛三教)互补共存的立场:"不知《春秋》,不能经世;不知老、庄,不能忘世;不参禅,不能出世。"德清又言:

> 当群雄吞噬,举世颠瞑,处士横议,得孟氏起而大辟之。又得庄子崛起,糠秕尘世,解脱物累,高风兴起,始不受轩冕桎梏。超世之量,济世之功,均也。盖用功由静定而入,文字从三昧而出。后以一曲之见而窥其大,以浊乱之心而读其书,芒然不知所归趣,宜乎惊怖不入矣。具无碍辩,游戏广大,真破执之前矛乎!〔2〕

这是将庄子学说在处士横议、物欲横流时代的脱出,类比于禅佛教对诸外道执空执有的破斥。大别《炮庄发凡》亦称:"战国急功利,而附会仁义之名。其胶礼迹者迂腐,生当世之厌。漆园愤激而以超旷化之,谁得其解乎?"〔3〕方以智又引迁庵语为庄子辩护:

> 声闻以下,庄子服否? 憨山谓其精入空定,庄子服否? 庄子曰:议之所止,极物而已。中道成章,君臣道合,是岂声闻比丘弃天伦者乎? 是岂入空定者视一切为泡电者乎? 庄子游世不僻,是战国之远

---

〔1〕《药地炮庄》修订本,第48页。
〔2〕《药地炮庄》修订本,第45页。
〔3〕《药地炮庄》修订本,第9页。

害涣血者。语多遗放，欲醒贤智之过，归于中和。而深忧日出多伪，则庄且豫救禅病矣。今之禅悟者，无非庄也，将以扫庄而自扫耶？宋末有智缘，以僧行医。尝曰：世法今成《局方》矣。《庄子》，犹麻黄汤也。别传，承气汤也。所谓空药医世病，妙药医空病者，岐伯用毒药，衰其半而止，调其饮食而已矣。此《中庸》所以叹知味也。[1]

远害涣血，出《涣》卦"象曰涣其血远害也"。世法，指儒家。别传，指教外别传的禅宗。《局方》本指宋太医局所定之药方，后亦泛称一般通用的方剂。麻黄汤，主治外感风寒表寒证。承气汤，泻下，去脏毒。方以智《药地炮庄·总论中》引刘辰翁评《世说新语·文学》篇一则乐令广的故事："客问不至之旨于乐令广，令直以麈尾柄确几曰：至否？客曰：至。令又举麈尾曰：若至者，那得去？"刘的评语即是："此禅在达磨前。"[2]前引迂庵所云："深忧日出多伪，则庄且豫救禅病矣。今之禅悟者，无非庄也。"则以禅尽归庄，不必另言禅。

方以智业师石塘子也言："庄禅，出世之圆机也。""人知庄为佛之破执前矛，曾知庄为云门棒佛之先几乎？"[3]道盛在《庄子提正》中直接赞叹："噫，吾于是独惜庄子未见吾宗，而又独奇庄子之绝似吾宗。"[4]《药地炮庄·天运》庄子答商大宰荡问仁段，方以智引道盛评语云："惜乎此老生于禅宗佛法之前，使生于宗教之后，则又何让马祖、石头之机用哉！"[5]

二、庄是儒宗别传

就历史上各种庄禅一致论而言，道盛、方以智师徒提出的"托孤说"最为奇特。大别《炮庄发凡》称："就世目而言，儒非老、庄，而庄又与老别。

---

[1]《药地炮庄》修订本，第47页。
[2]《药地炮庄》修订本，第46页。
[3]《药地炮庄》修订本，第60页。
[4]《嘉兴藏》，第34册No.B311，第768—69页。
[5]《药地炮庄》修订本，第299页。

禅以庄宗虚无自然为外道。若然,庄在三教外乎?藏身别路,化归中和,谁信及此?杖人故发托孤之论。"道盛正庄为尧孔之真孤,其最重要的理论论证即"庄是儒宗别传"说,系化"禅是佛教别传"而出,这当然不是历史考证,而纯粹是将庄禅在思想功能上作类比,堪称"庄禅一致论"的终极版和终结版,貌似偏激却包容性极强,林林总总的各种庄禅关系说都可纳入这一框架。道盛《庄子提正》云:"予读其所著《南华》,实儒者之宗门,犹教外之别传也。……自谓天下沉浊,不可与庄语,故为此无端崖之辞以移之,使天下疑怪以自得之。"[1]庄子化迹归宗(神)的手眼便是"天下沉浊,不可与庄语",其汪洋恣肆的文风正如同"教外别传"的禅法一般无二。此固然是从"别传"立论,而何以归儒宗?道盛又有《正庄为尧孔真孤》之论:

> 予读《庄子》,乃深知为儒宗别传。夫既为儒宗矣,何又欲别传之乎?盖庄子有若深痛此内圣外王之道,至战国,儒者不知有尧孔之宗,惟名相功利是求……而此嫡血之正脉,孤而不存天下,万世下有为内圣外王之道者,无所宗承,庄生于是有托孤之惧矣,故托寓言于内外杂篇之中,上自羲黄,下及诸子,以荒唐自恣之说,错综其天人精微之密,而存宗脉于内七篇,以大宗师归孔颜,以应帝王归尧舜。应帝王之学,即大宗师之道也,此庄生所立言之真孤,虽天地覆坠不能昧灭也。[2]

"夫既为儒宗矣"其实并没有展开论证,而"以大宗师归孔颜,以应帝王归尧舜"进而言庄为尧孔之真孤,固属牵强。真正勉强支撑庄为"儒宗别传"论的,是道盛另外提出的"六经辅翼说":

---

[1]《嘉兴藏》,第34册 No. B311,第768页。
[2]《嘉兴藏》,第34册 No. B311,第769页。

或谓庄子之书可以独行于天下古今也乎？曰：不可。庄生所著，虽为《六经》之外，别行一书，而实必须辅《六经》，始能行其神化之旨也。使天下无《六经》，则庄子不作此书，而将为《六经》矣。老聃云："正以治国，奇以用兵。"夫《六经》，皆准天地人物之正，是天地人伦不易之常法，虽稍有变，皆不敢稍违其正。此《庄子》如兵书，虽正奇互用，而法多主于奇，如兵之不得已而用也。使天下绝无《六经》，独行庄子之言，则自相矛盾、自相成毁、自相破立者不一，安得如《六经》之前后、本末、始终、大小，不敢一毫虚设，不敢一毫参差，不敢一毫违逆，不敢一毫假借也哉？……然则以宗门教外别传比，何也？曰：此亦借之以比类，使人易于发明也。即吾宗亦有不可以独行者。……噫，吾于是独惜庄子未见吾宗，而又独奇庄子之绝似吾宗。[1]

方以智早年曾认可："胸中先有《六经》、《语》、《孟》，然后读前史；史既治，则读诸子。"[2]《东西均·神迹》则指出庄子实尊六经：

六经传注，诸子舛驰，三藏、五灯，皆迹也；各食其教而门庭重——门庭，迹之迹也。……庄子实尊六经，而悲"一曲""众技"，"不见天地之纯、古人之大体"，故以无端崖之言言之，其意岂不在化迹哉？[3]

汉代有认为诸子均为"经"之"传"，已内涵庄为经（尤其是《易》、《春秋》）之传，这当然也是六经辅翼说的一种。《药地炮庄·总论中》引休翁

---

[1]《嘉兴藏》，第34册No.B311，第768—769页。
[2] 方以智：《通雅·文章薪火》，《方以智全书》，第四册，第84页。
[3] 见《东西均注释》（外一种），第221页。

曰:"读《六经》后,彻《庄》透宗。再读《六经》,即非向之《六经》矣。妙在怒笑之余,别路旁通,乃享中和之味。"〔1〕

方以智在《一贯问答·以明》中也说:"真透《六经》而读《庄子》者,不增放而加慎。"〔2〕既要解拘,又要救荡,唯有将《庄子》定位为辅翼六经者能之。

方以智又有茶饭论,以六经为饭食,而读《庄》为品茗,是"辅翼说"的通俗比喻。"茶骂饭为滞货,饭骂茶为掠虚。"〔3〕《药地炮庄·惠子与庄子书》中方以智借惠子之口说:"幸有惠施为告世曰:义精仁熟,而后可读《庄子》。蒸涪《六经》,而后可读《庄子》。则《庄子》庶几乎饱食后之茗荈耳。"〔4〕《药地炮庄》外篇篇首亦有评曰:"果丧其骄妒鄙吝之我,则庄子者岕茶消饭者也。"〔5〕

三、以禅解《庄》与以《庄》说禅

方以智早在《东西均·三征》中已将《庄子》与佛经相类比:

> 《逍遥游》首举北溟之鱼,不徙,则浸死水矣;怒飞而南,非鸟非鱼,上下察之,一跃一飞乎? 挟风霜之龙兴鸾集乎? 何其善表有无之泯化耶? 《应帝王》终以北帝、南帝、中央帝,亦此表法。夫何异《法华》之龙女转男、《华严》之童子南询乎?〔6〕

在《药地炮庄》中,方以智以禅解(比)《庄》、以《庄》说禅者比比皆是。方以智在廪山、寿昌禅游的同时,抓紧编撰《药地炮庄》。方中通去省亲,

---

〔1〕《药地炮庄》修订本,第63—64页。
〔2〕见《东西均注释》(外一种),第504页。
〔3〕《药地炮庄》修订本,第92页。
〔4〕《药地炮庄》修订本,第81页。
〔5〕《药地炮庄》修订本,第242页。
〔6〕见《东西均注释》(外一种),第91页。

却见方以智在禅堂上"趋庭无别语,开示总南华(自注:时老父著《药地炮庄》)"。〔1〕此时为庚子(1660)。

《逍遥游》篇末,"闲翁曼衍"道:"文殊拈一茎草,世尊拈一枝花,庄子拈一枝大树。且道杀人活人在甚么处?"〔2〕

《齐物论》首段,"闲翁曼衍"道:

一切法皆偶也。丧偶者,执一奇耶?奇与偶对,亦偶也。丧之,当立何处耶?莫是一往自迷头耶?莫堕混沌无记空耶?丧二求一,头上安头。执二迷一,斩头求活。汝知之乎?许闻三籁。〔3〕

吾丧我是丧偶。方以智借用禅佛教头上安头、斩头求活的说法表述奇偶与一、二关系,并进一步指出三籁(人籁、地籁、天籁)也当如是观。

《养生主》篇首,方以智引"三一"(吴应宾)语曰:"庄叟时,无生之旨,尚未西来。老子之学,流为养生家言。故庄叟立论诃之,谓养生者须识取生之主。"〔4〕

《庄子·德充符》篇首引"杖(道盛)"语曰:

一篇中重叠拈出种种败缺不堪,为天人所共弃者,与孔、老、人主、宰相酬唱,占其上风,其中良有深意。于此窥见,则内、外、杂篇,不待索解而自了然矣。盖世道愈趋愈下,善少恶多,吉少凶多,治少乱多,故拈此可惊、可畏、可痛、可恨,虚虚实实,聊寓宗旨于万世下,或得一二疑疑悟悟,知其解,几希之脉不至断绝。真如五家别唱,赚

---

〔1〕《陪集·陪诗》卷三,见《清代诗文集汇编》,第133册,第88页。
〔2〕《药地炮庄》修订本,第119页。
〔3〕《药地炮庄》修订本,第123页。
〔4〕《药地炮庄》修订本,第149页。

杀天下人,皆不得已成此机用,岂好为奇特欺笼万世哉?究少不得一喝。〔1〕

《庄子·应帝王》篇方以智引陈丹衷语曰:"应帝王云云,犹禅立君臣纲宗也。"〔2〕在"郑有神巫曰季咸"段,方以智"闲翁曼衍"道:

  虚(舟)曰:初夺其境,次夺其我见,末乃夺其所倚之法。今倚庄子委蛇者,何以夺之耶?杖曰:庄子以权示现,若生于摩腾时,必能破委蛇混沌之疑,如马驹之踏杀,石头之滑杀矣。若生今日,又当何如?〔3〕

又在"南海之帝为儵"段"闲翁曼衍"道:

  临济迁化曰:吾去后,汝等不得灭吾正法眼藏。三圣云:谁敢灭却正法眼藏?济云:或有人问,你又作么生?圣便喝。济云:谁知吾正法眼藏,在这瞎驴边灭却?圣便作礼。且道七日而混沌死,与正法眼在瞎驴边灭,是同是别?是谁作礼?〔4〕

《庄子·胠箧》篇云:"焚符破玺,而民朴鄙;……擢乱六律,铄绝竽瑟,塞瞽旷之耳,而天下始人含其聪矣;灭文章,散五采,胶离朱之目,而天下始人含其明矣。"方以智"闲翁曼衍"道:"破玺焚符,何似德山之入门便棒?胶目塞耳,有如洞山之摸面生疑者乎?"〔5〕

---

〔1〕《药地炮庄》修订本,第179页。
〔2〕《药地炮庄》修订本,第238页。
〔3〕《药地炮庄》修订本,第234页。
〔4〕《药地炮庄》修订本,第239页。
〔5〕《药地炮庄》修订本,第258页。

《庄子·天道》篇有"桓公读书于堂上,轮扁斫轮于堂下"故事,方以智"闲翁曼衍"曰:"将谓达磨奇特,谁知偷抄轮扁文字。后来偷抄者,以不通文字为不立文字,世岂识之哉?"〔1〕

《庄子·天运》篇首段,"闲翁曼衍"曰:"妙在巫咸袑不作滑语,劈破三玄作两边,直令天下不敢违。此方是真祖师禅。"〔2〕

《庄子·秋水》篇首段,"闲翁曼衍"曰:

> 庞蕴曰:不与万法侣者,是什么人?马师曰:待汝一口吸尽西江水,即向汝道。庞因有省,方解道:心如,境亦如,不是圣贤,了事凡夫。今日看来,河伯为北海若一口吸尽,北海若又被何人吸尽耶?可惜庞公,被马驹以西江水没头淹杀矣。庄子以北海波涛,乱泼天下人,有不受其泼者否?〔3〕

同篇"夔怜蚿,蚿怜蛇,蛇怜风,风怜目,目怜心"段,"闲翁曼衍"引杖人语曰:

> 佛说经毕,却又说呪。如《心经》已妙极其大神大明,无上无等等矣,而曰揭谛揭谛娑婆诃。庄子《秋水篇》,方说大理,何乃乱扯夔蚿蛇风而喷出心目耶?末后又去将经解呪,果是纵横杀活,具大机用也耶?天用物耶?物用天耶?幸是可怜生,如何忍瞎用!〔4〕

《庄子·至乐》篇首段,"闲翁曼衍"曰:"若瞥见庄子、佛法中一个无

---

〔1〕《药地炮庄》修订本,第297页。
〔2〕《药地炮庄》修订本,第298页。
〔3〕《药地炮庄》修订本,第316页。
〔4〕《药地炮庄》修订本,第321页。

字,便偷作护身符。苦哉！苦哉！"〔1〕同篇末段庄子云:"万物皆出于机,皆入于机。"方以智"闲翁曼衍"曰:"宗与教,慎与旷,平与奇,虚与实,亦一出入机也。"〔2〕

《庄子·田子方》列御寇为伯昏无人射段,引道盛语曰:"挥斥八极却易,足二分垂在外,为此不射之射,却难。大似参禅,到悬崖撒手处,始得通身汗下。虽然,此喻甚奇。"〔3〕

《庄子·知北游》篇首段,引《笔乘》云:"《净名经》诸菩萨共论不二法门,净名独默然无言,意以无言为至矣。"〔4〕

《庄子·徐无鬼》小童答黄帝曰:"夫为天下者,亦若此而已矣,又奚事焉！""闲翁曼衍"引道盛语云:"须菩提问世尊:云何应住？云何降伏其心？世尊云:善哉！应如是在,如是降伏其心。此童子答黄帝,亦若此而已矣,又奚事焉？"〔5〕同篇又有云:"夫楚人寄而蹢閽者,夜半于无人之时而与舟人斗,未始离于岑,而足以造于怨也。""闲翁曼衍"道:"既谓夜半无人,又谁与为斗？既谓不离岑,又谁在舟中？怨又从何处造乎？此何异空手把锄头,步行又骑水牛哉？不妨带累傅大士,以快此引喻之奇。"〔6〕同篇"匠石运斤成风","闲翁曼衍"道:

> 生来死去,或作有见,或作无见,或亦有亦无见,非有非无见。矫乱不可究诘,所谓九十六见外道也。然后谛听佛曰:三界唯心,万法唯识。岂不运斤成风也哉？外道固其质也,亦佛之示现以醒人之斫

---

〔1〕《药地炮庄》修订本,第327页。
〔2〕《药地炮庄》修订本,第332页。
〔3〕《药地炮庄》修订本,第356页。
〔4〕《药地炮庄》修订本,第359页。
〔5〕《药地炮庄》修订本,第385页。
〔6〕《药地炮庄》修订本,第388页。

耳。惠听庄斫,庄又示现以听后世之斫,有斫者么?[1]

《庄子·则阳》少知问于大公调段,《药地炮庄》集评引道盛语曰:

> 佛欲言智,则是文殊、舍利弗之徒起座;如欲言行,则是普贤、功德林之徒起座;如说般若,则须菩提等当机。此寓言少知问于大公调,与知北问于无为,皆得表法之妙,非大权示现之密为利导者乎![2]

同段,"闲翁曼衍"则云:"佛之一字,莫非号而读之么? 即心是佛,莫非丘里之言么? 非心非佛,莫非自殉殊面么? 曰:不然。曰:何故不然。曰:若然,如何止得小儿啼?"[3]

《庄子·寓言》篇首,《药地炮庄》集评引道盛语曰:

> 古人以立德、立功、立言为三不朽。而立言之系,重于天下万世,其功德有不可较计矣。立言之难,又非一时功业可比。故庄以寓言、重言、卮言,自述其旨。此亦吾宗门傍敲正打,与句中玄、意中玄、用中玄,乃为语不渗漏,见不渗漏,情不渗漏也。立言岂容易哉? 寓言岂容易哉?[4]

《庄子·让王》:楚昭王失国,屠羊说走而从于昭王。《药地炮庄》集评引道盛语曰:"屠羊一说,足以救活死麒麟。天下乱贼,直屠其胆。后世有

---

[1]《药地炮庄》修订本,第388页。
[2]《药地炮庄》修订本,第403页。
[3]《药地炮庄》修订本,第404页。
[4]《药地炮庄》修订本,第417页。

以屠羊说之知见自持,岂让三代良弼耶? 广额屠儿于涅槃会上,放下屠刀,曰:我是千佛一数。此公借其化身乎!"〔1〕

《庄子·让王》原宪居鲁段有云:"故养志者忘形,养形者忘利,致道者忘心矣。""闲翁曼衍"道:"致道者忘心三句,真非大死一回者不能吐出。漆园笔墨常湿,亦是没奈声满天地何耳! 虽然,若撞见破沙盆、麻三斤到来,犹笑此老酸气未尽。"〔2〕

在《庄子·天下》篇末惠施多方段,《药地炮庄》集评中方以智以庄禅对举:"以庄之旷达,而必寓诸庸,以禅之玄变,而曰了事凡夫。"〔3〕于"南方有倚人焉曰黄缭"则有云:

《潜草》曰:庄子首言怪,中言畸人,末言倚人。畸、倚,皆奇也。佛曰奇哉,以毒攻毒。惠施造惑以解惑,而《天下篇》总解之。人皆好奇而昵庸,好胜而护短,是真奇人亦不可禁,惟圣人能化之。数度伦理,易之端几。协艺乐业,足以竭其智力。彼究安能欺耶? 莫奇于佛而向上归无所得。现前法住法位,止有一事,相即是性,岂以圆融废行布哉?〔4〕

此类以禅解庄、以庄说禅,可以说《药地炮庄》通篇都是,以上所举不过是其最为显明处。而在《冬灰录》(外一种)和《青原愚者智禅师语录》的方以智日常法语和开示中,也有大量庄禅互解处,可见方以智是庄禅一致论的拥护者。

《冬灰录》(外一种)卷首三有《龙湖不二社茶话》,龙湖位于建昌廪山寺与寿昌寺之间,方以智时住持廪山寺。他开示道:"既不识庄子之薪火,

---

〔1〕 《药地炮庄》修订本,第425页。
〔2〕 《药地炮庄》修订本,第427页。
〔3〕 《药地炮庄》修订本,第468页。
〔4〕 《药地炮庄》修订本,第467页。

又岂识庄子之悬解耶？不见庄子之遽庐，而告子以为桎梏耶？安知达摩之墙壁，非庄子之遽庐耶？"〔1〕

丁未《病起垂示》："笑杀支离，何辞拥肿？"〔2〕丁未《怡山答话》：

> 得愚居士曰："青原门面绝壁，然否？"师曰："聊堪挂口，曰其声如雷，曰不防瘖哑，曰昔常瞻北斗。今喜会南溟，曰鹏背上作么生？〔3〕曰视下总苍苍，〔4〕曰瓠尊无用处、〔5〕亦是坳堂杯，〔6〕曰从此斟茶去也，曰烹煮古今有分。"〔7〕

《青原愚者智禅师语录》卷三则有《示侍子中履》：

> 格物之则，即天之则，即心之则，岂患执有则胶、执无则荒哉！若空穷其心，则倏忽如幻，故吾以庄子谈虚无而乃曰极物而止，以有形象无形者而定矣。佛亦是以费知隐，乃能以行隐费，但不露其金针耳。《炮庄》是遣放之书，消心最妙者。不执也，不计也，妙于藏锋，无

---

〔1〕《冬灰录》（外一种），第64页。

〔2〕《冬灰录》（外一种），第252页。支离见《庄子·人间世》："支离疏者，颐隐于齐，肩高于顶，会撮指天，五管在上，两髀为胁。挫针治繲，足以糊口；鼓筴播精，足以食十人。上征武士，则支离攘臂于其间；上有大役，则支离以有常疾不受功；上与病者粟，受三钟与十束薪。夫支离其形者，犹足以养其身，终其天年，又况支离其德者乎！"拥肿见《庄子·逍遥游》："吾有大树，人谓之樗。其大本拥肿，而不中绳墨，其小枝卷曲，而不中规矩。"

〔3〕《庄子·逍遥游》原文："鹏之背，不知其几千里也。怒而飞，其翼若垂天之云。是鸟也，海运则将徙于南冥。"

〔4〕《庄子·逍遥游》原文："鹏之徙于南冥也，水击三千里，抟扶摇而上者九万里，去以六月息者也。野马也，尘埃也，生物之以息相吹也。天之苍苍，其正色邪？其远而无所至极邪？其视下也，亦若是则已矣。"

〔5〕《庄子·逍遥游》原文："惠子谓庄子曰：'魏王贻我大瓠之种，我树之成而实五石。以盛水浆，其坚不能自举也。剖之以为瓢，则瓠落无所容。非不呺然大也，吾为其无用而掊之。'庄子曰：'夫子固拙于用大矣。'"

〔6〕《庄子·逍遥游》原文："覆杯水于坳堂之上，则芥为之舟。"

〔7〕《冬灰录》（外一种），第253页。

所不具,可细心看之。[1]

方以智《回莆田黄改庵诸公启》称:"智本散栎,钝笑栖芦。偶曳尾于青原……未了净居旧债,且为杖人佣书。"[2]方以智完全以庄学词汇自喻,净居指青原山净居寺,所谓净居旧债,指方以智继席笑峰大然住持净居寺,乃是遵从道盛之师命;杖人指的是道盛,佣书即受雇为人抄书,亦泛指为人做笔札工作。方以智炮集《药地炮庄》系道盛交付的使命,故有此说。

第三节 以《易》解禅

《易》为方以智家学渊源。方孔炤有《名儿以智其义》诗称:"大儿方以智,天下藏于密。二儿方其义,所以用乾直。连理(指方学渐)著《易蠡》,荷薪(指方大镇)以意释。两儿念其名,根本在学《易》。"[3]方孔炤、方以智又编著《周易时论合编》,以成方氏四世易学。

方以智在《东西均·道艺》中提出:"易一艺也,禅一艺也。"[4]《东西均·象数》曰:"寓言法喻,非象莫表;刹刹尘尘,皆是实象。"[5]说的也是庄之寓言、禅佛教之法喻,均与易象通。而在《一贯问答·以明》中又说:"禅者,时变也,斋戒慎独,洗心藏密。"[6]斋戒、洗心、藏密均语出《易·系辞上》。

---

[1]《冬灰录》(外一种),第326页。
[2]《冬灰录》(外一种),第262页。
[3] "连理"指方学渐,"荷薪"指方大镇,"以意释",指方大镇著《易意》。见《桐城方氏诗辑》卷二。
[4]《东西均注释》(外一种),第263页。
[5]《东西均注释》(外一种),第298页。
[6]《东西均注释》(外一种),第499页。

方以智《药地炮庄·黄林合录》有一段专论《易》与禅（佛教）的区别和相通处。

> 或问：《易》与庄、禅分合，可得闻乎？平公曰：万古摄于一息，八纮摄于一毫，此燧之取火也。而一息之摄宙，一毫之摄宇，皆具《图》《书》之秩序变化焉。人蔽于骄妒鄙吝之我，讵能亲见？生后之习气日炽，万法之赜动繁然，自非画前画后，剥烂复反，安能神明会通耶？……李伯纪曰："《大易》《华严》，和盘一本，当处历然分别，当处寂然无分别也。"《楞伽》偈曰："一切法不生，我说刹那义。初生即有灭，不为愚者说。"……伏羲止画《方圆图》，不标太极也。箕衍禹之皇极，孔子乃耸太极于两仪上。……或言三极，或以极与无极相夺相泯而太之。果有此圈，无此圈，曾参之乎？黄元公曰："凡有定体，不能变为诸体。《易》无体，故变变不穷。"六十四卦变为四千九十六，始卒若环，重重无尽，而一卦有一卦之义，一爻有一爻之义，不杂不乱，各循其方，与《华严》法界符合至矣哉。〔1〕

在方以智的佛学思想中，禅之曹洞宗无疑占据核心，但华严宗的影响也不容忽视。站在象数易的立场，方以智将华严与曹洞打成一片，强调禅教一致而非相异。在方以智看来，易、禅相通，因为"《大易》《华严》，和盘一本"，二者均以宇宙万物"当处历然分别，当处寂然无分别也"。《大易》以卦爻象征世界，恰和华严四法界的理事观相符："六十四卦变为四千九十六，始卒若环，重重无尽，而一卦有一卦之义，一爻有一爻之义，不杂不乱，各循其方，与《华严》法界符合至矣哉。"《华严》法界指真如或指一切诸法。法界种类虽多，终归于一真法界，此即诸佛众生本源之清净心，亦称

---

〔1〕《药地炮庄》修订本，第53页。

为一心法界、一真无碍法界。若自现象与本体观之,有四义,称为四法界:(一)法指万法,界谓分界;诸法各有自体而分界不同,乃构成一千差万别之现象界,称为事法界。(二)诸法之现象虽繁多,然其真实体性则常住不变,平等一如,超越语言文字,为寂然圣智之境,称为理法界。(三)所有现象界与本体界具有一体不二之关系,其一一之法,相即相入,一与多无碍,法尔圆融,称为理事无碍法界。(四)一切现象界互为作用,一即一切,一切即一,重重无尽,事事无碍,称为事事无碍法界。一庵又曰:"《大易》以对待流行而衍之,《华严》以圆融行布而衍之。一似专缀率,一似桶子法。"〔1〕《东西均·象数》道:

> 《华严》者,《易》之图也,即其四十二字母,即悉昙与《文殊问字》、《金刚顶》之五十母,《大般若经》言一字入无量字,从无量字入一字,以入无字,此亦收尽天地古今之理、象、数,如六十四卦也,而乃以善知众艺名。〔2〕

此即将《华严经》的华严世界与《易》图,将《大般若经》与《易》之六十四卦相会通。

方以智中年"逃禅"进而成为曹洞宗寿昌系觉浪道盛的法嗣,而曹洞宗的"五位纲宗"说受易学影响极深,以《易》解禅可以说是曹洞宗风的重要标志。从石头希迁的《参同契》以"明暗"喻理事开始,其明显有取于《易经》离(明)、坎(暗)二卦之卦象。云岩昙晟《宝镜三昧》歌中的"十六字偈"突出重离卦和偏正说,为洞山良价继承,提出"洞山五位"说,被认为是曹洞宗派的核心旨意。左鄩《中五说》指出:"曹洞纲宗纲领,以正中偏、偏中

---

〔1〕《药地炮庄》修订本,第 54 页。
〔2〕《东西均注释》(外一种),第 296 页。

正、正中来、偏中至、兼中到为五位,〔1〕约则君臣道合而已,正偏兼中而已。"〔2〕

《参同契》已有调和南北宗之旨趣,参即不齐有异,同即异中有同,契即契合。对于禅宗五宗七家,曹洞一直传承回互、会通宗旨。晚明出现参究"五宗"之原乃至三教之原的努力,以道盛、方以智师徒为最。

《天界觉浪盛禅师全录》卷十《洞宗标正》,道盛云:洞山"乃作偈自述悟证,与石头《参同契》之明暗妙协,云岩所付《宝镜三昧》之渠我交参深相符合,即以重离回互而立正偏五位之宗旨"。〔3〕又言:

> 吾洞上之旨,不特能会通五宗之秘,即如来一代时教之始终本末,与儒道九流、尊卑体用、事理功位之名分,无有不收摄而阐发者也。……不获已,立个正偏、宾主、玄要、人境、暗机、圆相、六义、三关、九带、十真等,已是刻画虚空、雕凿浑沌。但先圣深恐法久成弊,邪异繁兴,若不为物作则,立此宗旨,则万世何从拣别真伪,使此法眼妙心不昧灭哉?古人之立法立言,正如《大易》之立象、立辞也。使无《大易》之象辞,则天下万世何从而得天地造化之几微、人物生死之性命哉!所贵于观象玩辞而显仁藏用也。人每以理为活、数为死,不知理虽活,或以意见自用而反落于怪邪!数虽死,能存法则而可悟其天然。有不得于象则求之于辞,有不得于辞则求之于象,或于言辞有尽而得象意无穷,是法住法位、世间相常住。不于此可悟耶!吾于叠三

---

〔1〕 晦岩智昭编《人天眼目》卷三:"僧问曹山五位君臣旨诀,山云:'正位即属空界,本来无物;偏位即色界,有万形像;偏中正者,舍事入理;正中来者,背理就事;兼带者,冥应众缘,不随诸有,非染非净,非正非偏。故曰:虚玄大道,无着真宗,从上先德,推此一位,最妙最玄。要当详审辨明:君为正位,臣为偏位,臣向君是偏中正,君视臣是正中偏。君臣道合,是兼带语。'"见智昭编撰,尚之煜释读:《人天眼目释读》,上海:上海古籍出版社,2015年,第122页。
〔2〕 《青原志略》,第126页。
〔3〕 《嘉兴藏》,第34册 No. B311,第649页。

变五中见其象画之奇偶妙叶,乃知偏中至不可以兼中至而重犯兼中到也。何妨拈出,以待神明之者。如太极含四象为五位,即是河图洛书以中五含十,不过一奇一偶之参两错综而成其中和位育也。六爻之偏正回互者,即奇偶之兼带妙叶也。盖万物无不负阴抱阳,阴不抱阳则孤而不产,阳不负阴则寡而不生,阴阳偏胜则散乱断灭,何以承天命之化育乎?故圣人深几裁成之,揭其奇偶之枢机而燮理,其太过不及以致中和,则天地人物各自正其性命,此参赞位育之功能,惟其善用九六,转变其乾坤造化,所以为至神至妙也。[1]

《五位纲宗(青原)》,则集中体现了方以智运用公因反因说继承和发展曹洞宗对易学、禅学的参同和会通:

> 学道得本,须明纲宗。纲宗既明,其本自立。自开全眼者观之,舍大本无差别,舍差别无大本。到此当处历然当处寂然,秩序变化,方圆同时。圆融不碍行布,行布不碍圆融,是岂人力思量之所能及哉!……古德各就所知而言之,各不自欺。一曲皆道所收,如举其全,须明公因反因者。[2]

在《五位纲宗(青原)》里,方中通首先罗列诸家论五位宗旨者:

> 云岩《宝镜三昧》曰:"重离六爻,偏正回互,叠而为三,变尽成五。"洞山因立五位正偏,而兼收之。
>
> 寂音尊者曰:"道愈陵迟,至于列位之名件,亦讹乱不次。如正中偏、偏中正,又正中来、偏中至,兼中到总成五位。今乃易偏中至为兼

---

[1]《嘉兴藏》,第34册 No. B311,第649页。
[2] 见《冬灰录》(外一种),第140页。

中至,而老师、大衲亦恬然不知怪也。"[1]其爻六画,回互成五卦,重叠成三卦也。如重离之二三四爻成巽,三四五爻成兑,谓叠三也。下巽上兑成大过;下兑上巽成中孚,谓变五也。是以正中来为大过,偏中至为中孚,正中偏为单巽,偏中正为单兑,兼中到为重离也。[2]

天界老和上以☯示之,复以觉范之互为未善而定之曰:☰重离之偏正混融也。初奇叠上为☰重巽,正中偏也。初偶叠上为☰重兑,偏中正也。此后用变☰大过,正中来也。又变☰中孚,偏中至也。叠变既尽,则兼到于本重离而成五、太极含四象之兼中到也。[3]

鼓山和上尊正中来,而先列正中偏、偏中正为一配,后列兼中至、兼中到为一配。[4]其叠三者,连变三爻也。变五者,重离变既、未济损益也。

---

[1] 寂音尊者指惠(慧)洪,又名德洪,字觉范。所著《石门文字禅》卷第二十五有云:"今其道愈陵迟,至于列位之名件,亦讹乱不次。如正中偏、偏中正,又正中来、偏中至,然后以兼中到总成五位。今乃易偏中至为兼中矣,不晓其何义耶? 而老师大衲,亦恬然不知怪,为可笑也。"见释惠洪著,释廓门贯彻注,张伯伟、郭醒、童岭等点校:《注石门文字禅》,北京:中华书局,2012年,第1473页。

[2] 惠洪《智证传》附《云岩宝镜三昧》:"如离六爻,偏正回互。叠而为三,变尽成五。离,南方之卦,火也,心之譬也。其爻六划,回互成五卦,重叠成三卦。如☰第二爻、三爻、四爻又成一卦,巽也☰。第三爻、四爻、五爻又成一卦,兑也☰。此之谓叠为三也。下巽上兑,又成一卦,大过也☰。下兑上巽,又成一卦,中孚也☰。此之谓变成五也;正中来(大过)☰,偏中至(中孚)☰,正中偏(巽)☰,偏中正(兑)☰,兼中到(重离)☰。"见《大藏新纂卍续藏经》,第63册第1235号,第194页。

[3] 觉浪道盛《洞宗标正》云:"重离六爻偏正回互、叠三变五,天然妙叶,原非意见所能强为之分合也。此☰重离之偏正混融也。以重离初爻之奇叠上为☰重巽,下断如正中偏也。以重巽初爻之偶叠上为☰重兑,上缺如偏中正也。以本离叠上成巽兑为三卦,则不可更叠矣,更叠之则又成一重离矣。既为重兑☰则当用变,变则当先从内卦之兑翻转成巽,合外卦之兑变为☰泽风大过,则四奇在中,两偶在初、上,如坎中之满,为正中来也。大过既成,则又当变☰此内卦之巽为兑、变外之兑为巽,以成此☰为风泽中孚,则二偶在中,四奇在初、二、五、上,如离中之虚,为偏中至也。以四而叠变既尽,则兼到于自成中五耳。"见《天界觉浪盛禅师全录》卷十,《嘉兴藏》,第34册 No. B311,第650页。

[4] 参《永觉和尚广录》卷第二十七《洞上古辙》卷上之"五位总图",《大藏新纂卍续藏经》,第72册第1437号,第539页。

啸峰和上则曰：以重离之三叠观之，下一叠为☲正中偏也，上一叠为☲偏中正也，中一叠为☲正中来也。所谓叠而三者，自其不变者观之也。又就本卦三叠变五而观之，初与二为☲，顺观为正中偏，回互观之，又为偏中正。此一变也。二与三为☲，顺观为偏中正，回互观之，又为正中偏，此二变也。三与四为☲，顺互观之，皆正无偏，为正中来，此三变也。四与五为☲，此与初二不同，四乃阳居阴，五乃阴居阳，以其金针双锁，曰兼中至，此四变也。五与六为☲，此与二三不同，五乃阴居阳，六乃阳居阴，以其夹路全该，曰兼中到，此五变也。

位中和上以臣不居臣、君不居君言二五，以重乾重坎言变五，又一说也。

于是，方中通提问：

聚讼无已，毕竟何从？至字到字，剖析终混。兼之一字，不宜再见。单巽单兑，既违重离，而大过、中孚，太费翻转，以重离分三叠是矣。然以双夹注二兼，似觉有疑。如以君臣道合为兼中到，则兼中至不宜与兼中到相比偶矣，何以有金针双锁、夹路全该之分注耶？如以正中来为纯阳居中，则兼中至不宜与正中来相比偶矣，何以有转位就功、转功就位之分注耶？至于争辨位次，更不可解矣。天界老和上曰：重离如太极之含四象者。❀五中之十，✧兼中到也。⊢东方一圈，正中偏也。⊣西方一圈，偏中正也。⊥南方一圈，正中来也。⊤北方一圈，偏中至也。〔1〕古航和上以《河图》言回互，以《洛书》言临

---

〔1〕 觉浪道盛《洞宗标正》云："重离如太极之含四象者，❀即五中之十，如茝草之含五味、金刚杵之具五楞也。✧之中一圈为天地人物之心，即太极为重离含四卦之兼中到也。⊢东方一圈即少阳之正中偏也。⊣西方一圈即少阴之偏中正也。⊥南方一圈即太阳之正中来也。⊤北方一圈即太阴之偏中至也。"见《天界觉浪盛禅师全录》卷十，《嘉兴藏》，第34册No. B311，第649页。

照,殆协中五之极乎!未畅斯旨,敢问其详?〔1〕

云岩昙晟为石头希迁的再传弟子,其《宝镜三昧》歌中有"如《离》六爻,偏正回互,叠而为三,变尽成五"。被后人称为"十六字偈",并争讼不断。曹洞宗开创者洞山良价据以发挥出"偏正五位"说,即依偏正、回互之理,开示正、中、偏等五位之别,被称为"洞山五位"。五位者,正中偏、偏中正、正中来、偏中至、兼中到,此为惠洪《智证传》附《云岩宝镜三昧》所公布,并非难有易"偏中至"为"兼中至"者。鼓山元贤却以惠洪改兼中至为偏中至为非。〔2〕觉浪道盛又接受惠洪"偏中至"版本。此外,惠洪与道盛依易理与禅理回互,均以正中来为大过,偏中至为中孚,所异者,惠洪以正中偏为单巽,偏中正为单兑,兼中到为重离,道盛以正中偏为重巽,偏中正为重兑,兼中到为"本重离而成五,太极含四象"。啸峰大然不同于惠洪、元贤从重离一卦变五卦而配五位,而是以重离六爻之变化而配五位,位中和上、古航和上(道舟禅师)又各有说。故方中通提问:"聚讼无已,毕竟何从?"

方以智回答方中通时指出,诸家(道盛除外)之说"各就所知而言之,

---

〔1〕 见《冬灰录》(外一种),第138—140页。
〔2〕 参《永觉和尚广录》卷第二十七《洞上古辙》卷上之"五位图说",《大藏新纂卍续藏经》,第七十二卷第1437号,第539页。至于"洞山五位"的具体内容,据宋僧慧霞《重编曹洞五位显诀》:"正中偏,三更初夜月明前,莫怪相逢不相识,隐隐犹怀旧时妍。偏中正,失晓老婆逢古镜,分明觌面别无真,争奈迷头还认影。正中来,无中有路隔尘埃,但能不触当今讳,也胜前朝断舌才。偏中至,两刃交锋不相避,好手还同火里莲,宛然自有冲天意。兼中到,不落有无谁敢和,人人尽欲出时流,折合还来炭里坐。"《大藏新纂卍续藏经》,第63册第1236号,第205—206页。据明人语风圆信、郭凝之编《瑞州洞山良价禅师语录》:"师作五位君臣颂云:正中偏,三更初夜月明前,莫怪相逢不相识,隐隐犹怀旧日嫌。偏中正,失晓老婆逢古镜,分明觌面别无真,休更迷头犹认影。正中来,无中有路隔尘埃,但能不触当今讳,也胜前朝断舌才。兼中至,两刃交锋不须避,好手犹如火里莲,宛然自有冲天志。兼中到,不落有无谁敢和,人人尽欲出常流,折合还归炭里坐。"见《大正藏》,第47册 No.1986B,台北:新文丰出版公司,1983年,第525页。《永觉和尚广录》卷第二十七《洞上古辙》卷上之"洞山五位颂注",五位颂之内容同《瑞州洞山良价禅师语录》,见《大藏新纂卍续藏经》,第72册第1437号,第539—540页。

各不自欺"。

彼或依火候而言,或从机下而言。或执六爻之自下而上为言,或执言宇而不知宙,或执言宙而不知宇,岂能全举夫方圆寂历同时之一切生成、一然俱然者哉!愚者尝言万法皆两端交纲,两端皆相反、皆相因,而公因贯乎其中,人尚不信两间万古之皆两端,又况扫两见一,又况一二俱泯、不二不一之故,又况二不是一、二即是一之故,又况一二之泯于千万动赜中、随举皆具者乎!正偏也,先后也,混沌开辟也,发未发也,皆宇藏于宙之两端叩竭也,正偏对待而统贯绝待。〔1〕

方以智据此具体评论诸家说:

夫兼者统也,贯也,此寂音之特见合符者也。其取互卦〔2〕,则一说也。护教者将嫌偏中至为偏得极耶?正偏兼中,本然妙叶,岂丝毫容人造作哉!鼓山和上独尊正中来,而前列正中偏、偏中正,后列兼中至、兼中到,则一说也。以火候言之可也,非万物万法处处皆具五位之本符也。古航和上之以回互言《河图》、临照言《洛书》,其特见合符者也。《洛书》即《河图》,所异者,四边之数也。中五四破,何尝易乎?啸峰和上以离六爻叠三变五,而不用互卦,止以二画分之,其特见也。但未圆其图耳。白岩(引者注:指白岩符,著《法门锄宄》)以二五君臣相交,其特见也。叠变疑人有之,独举变乾变坎,亦未尽也。杖人之㊉至矣!河洛中五,康节提为小衍。如来之卍,杖人之㊉,

---

〔1〕 见《冬灰录》(外一种),第140页。
〔2〕《易》卦上下两体相互交错取象而成之新卦,又叫"互体"。如"观"为"坤"下"巽"上,取其二至四爻则为"艮",三至五爻则为"坤"。刘勰《文心雕龙·隐秀》:"辞生互体,有似变爻。"王鸣盛《蛾术编·说录二·南北学尚不同》:"若无互体,六十四卦只说六十四事,何以弥纶天地、经纬万端乎?"

岂非天然同符之端几哉！愚者更曰：试🕉之而五本具也，不🕉而五亦具也。何待卍🕉而后显耶？如是，则河洛百圈，点点皆具五也。如是，而宇宙万法，法法皆具五也。机上亦具，火候亦具也。然必以费表隐，乃能以隐贯费。且问不落费隐，不离费隐，其中安在？[1]

方以智赞惠洪取"兼"，似乎理解正相反，又指出其"互卦"可备一说。指出鼓山和上所论，"以火候言之可也，非万物万法处处皆具五位之本符也"。又指出古航、啸峰、白岩符所论"各具特见"，但独推崇道盛所论。"如来之卍，杖人之🕉，岂非天然同符之端几哉！"[2]天然本具，不待卍🕉而后显，则河洛百圈，点点皆具五，宇宙万法，法法皆具五。机上亦具，火候亦具。然必以费表隐，乃能以隐贯费。不落费隐，不离费隐，而即费即隐，道贯费隐。又答方中通"以易为征"之请开示道：

《易》神无方而准不乱，无方之神，其准历然。秩序变化之准，皆神之所为也，皆以佑神而享其神者也，岂待呼心呼天而乃醒乎！目之于日，直视则炫，映以盆水，五色乃昭。人声具五音六律而不自知也，必征诸弦，乃以自格。此大一之难言，而以象数为端几之符也。专门为执"行布"名相者引入"圆融"，故设为芭蕉之剥。若遂执一行布外之圆融，则为行布差别所碍，其不圆融也甚矣。杖人妙叶，范围曲成，是方圆同时之大圆也。洞山所示黑正白偏，若以立处即真言之，立处皆中正也。只是花蘖一句，自不可少。正位与偏位，两端四破，而兼中到者统之。正中偏、偏中正，人所易晓。正中来，偏中至，犹言有时从正位中来现此几，有时从偏位中来现此几也。六爻藏五，亦就啸和上者圆而图之。爻从下而上变，亦可从上而下变，而中可知矣。叠三变五，明

---

[1] 见《冬灰录》（外一种），第140—141页。
[2] 见《冬灰录》（外一种），第141页。

其可三可五,非三非五,提其奇也。方生于圆而规成于矩,则偶何尝不藏奇乎?两即藏三,四即藏五,六亦藏五,如播五行于四时,而六气随五运也。谓之可二可四可六,非二非四非六可也。就《易》以表别即是圆之几焉。下离上离而重离,非叠而为三耶?变下卦而成未济,变上卦而成既济,但就重离而变二五中爻为乾,变余四爻为坤,其重离之伏重坎,则直下本伏者也,非变尽成五耶!如此言之,六十四卦,卦卦具此叠三变五,所谓一切本然也。独表离者,习坎继明,北藏南用,中虚边实,还先天乾统乾坤之乾,非此莫表,不独心火一说也。中兼南北,无中无边,岂有先后之可割截哉!若从此极物而数落焉,千之万之,互为君臣,互为父子,互为宾主,皆大二也,而大一更何容言?万物皆备于我,尚不信乎!谓万我皆备于物也可乎?谓一句中具六爻,一爻中具三百八十四爻可乎?宙与宇交,如燧取火,悟其固然,中无先后,神而明之,存乎其人。噫!自非情识蔽消,门庭执化,豁然心外无法,法外无心,而会通一切,即别是圆者,乌能与之言通神明之德、类万物之情也哉!不如一杖挂天地,且任纵横来往参。〔1〕

由上,当方中通问:以《易》如何征禅理?方以智提出:"大一之难言,而以象数为端几之符也。"把曹洞宗"五位纲宗"禅理征之于《易》之卦变爻变。"就《易》以表别即是圆之几焉。下离上离而重离,非叠而为三耶?变下卦而成未济,变上卦而成既济,但就重离而变二五中爻为乾,变余四爻为坤,其重离之伏重坎,则直下本伏者也,非变尽成五耶!如此言之,六十四卦,卦卦具此叠三变五,所谓一切本然也。""若从此极物而数落焉,千之万之,互为君臣,互为父子,互为宾主,皆大二也,而大一更何容言?"故方以智的结论是:欲言通神明之德、类万物之情,须"豁然心外无法,法外无

---

〔1〕《冬灰录》(外一种),第141—143页。

心,而会通一切,即别是圆"。《青原志略》卷八有方以智《与藏一》书简:

> 或执胶柱之宇,而不知宙之时变,讵知以宙消宇之痛快倒仓耶?若执以宙消宇而不详宇中之宙、宙中之宇,则物物事事之矩不能应节,岂能举宇宙之一际而即边是中、享其出入之度乎?故万法惟《易》足以统之征之。〔1〕

丙午(1666)《晚参》,方以智也是会通禅学与易学:

> 梦笑老人(指笑峰大然)提曹山偈云:"学者先须识自宗,莫将真际杂顽空。无身有事超岐路,无事无身落始终。出语直须烧不着,潜行应与古人同。妙明体尽知伤触,力在逢缘不借中。"〔2〕山僧因为注破:学者先须识自宗,乾三连。莫将真际杂顽空,坤六断。无身有事超岐路,震仰盂。无事无身落始终,艮覆碗。出语直须烧不着,离中虚。潜行实与古人同,坎中满。妙明体尽知伤触,兑上缺。力在逢缘不借中,巽下断。〔3〕

《青原愚者智禅师语录》卷三《示萧虎符学易》指出:

> 《易》言成位乎中,中何物乎?《宗镜录》言三种权中、三种实中,又言五中道,又曰中不定中,又曰无中无边,曾疑此耶?此中之秩序条理,随在毕具,随物可征。圣人表之,变变不变。神无方,物有则,

---

〔1〕《青原志略》,第194页。
〔2〕惠洪《禅林僧宝传》(抚州曹山本寂禅师):"学者先须识自宗,莫将真际杂顽空。妙明体尽知伤触,力在逢缘不借中。出语直教烧不着,潜行须与古人同。无身有事超岐路,无事无身落始终。"
〔3〕《冬灰录》(外一种),第199—200页。

全符如是,故知一不可言,言则是二,易以象数为端几,而至精、至变、至神在其中,研极者知之,物格无物,知致无知,又何言哉?[1]

总之,方以智把曹洞宗"五位纲宗"禅理征之于《易》之卦变爻变,归结到方氏易学的反因公因说。《易》之象数为禅之表法,而禅之几征于《易》。

---

[1]《冬灰录》(外一种),第318页。

第七章
弘法青原——方以智逃禅后期的禅学与禅法

方以智于康熙三年甲辰(1664)入主青原山净居寺法席,[1]直至康熙九年庚戌(1670)退休,在青原弘法整整六年,前后则七年,是为方以智后期禅学。前四年的法语、开示等详见于《冬灰录》(外一种),而《青原愚者智禅师语录》是方以智去世后按入《藏》的体例重新汇编的作品,并收入了方以智在青原后三年的部分法语。

《青原愚者智禅师语录》卷二"庚戌十一月初一日退院,法荫堂示众"记:

> 师云:只为老病退休,举贤且代新䂮。堂中首座,多年老将,杖人特以叶妙之号举之。太阿出匣,正好与诸人磨淬一场。抖擞归云阁

---

[1]《冬灰录》有《甲辰冬,吉州当道绅衿、诸山禅侣、笑和上法子及倪止先居士敦请主青原,进院法语》,见《冬灰录》(外一种),第98页。《青原愚者智禅师语录》卷一有收,题作"甲辰冬吉州诸护法请住青原七祖道场"。见《冬灰录》(外一种),第279页。方中通《陪诗》卷三《随侍入青原》称:"于慧男,司直先生嗣君也,时令庐陵,特请老父主青原法席。老父辞之不获,遂将汸林付笑峰和上门人无倚,甲辰之冬,始入青原方丈。"倪震,字止先,笑峰(倪嘉庆)之子。见《陪集》,《清代诗文集汇编》,第133册,第91页。

上,可以抚掌唱太平歌矣。即今到中五堂迎首座,入喷雪轩去。〔1〕

方以智将方丈席让与师弟叶妙大权后,回泰和退养。《青原愚者智禅师语录》随后有"首山茶筵示众"和"师退居陶庵,闻虎入净居示众"两则,从时间次序看,是方以智禅师生涯的最后两则活动记录。

《青原志略》卷一《山水道场》有记青原安隐山及净居寺:

> 开元间,七祖行思禅师得法六祖,扬化青原。后十三世,齐禅师住此。……崇宁间,有惟信禅师、如禅师、立禅师。今存旧额"敕赐净居禅寺",乃崇宁三年腊月惟信立,……思、齐、信、如、立后,祖道无闻。元以及明,皆福田僧。……万历间,邹东廓、罗念庵、聂双江、欧阳南野诸公宗阳明子,于此春秋讲学。迄乙卯,邹南皋总宪、郭青螺司马佥谋移会馆于山前,延寂公修之,琳宫梵宇,颇复旧观,然未有弘法者。崇祯庚辰,刘晋卿太史请云居颛愚衡公登坛说戒,法席始张。顺治庚寅,眉庵秀公开堂其间,禅侣始集。未几,因事去。丁酉,吉州檀护迎天界觉浪盛公,未赴,遂命法嗣笑峰然公主持。三载示寂,首座不空树师守之。适药地智师自廬山来,为笑师视塔地,众请留此,青原宗风于是大盛。时节因缘,岂偶然哉?〔2〕

笑峰然《募修净居禅寺疏》亦云:

> 吾宗七祖受六祖嘱,还归吉州,肇启青原,四传而曹洞兴,六传而云门出,八传而法眼起。五叶之宗得其三,六祖之殿享于左,有由来

---

〔1〕《冬灰录》(外一种),第309页。
〔2〕《青原志略》,第20—21页。

矣。自云门、法眼二宗不传,而青原乃特以曹洞孤行于后,时衰世变,作者渐微。复至我寿昌、博山、云门显圣,而曹洞一宗乃复大振,青原之桂于是昌焉。[1]

云门显圣,指湛然圆澄禅师。此也正是焦荣《青原未了缘引》所云:"一花五叶,种之曹溪。结果成熟,吉之青原。"[2]可是,青原七祖道场在元明时衰颓,仅剩福田僧维持。万历间,江右王学兴盛,在净居寺设青原会馆为讲学之地,直至乙卯(1615)邹元标、郭子章迁会馆至寺外山前,建传心堂、五贤祠,并九邑会馆,净居寺才归还僧人。但直至丁酉(1657)笑峰大然奉道盛之命前来住持,七祖道场才开始兴复。然仅三载,庚子(1660)笑峰示寂。直至甲辰(1664)方以智入主,青原宗风于是大盛。

第一节 青原弘法之行实

方以智自甲辰(1664)冬入主净居寺法席,弘法六年,倡禅儒会通、三教一家和禅净不二的"青原宗风"。在弘法的同时,方以智交游结纳甚广,药地大师名震一时。此外,《药地炮庄》等方以智的著作以浮山此藏轩为名陆续统一刊刻,《青原志略》和《天界觉浪盛禅师全录》由方以智接手重新编纂完成。

一、住持与弘法

甲辰(1664)冬庐陵合郡当道同九邑绅士请上堂。方以智上堂语表示要弘扬佛法,传正法眼藏:

---

[1]《青原志略》,第175页。
[2]《青原志略》,第179页。曹洞祖庭在宜丰洞山,临济祖庭在宜丰黄檗山,沩仰宗祖庭在宜春仰山栖隐禅寺。加之云门、法眼出自吉州青原,则禅宗五叶俱开枝散叶于江西。

佛在灵山传正法眼藏,嘱付国王、大臣、居士、沙门等,各各承此恩力,为内外护。只以一念无私三昧,顿入普光明殿,同时供养。今日特为拈出,一祝天寿平格,一酬本师法乳,一为檀护福德同圆。[1]

　　三昧,指正定,将善心住于一处而不妄动。天寿平格,语出《尚书·君奭》。法乳,譬喻以正法之滋味长养弟子之法身,犹如母乳之于幼儿也。檀护,檀指布施,护即护法,与檀越(施主)同意,泛指一切布施者。除此之外,方以智表示:"不免将我杖人集大成底葛藤,上下四维打一周由也。"[2]他遍举曹洞、临济、云门、法眼、沩仰五家宗风,却表示:"一坠(队)啰啰娑娑,你道说得出么?枉费镂尘吹影,究竟描邈不来。未过绝苏,徒劳侧耳。新青原则不暇及此。"[3]对于七祖道场,方以智着重提及自己的前任笑峰和上的贡献:"青原七祖后,齐、信、如、立,[4]历历晨星。……直至我笑峰法兄,以杖人一条拄杖子,吊个无孔铁锤,推前拶后,复还七祖旧颜,竖起毘卢阁顶。"被问及自己的宗旨,方以智举法灯禅师"山僧本欲幽栖岩窦,隐遁过时。只为先师有个未了公案,出来为他了却"云:"且道先师未了底公案,将何为他了却耶?依旧是法灯前八字了也。"[5]意即以"幽栖岩窦,隐遁过时"为真实宗旨。

　　乙巳(1665),笑峰大然衣钵塔建成,方以智设供,张贞生作《青原笑峰禅师衣钵塔铭》。张贞生,顺治十五年(1658)进士,状元。笑峰弟子。官

---

[1]《冬灰录》(外一种),第102页。
[2]《冬灰录》(外一种),第103页。
[3]《冬灰录》(外一种),第116页。
[4] 宋齐禅师,石门元易禅师之法嗣也。住青原一纪,示寂日说偈曰:"昨夜三更过急滩,滩头云雾黑漫漫。一条拄杖为知己,击碎千关与万关。"惟信禅师,黄龙祖心禅师之法嗣。如禅师,白杨法顺禅师之法嗣。僧问:"达磨未来时如何?"师曰:"生铁铸昆仑。"曰:"来后如何?"师曰:"五彩画门神。"立禅师,天宁梵思禅师之法嗣,明教嵩禅师《正宗记》载之。(见《青原志略》卷二"僧传")
[5]《冬灰录》(外一种),第118页。法灯禅师,宋代法眼宗僧,世多称金陵法灯、清凉泰钦。

编修,累迁侍讲学士,因言事降二级,乞病归。据乾隆《泰和县志》卷二十三"人物·流寓":"字干臣,庐陵人,官学士,爱王山之胜,结茅居焉。修复匡山书院,及定光、读书等岩。……山中野服,扶杖徜徉以老。其学笃信罗整庵,以诚敬为主。"所隐居王山(匡山),也即方以智曾住持过的汋林所在地。康熙十四年卒。著有《玉山遗响》六卷,《唾居随录》四卷,及《庸书》二十卷等。

乙巳秋,游永和,并会永和莲社众弟子。

丙午(1666)秋,九月初九,晦山戒显和尚至青原山,方以智有《晦山和尚到山,上堂引座》。[1]

丙午冬,药树堂成,孙晋(号鲁山,桐城人)撰《药树堂碑文》称:

> 岁丙午(1666),余从曹溪过青原访之。七祖所插之荆枯而复梽,师于其下筑祖堂归云阁基。归云之下,为药树堂。此堂先成,施愚山署书一额"八窗玲珑,青山屋里。禅众栖止,肃肃雍雍。千指围绕,钟板中节。三代礼乐,万仞风规"。敬钦盛哉!师曰:"偶尔成文耳。因法救法,无住而住,所切切者,绝后苏来,随分自尽而已。凡人肯随分自尽,即可不起一念离岐。大人超一切,入一切,亦以随分一句还之,即云龙矣。其奈无始结习,欲怂为累,横执我见,油面胶投。然则以毒攻毒,安可少哉?然则胶我而投以毒攻毒之药,又何以救哉?"夜坐盘桓,叹曰:"药以治病,平人服峻药者危,重症服轻剂者危。病有必不免者,有不治而自安者,则病亦可以为药。且如性本无病,而洞祖云:'法身为大病源。'《维摩经》曰:'众生不病,则我不病。我若不病,则众生之病永不可除也。'……一茎草杀人活人,微哉!危哉!佛以生死发药,按析解剖,为此土之所不及察。而贤者挈瓶,不知其故,反

---

[1] 《冬灰录》(外一种),第210—211页。

资市贩。此杖人所以别路托孤,而本愿在集大成。集大成则正人自乘权而知时矣,我何必尸其功哉?"〔1〕

后,归云阁成。文德翼作诗《寄题归云阁,呈墨和上》:

我闻药地师,遇地惟种药。最爱匡庐秀,又同五老约。
近于青原山,时复小兴作。一阁可归云,公然下注脚。
为是阁归云,还是云归阁。云来阁自空,阁去云何着?
吾师既归庐,云阁都寂寞。云自庐所有,阁亦庐可落。
与师登云峰,与师探云壑。吾师且归来,云中同一噱。〔2〕

丙午(1666)竺庵大成圆寂。大成曾和方以智约会鼓山,同礼东苑,遗书言传灯事(鼓山永觉元贤有《续正宗记》)。夏,方以智取道新城往福州。扫廪山塔,〔3〕廪山瑞如监院请上堂。〔4〕至寿昌寺,扫寿昌老祖塔等,〔5〕寿昌楚云大师率两序请上堂。〔6〕

到长庆为空隐和上设供。〔7〕

扫鼓山永老和上塔。〔8〕

丁未(1667)冬,十月,游武夷山,扫东苑祖塔。

戊申(1668)冬,方中德兄弟在浮山兴建报亲庵。方中通《陪诗》卷三《省亲集·戊申冬建报亲庵至己酉春落成》自注:"浮山此藏轩,王父分授

---

〔1〕《青原志略》,第113—114页。标点有更动。
〔2〕《青原志略》,第324页。
〔3〕《冬灰录》(外一种),第240页。
〔4〕《冬灰录》(外一种),第241页。
〔5〕《冬灰录》(外一种),第242页。
〔6〕《冬灰录》(外一种),第245页。
〔7〕《冬灰录》(外一种),第248页。
〔8〕《冬灰录》(外一种),第249页。

伯兄之别业也。遭乱倾颓,予兄弟于故址建报亲庵,将迎老父归养。"〔1〕与此同时,孙晋、县令胡必选、吴氏宗族等请方以智回浮山住持华严寺。

己酉(1669)仲夏,焦荣《青原未了缘引》转述刘平田(刘轩孺)语曰:

>青原道场,胜冠吉州。迩药地大师驻锡,阐示宗教,远近人士及缁俗等众,译斯旨趣,如大梦忽觉,旅客乍还,各证悟本来面目,兴起赞叹。日者缺一净室方丈,敢募护持,发大愿力,以嗣振宗风。〔2〕

己酉(1669)冬,吴道新、吴善观(集万)专赴青原,再请方以智回浮山住持华严寺。

庚戌(1670)春,遣徒山足兴斧至浮山华严寺监院。

庚戌(1670)七月,吉安府、庐陵县当道《青原寺田新立僧户碑记》云:

>夫青原以曹洞一脉,自思、齐、信、如、立诸禅师后,几于不振。及郭青螺、邹南皋二先生力主移讲堂于外,而内殿重新,禅侣稍集。乃今至浮山愚者而大兴,盖莫盛于此矣。枯荆再发,信非偶然。〔3〕

又同年《两学呈词》云:"青原净居寺,乃接众之丛林,向凭本邑绅衿会请名僧,讲经课诵,祝国佑民,以延香火,非比受徒世守之寺僧也。"八月初六日,吉安府正堂郭批:"据详,青原古刹乃祝国裕民道场,非若受徒世守之寺僧也。"〔4〕

庚戌十一月一日,方以智退院,将净居寺交付叶妙大全,养病泰和陶

---

〔1〕 方中通:《陪集·陪诗》,见《清代诗文集汇编》,第133册,第96页。
〔2〕 《青原志略》,第178页。
〔3〕 《青原志略》,第369页。
〔4〕 《青原志略》,第370页。

庵(非亦庵或首山庵)。方以智继席笑峰和尚,住持青原净居寺六年,是为了完成乃师双选托孤的"公案"。他弘扬乃师觉浪道盛兼中妙叶、集大成的禅学和禅法,中兴了青原道场,获得了广泛认可和赞誉。

在经历"粤难"、方以智辞世三十年后,胡映日、方兆兖所编《青原志略》卷十三《杂记》最后一则,为康熙四十一年(1702)六月十五日官方告示:

> 吉安府青原山净居禅寺,乃系七祖道场。自唐迄今,久历年所。向为墨历药地愚者禅师,舍宰相身,登坛说法,十年修造,万象昭垂。所有留青宝塔,及遗像遗迹,永宜合其法嗣接续,看守保护。[1]

二、交游与结纳

乙巳(1665)十二月,与毛奇龄、施闰章等游青又山(庵)。

丙午(1666),方以智与友人游青原诸峰,于天玉山得瀑布,作《青原得瀑记》;又游朱陵观,作《游洞岩朱陵观》;又游西华中埠。五月,与数十友人游武功山,作《搜瀑行》。张贞生《庸书》卷六《武功笔记第四》对方以智《瀑布小景》自喜"武功从不闻瀑布,而愚者搜得之"颇不以为然,云"武功瀑布,固不俟今日搜而得之者"。[2] 又与施闰章等游观荆陇洞瀑布,名之曰小三叠。

丙午,徐芳寄书劝密之:

> 但不知道兄将来大意,将深山乎? 如有意深山,则茅蓬尺地,何处不得? 二三蒲蔬之食,安往不办? 如是,人人愿为主人……故弟以

---

[1]《青原志略》,第373页。"净",原文误作"静",改。留青宝塔,据方中通《陪诗》卷四《先大人归葬浮山,遵遗命也》:"议定爪发付法嗣,肉身归血子,此儒释两尽之道也。青原建衣钵塔,邵村叔为题留青二字。"见《陪集》,《清代诗文集汇编》,第133册,第113页。

[2] 转引自任道斌:《方以智年谱》,第15页。

为道兄将来所处,尚宜审择。夫出而劳,孰与退而隐?且道兄今日又有宜深山不宜高座者,此可意喻,不可以言传也。……道兄不尝学《易》乎?《易》之为书,原不必多,只此潜龙勿用四字。……然且峨然高座,使天下指而目之,可乎哉!……此语在他人不敢言,即弟亦几番踟蹰,然终不容不言。盖亦有愚忠在,惟道兄察之也。[1]

丁未(1667),方以智主青原法席后,颇事接纳,魏禧致《与木大师书》表示关切:

> 丁未月日禧顿首:间别七年,每忆金精峰追随谈䜩,便如隔世事。……每惟相见以来,叠荷训诲,披宣肝膈,有比家人。……师之抱恨于甲申也,识者律以文山之不死。及独身窜西粤辟马、阮之难,识者比之申屠子龙。其后捐妻子、弃庐墓、托迹缁衣,识者拟于逊国之雪庵。若是者,师亦可以谢天下传于后世矣。其他博学弘文、盖世之能、兼通之技,为流俗所羡慕者,固不足为师道也。
>
> 迩者道誉日盛,内怀忧逸畏讥之心,外遭士大夫、群衲之推举,于是接纳不得不广,干谒不得不与,辞受不得不宽,形迹所居,志气渐移。夫观时以行权者,豪杰之事;全身任道,圣贤所不废。师之出此,识者犹将谅其所不得已。而今则既三年矣。禧粗览佛书,从来古德于道行法明之日,往往挂鞋曳杖,灭影深山,后世莫不高其行。譬犹神龙云中,偶见爪甲。故曰:"安知凤凰德,贵其来见希。"若鳞鬣首尾,终日示见,则禹物画壁,孔庙雕柱之物耳。又况以师之人,处师之时,不得已而出诸此者,且师亦岂不欲后世之知其心也?《诗》曰:"絺兮绤兮,凄其以风。我思古人,实获我心。"惟大师深观古人之迹,近

---

[1] 徐芳:《悬榻编》卷五《寄木公四(丙午)》,见《四库禁毁书丛刊》,集部第86册,北京:北京出版社,1997年,第187—189页。

察一身之故,昭濯既往,显示将来,以不虚二十年出妻屏子之素节。[1]

丁未夏闰四月,方以智在新城与魏禧晤面,先前不快释然。魏禧不得从其游武夷,乃作文相送:

> 丁未闰月,师自青原游武夷,迂路新城,招晤天峰寺中。时余以授徒闭关,窃出痛谈,一日夜不得止。余向与师相见,有犹龙之况,今别师七年,胸中新语勃勃不自遏。明日师谓涂澹庵曰:"冰叔昨与吾夜谈,烛见跋,神采益壮,声如洪钟。"余方病喉痛不能言论,辍讲席已数日,及见师谈不倦,喉且顿瘥。独恨身羁课诵,不得从武夷游。[2]

丁未八月,往莆田,见余飑及余全人。余飑有《送愚者归青原序》:"丁未八月,浮山愚者访余芦中。"[3]

戊申(1668),去冬在南昌结识李元鼎,春末夏初李元鼎访青原山。秋,汪楫游青原山。

庚戌(1670)二月,沈寿民寄书方以智:"我兄亦尚以龙自命乎?池宁山中,倏然而至,偃然而住,壁棱掌叶,俱可寄迹。奚于三十六峰间?又奚必说法开堂?方谓度人自度乎?惟终裁之教之。"[4]

庚戌(1670)夏,与王愈扩等游陶湖,方以智更名曰曲浒。中千(兴贤)在陶庵故址创大悲阁,请方以智驻锡。冬,十月二十六日,方以智六十寿辰,四方友人纷纷为文贺寿。中千编为《首山偶集》。施闰章《学余堂文

---

[1] 《魏叔子文集》,上册,第256—257页。
[2] 《魏叔子文集》,上册,第510页。
[3] 《青原志略》,第123页。
[4] 沈寿民:《姑山遗集》卷四《答药地师书(庚戌二月)》,见《四库禁毁书丛刊》,集部第119册,北京:北京出版社,1997年,第69页。

集》卷九有《无可大师六十序》称：

> 其初入青原，为笑公扫塔，旋去之虞山。而庐陵于明府以七祖道场固请驻锡，师乃留数载。著书说法，皈者日众。间同幽人韵士，疏瀑泉，涤奇石，碑铭偈颂，照耀林谷，片语单辞，无非大道，佥以为枯荆复茂，山川改观，师之力也。[1]

三、著述与主编

乙巳春，方中通侍青原时，"重读《切韵声原》，始知老父一切征诸《河》《洛》，无往不会其原。即此音韵一端，横三直五，发千古所未发，而合乎天然，各具之声，配合《图》《书》，垂益后学，岂浅鲜哉！"[2]

据乙巳(1665)方文所作《喜左又錞见访有赠》(收入《崇山续集》)，左锐至青原山向方以智学禅："君去青原山，言访炮庄老。淹留历冬春，禅学共探讨。"[3]《冬灰录》(外一种)卷一收有《五位纲宗(青原)》，系方以智为答方中通和左锐(左藏一)问所说。

乙巳(1665)，方中通《陪诗》卷三《省亲集·同方乘六编次老父物理小识授梓》、《又编次浮山后集》。[4] 言及浮山此藏轩本《物理小识》付梓，为"潭阳大集堂梓行"。编次《浮山前后集》，《浮山前集》系方以智逃禅前的早年各种诗集，《浮山后集》为方以智逃禅后中年所著多种诗集。新增(指编成)《乐府禅》，即《禅乐府》，系方以智晚年诗集，也是最后一部诗集。

丙午(1666)夏，揭暄携方以智《通雅》至福建建宁，姚文燮为之刻板刊行，是为府衙本。

---

[1] 参《浮山文集》附录四，第572页。
[2] 方中通：《陪集·陪古》卷一《音韵切衍自序》，见《清代诗文集汇编》，第133册，第7页。
[3] 转引自任道斌：《方以智年谱》，第232页。
[4] 方中通：《陪集·陪诗》卷三，见《清代诗文集汇编》，第133册，第93页。

丙午(1666),方以智为萧士玮《陶庵杂记》写序。方中通《陪诗》卷三《省亲集》有《丙午萧孟昉约过研邻》、《萧孟昉捐资为老父刻药地炮庄感赋》。〔1〕

丙午(1666),栖霞竺庵道人大成撰"读《炮庄》题辞"。

丙午(1666)九月九日,晦山戒显远道来访,撰《炮庄序》。

丙午(1666)九月九日后,丁未(1667)冬之前,文德翼作《补堂炮庄序》。文德翼,江西九江人,有《求是堂文集》(参见《四库禁毁书丛刊》集部第141册,北京:北京出版社,1997年)。其卷二收《炮庄》序,作于《千佛寺纪略》序前,后者作于丁未(1667)冬:"丁未之冬余过建武之寿昌寺",则《炮庄》序或作于此时。

丁未(1667),苗蕃为《药地炮庄》撰《炮庄咏二十四韵》。

丁未(1667)冬,十月,在建宁与书商相会。方以智书大多刻于建宁。《药地炮庄》在"潭阳大集堂梓行"。〔2〕今安徽省博物院所藏的大集堂原刻本(四册)系方氏后人捐献。卷首书牌页除正中书名为楷体"药地炮庄"四个大字外,右上方分双行题署"天界觉大师评,吴观我先生正",左下方题有一行"潭阳大集堂梓行"牌记〔3〕,并无"浮山此藏轩本"字样,但在每叶版心(书口)的下部镌有"此藏轩"三字,目录叶左边栏内侧,标有"康熙甲辰""庐陵高唐曾玉祥刊"。又,方中通《陪诗》卷三《省亲集·忆亲闽中》

---

〔1〕 方中通:《陪集·陪诗》卷四,见《清代诗文集汇编》,第133册,第95—96页。
〔2〕 康熙甲申(1704)出现补刻本,即天瑞堂增补重印本。卷首书牌页一如大集堂本,但右上方署刻"天界觉大师评,吴观我先生正"变更为"浮山此藏轩本",左下方署刻"潭阳大集堂梓行"牌记变更为"潭阳天瑞堂梓行"。又内文共有29处出现"甲申年崇安补"字样。崇安,与潭阳大集堂所在地崇化相邻。甲申,应为康熙甲申(1704)。又,游艺(子六)的《天经或问后集》不分卷四册本,也为"书林熊氏大集堂"约于壬子(1672)梓行。
〔3〕 "潭阳"或"潭城",今建阳别称,现福建省南平市建阳区所在地,位于武夷山南麓,是福建最古老的五个县邑之一,宋代曾以"图书之府"和"理学名邦"(朱熹晚年定居考亭村讲学,建考亭书院)闻名于世。"书林",是崇化书坊的专称,与麻沙书坊并为建阳两大书坊,今在建阳有"书林门"遗址。由此可考出《药地炮庄》初刻本的刷印地具体在建阳的崇化(今书坊乡)。

"潭阳为托当年友"句下有注：

> 书坊熊、郑诸公皆皈依老父,《周易时论》《药地炮庄》《物理小识》三种书板,游子六向寄熊叔明、熊长吉家,刷行后,揭子宣转托郑玉友。并寄《通雅》板,已刊十之七八矣。[1]

己酉(1669)春,继修《青原志略》,创"发凡"。胡映日等门人均参与。夏,庐陵知县于藻为《青原志略》作序,捐资刊刻。

庚戌(1670),《青原愚者智禅师语录》完成初辑,门人携至黄山,请熊开元(檗庵和尚)为序。

辛亥(1671),方以智作《禅乐府·引》,或为方以智绝笔。落款为"浮渡愚者智漫题于濯楼"(见《禅乐府》排印本,方叔文、方鸿寿校刊,1936年)。

方以智癸卯(1663)应邀至泰和主汋林(原法华庵)法席,而中千和尚居泰和"亦庵"(后称首山庵)。庚戌(1670)十一月初一日,方以智退院,随后《青原愚者智禅师语录》卷二有"首山茶筵示众"和"师退居陶庵"两则,可知方以智退院后至次年三月"粤难"起,在陶庵养病。魏禧和彭士望文,均言退居亦庵(即首山庵),似有误。方中通则言中千和尚"特建陶庵迎老父,又增濯楼。楼成而难作矣"。[2]此处方中通所言"特建陶庵"也应有误,陶庵为旧有,系萧士玮寓所,萧士玮已故,陶庵空置,濯楼系中千和尚增建于陶庵中而已。据彭士望《树庐文钞·首山濯楼记》又确言:"移居濯楼前三日,难作。"这样一来,方以智似并未曾居住于濯楼。《禅乐府·引》称方以智"漫题于濯楼",或许是游濯楼而非居于濯楼所为。

---

[1] 方中通:《陪集·陪诗》,见《清代诗文集汇编》,第133册,第96页。
[2] 方中通:《陪集·陪诗》卷四,见《清代诗文集汇编》,第133册,第109页。

第二节　禅净不二:道场建设

道盛《全录》卷三十一《甲申元日语》,当被问及"念佛法门,亦可见性成佛乎?"道盛就念佛与参禅关系回答道:

> 此当念唤醒主人公,直指人心,见性成佛之全提宗旨也。参禅虽为直指,悟入者难。唯念佛乃真圆顿法,古人指念佛为捷径,犹未尽其善。捷径虽异于曲路岐途,未免从门外而入。今主人现坐堂皇之上,自呼自醒,岂有舍元殿上之人,更觅长安之捷路乎?故吾以念佛即念心,使尝住真心圆明净照,不向外驰求,则超出圣凡善恶是非大小偏圆诸对待之外矣。[1]

对于晚明四大高僧中的云栖莲池大师,因博山元来的关系,道盛也是以法孙相认,曾去云栖扫塔,《全录》卷八上堂普说称莲池是"标净土而归于心宗":

> 或谓达祖既以不立文字、直指人心,何复以《楞伽》为印乎?此正明一切佛语皆以心为宗旨,不特《楞伽》是离文字法,如能亲悟心印,则三藏十二部一切修多罗,皆是离文字为宗旨也。……世间开戒阐教,标净者甚多,未必皆悟道之后设施也。独大师于悟心之后弘法,是以说戒,戒即金刚戒相也。设教,教即妙明真心也。立论,论即直剖宗旨也。标净,净即全提佛心也。[2]

---

[1]《嘉兴藏》,第34册 No. B311,第778页。
[2]《嘉兴藏》,第34册 No. B311,第642—643页。

方以智《冬灰录》(外一种)只有卷首一不系年,所收《药地苍天语》一篇属参禅,[1]《念佛孤颂》一篇属念佛。[2] 所颂"水鸟树林皆念佛,红桃翠竹黄梅熟",[3]体现了觉浪道盛及方以智师徒(中五)道场建设的理念和禅净不二的宗旨,故又以住持青原后的一图、一衍说编次在后。《药地苍天语》署"金楼识",《念佛孤颂》则有"寿昌大存敬识"和"笠山大宁题",两篇由"半庐弟子腾蛟敬梓",腾蛟即李腾蛟,"易堂九子"之一,著有《半庐诗文集》,方以智在寿昌、廪山时期曾拜访"易堂九子",李腾蛟为这两篇梓行并有记云:

> 蛟尝问药地大师曰:参禅念佛,不二法门,[4]今专家者各抑扬矣。或曰:参禅自谓看破一切,多饮狂泉。念佛自谓一心不乱,依然漆桶。或曰:专门必偏方能深入。或曰:诚明一际,[5]愚荡双超。果孰是耶?大师曰:自肯一心,何事不办?放下提起,不分两层。看破一切,岂是颟顸横逞、一心不乱?原非执守暗痴,曾悟念念无念之透七日三祇乎![6]曾悟法住法位之皆水鸟树林乎!只为一真汩没,贩成欺顽。借专借通,皆以护短。是谁一声呼醒?自心之佛,本自中和,有何人我斗诤不消镕耶?[7]

---

[1]《冬灰录》(外一种),第9—12页。
[2]《冬灰录》(外一种),第13—15页。
[3]《冬灰录》(外一种),第15页。
[4] 不二之理,佛道之轨范,故云法。圣由之趣入,故云门。佛教有八万四千法门。不二法门,在诸法门之上,能直见圣道者也。《维摩诘经》载文殊师利问维摩诘:"我等各自说已,仁者当说,何等是不二法门?"维摩诘默然不应。殊曰:"善哉善哉!乃至无有文字语言,是真入不二法门。"
[5] 一际,指彼此二边无分别也。
[6]《佛说四十二章经》云:"吾法念无念念,行无行行,言无言言,修无修修;会者近尔,迷者远乎!言语道断,非物形所拘,差之毫厘,失之须臾。"三祇,三大阿僧祇劫。
[7]《冬灰录》(外一种),第17—18页。

参禅念佛,不二法门。众生一念成佛,既是净土宗的念佛成佛的宗旨,也是禅宗的顿悟法门。法住法位(《法华经》),皆水鸟树林(《弥陀经》)。笠山大宁题方以智《念佛孤颂》云:"三一老人曰:此一念字,即《庄》之怒字、《易》之乾字。善游息者,一怒而鲲可为鹏,善统用者,一乾而潜可为飞矣。"〔1〕李腾蛟《药地苍天语》、《念佛孤颂》梓后记,称方以智云:"三一老人椎无生,铎安生,以圣谕与念佛同参。"〔2〕无生指不生不灭之法,亦即真如涅槃的道理,安生指各安生理:各自安心从事自己的职业,过自己的生活。明太祖的"圣谕六言"为:"孝顺父母,尊敬长上,和睦乡里,教训子孙,各安生理,毋作非为。"方以智《远祖塔院饭田记》称:"止有各安生理一句,即是三际俱断。"〔3〕

《冬灰录》(外一种)卷首一在两篇之后附一图、一衍说,参考《青原志略》以及滕楫识语,应系于方以智住持青原净居寺后。《青原志略》卷一《山水道场》称净居寺曰:

> 山门九楹,两廊二十四楹。毗卢阁在后,大雄殿在池中,三桥拱之,诸方未有也。大殿盝顶,苏溪郭首龙来复成之。初作四面佛,后改三身。刘晋卿迎颛师主此,修大殿,筑铜像,功乃就焉。眉师时又铸弥勒,韦驮则欧阳超翰所施也。毗卢一阁,依然架空。至笑师来,扶起层楼,檼楶壮备,上奉遮那,下颜"中五",法堂表焉。然方丈、库司在左,不与殿同乾巽之针,势所当改。中门奉弥勒、韦驮、四天王,而出入宜从右门者,巽宅取坎门,同仪气也。右手新药树堂、归云阁,则药地智师建者。倒插荆下,立祖堂,尚有待云(右庑西归堂,以供从来大德。僧有功常住者,云水居之,权作祖堂)。〔4〕

---

〔1〕《冬灰录》(外一种),第17页。
〔2〕《冬灰录》(外一种),第18页。
〔3〕《冬灰录》(外一种),第37页。
〔4〕《青原志略》,第21页。

"中五"法堂,本是道盛所提出,所以笑峰来青原后已有初步构建。左鐳《中五说》明确称:"笑老人以此(注:指中五)表堂,全提宇宙,深心哉!"〔1〕《冬灰录》(外一种)卷首一所附"中五道场衍说",滕楫(公剡)有识:"至矣哉!吾师小衍道场,随寓皆具,语亦具,默亦具,指其掌矣。自非剥烂复反,难言神而明之。"滕楫为方以智汋林时所收弟子,〔2〕随方以智来青原。至于"中五道场图",方以智《青原志略》发凡称:

> 杖人尝以道场表法衍七七五五之图,愚者约为中五四维,而八卦布焉。统御者谁,何内何外,何中何边,而历历然不乱也。青原之山,净居、书院,楼亭四望,由药树(引者注:堂名)入中五堂,而归云(引者注:阁名)覆之。旦暮遇者,一室亦具,卓杖亦具,不言亦具矣,山无隐乎尔。〔3〕

根据方以智这一说法,《冬灰录》(外一种)卷首一所附"中五道场图"是方以智对道盛住持庐山圆通寺时所作道场图的简约。方以智《中五道场衍说》进一步开宗明义指出:

---

〔1〕 见《青原志略》,第127页。

〔2〕 《药地炮庄》有张自烈序,题为《阅炮庄与滕公剡语》。据任道斌《方以智年谱》(第229—230页),余飏《芦中全集》卷四《别揭暄、滕楫二生序》称:"无可之书,非二公无与辩诸者,则二生之所造,又可知已。"无可为方以智别号。按余飏所言,滕楫为方以智禅游江右和主法青原时期最得意弟子之一。江西婺源人,善于谈地。为方以智修订《韵》、《叶》《四韵定本》《正叶》)。

〔3〕 见《青原志略》,第9页。旦暮遇者,语出《庄子·齐物论》:"丘也与女皆梦也,予谓女梦亦梦也。是其言也,其名为吊诡。万世之后而一遇大圣知其解者,是旦暮遇之也。"无隐乎尔,语出《论语·述而》:"二三子以我为隐乎?吾无隐乎尔。"

会祖、尊正《规》《鉴》〔1〕示道场图,大者七七,中者五五,合宗、教、律而统一切法,以《易》表之,谁知其旨乎!愚请表以小衍(引者注:谓以天数五与地数五相合而推衍卦义)之五,毕矣。〔2〕

据青原山净居寺现存格局而言,青原道场的建筑一如中五道场图和《中五道场衍说》所称:

中建大雄殿。前建通堂,开三门焉。北建法堂,上楼为毗卢之藏,法堂之东为净土堂,法堂之西为参禅堂。通堂之东为教授堂,通堂之西为维摩堂。正东为厨库、饭堂,正西为客堂、养老、委积之所。周环为庑,是从屋也,西则偃厕、浴舍;东则碓硙薪蓄诸杂务寮;北为闲籁、方丈,后为别室。前立总门,森然备哉!

各堂墙壁各为一院,各当其位,各尽其职。三根〔3〕随分,路路接引。首领可以分合,而学人不相往来,同中之别也。各堂有互换者,煅炼省发者,近法堂而亲炙,阅藏学古,类情历事,通诸差别,乃能正用无碍。百丈之规〔4〕,本如是也。世出世妙叶矣,惟其妙叶,仍可分领各堂。佛在菩萨幢林中,覆本垂迹〔5〕,别中之同也。岂以向

---

〔1〕 觉浪道盛曾作《尊正规序》、《尊正鉴序》、《会祖规序》、《会祖鉴序》等,见《天界觉浪盛禅师全录》卷二十一,《嘉兴藏》,第34册No. B311,第710—713页。

〔2〕 《冬灰录》(外一种),第20页。标点符号有更动。

〔3〕 又作三辈。众生之根性有上、中、下三等,称为三根。据《法华经》卷三药草喻品载,犹如卉木丛林及诸药草中,有小根小茎小枝小叶,有中根中茎中枝中叶,有大根大茎大枝大叶,其上中下随树之大小而各有所受。上根者(又作利根),根性伶俐,速发智解,堪忍耐难行,能证妙果;中根次之,下根(又作钝根)最劣。

〔4〕 百丈怀海禅师针对当时丛林制度初立,未订规章的现象,参照大小乘戒律,制定《禅门规式》,被寺院普遍推广,世称《百丈清规》。宋初《百丈清规》被定为天下禅林必须奉行的管理条例,沿用至今。其"一日不作,一日不食"的风尚,最为著名。

〔5〕 佛菩萨之本体曰本地,由其本体示现种种之身,济度众生,曰垂迹。佛三身中,法身、报身为本地,化身为垂迹。

上掠虚、彊护贡高（引者注：彊同"强"，指骄傲自大），而不肯为人下乎？法王立一切法，泯一切法，而统一切法〔1〕。立泯于统，统泯于立〔2〕。主中主〔3〕之相续，神在其中，讵容言耶！

方以智接着又以《易》理表法诠释这一道场布局的内涵：

姑以表法言之。《河图》变为《洛书》，即用是体。中建皇极（引者注：出《洪范》九畴"次五曰建用皇极"），三身之普光明殿，以无相〔4〕相者也。天无冬夏而岁始冬至，此朔易也。乡饮之礼，表以至尊之位，习坎心亨，南面向明，故以统御之法堂负扆焉。西北之乾，金刚〔5〕上师。乂用四克，乃享平康正直〔6〕。颜曰烹雪堂，表西乾之参禅最上乘也。东北之艮，始终敦止，以发坎中之真阳，为帝出之雷〔7〕。颜曰呼觉堂，表当人自心之佛即净土也。《洛书》四五六独顺，巽顺乾以制用也，故为天地门户，四阳四阴于此乎交，刚以自治，柔以化物，柔用其刚，刚柔节矣。颜曰转风堂，表风力声气必转于教

---

〔1〕 佛于法自在，称曰法王。《东西均·全偏》："俗谛立一切法之二，即真谛泯一切法之一，即中谛统一切法之一即二、二即一也。"
〔2〕《药地炮庄·知北游》（修订本，第359—360页）："如何是立泯于统？曰：三更日午。如何是统泯于立？曰：日午三更。"
〔3〕 曹洞宗所立四宾主之一。主，指正、体、理等；宾，指偏、用、事等。主中主，谓理之本体并非直接显现于日常之事相上。
〔4〕 梵语 animitta，无形相之意，为"有相"之对称。一切诸法无自性，本性为空，无形相可得，故称为无相。涅槃无色相、声相、香相、味相、触相、生相、住相、坏相、男相、女相等十相，故涅槃又称无相。
〔5〕 梵语 vajra，释音金刚，即矿物中最精最坚之金刚石。《三藏法数》所下定义一语破的："金刚者，金中最刚。"以金刚所造之杵为金刚杵，为古印度兵器，后逐渐演化为密宗表示伏魔、断烦恼、坚利智的法器。
〔6〕 平康：平安；正直：公正不偏邪。世事平安，公正不邪。《尚书·洪范》："平康正直，强弗友刚克，燮友柔克；沉潜刚克，高明柔克。"
〔7〕 指雷门，即震之门。《周易·说卦》："帝出乎震，……震，东方也。"《东西均·译诸名》："东方为帝出之雷门。"

授也。坤上善合金火,地即是天,致役主养,经维成能,世即出世。治世资生,一乘不悖,谁不饮莲花之甘露耶!颜曰翊化堂,表灵山之付嘱,是教养精一之兼广门也。正南通堂设扆,而随时开阖,表离明相见之通途也。正东主发生利用,故厨、库、饭堂表之。正西主收敛归化,故客堂、养老、困庾表之。又周垣而围庑之,画九而分垣之,垣皆廊之,廊皆房之,经行于楹,备庑务、育众材也。法王居中负北,而无所不统矣。《黄帝·灵枢》之表风候诊也[1]。明堂之四面各三,巽(引者注:东南方)梯中楼也,皆取此也。[2]

将道场殿堂布局表以小衍之五,各堂墙壁各为一院,各当其位,各尽其职,同中有别,而各堂有互换者,通诸差别,正用无碍,别中有同。体现了"立一切法,泯一切法,而统一切法。立泯于统,统泯于立。主中主之相续,神在其中"。又以《易》《河图》变为《洛书》,即用是体"之表法:中建皇极,设大雄殿(即三身之普光明殿)。正北习坎位,设法堂统御。西北之乾,设参禅之烹雪堂。东北之艮,设净土之呼觉堂。东南巽位"顺乾以制用也,故为天地门户",设转风堂,"表风力声气必转于教授也"。西南坤位设翊化堂,表灵山之付嘱。正南离位设通堂,表离明相见之通途也。正东震位,主发生利用,故厨库饭堂表之。正西兑位,主收敛归化,故客堂、养老、困庾表之。滕楫引李伯纪和黄元公[3]评论说:

---

[1]《黄帝内经》原书十八卷,其中九卷名《素问》,另九卷无书名,唐以后称《灵枢》,其核心内容为脏腑经络学说。
[2]《冬灰录》(外一种),第21—23页。
[3] 黄元公,名端伯,建昌新城人。崇祯元年进士,历宁波、杭州二府推官,以丧归。笃志宗乘,遍参天童、径山、三峰诸老师,最后师事寿昌无明慧经。与觉浪道盛有交往。据《五灯全书》卷第六十二"祠部黄端伯居士":"公生平以卫法为心,忠烈是任。当明弘光乙酉五月,清师渡江。时南都君臣,逃散殆尽,独公不畏,且大书于门曰:'大明忠臣黄端伯居此。'及兵至被执,坚节不屈至下狱。六月初十,别家人。有偈曰:'义士何忧死,忠臣不爱生。祇留方寸赤,千舌放光明。'八月十三日临法场,又说偈曰:'四大原无我,消归烈焰中。红炉焰灭处,遍地起清风。'偈毕,引颈就刃,从容自得。自非生平学力真实,何以能此?"

华严法界即行布是圆融,《易》神无方而准不乱〔1〕,秩序变化,寂历〔2〕同时。李伯纪曰:"《易》犹《华严》也,当处历然分别,当处寂然无分别也。"〔3〕黄元公曰:"《易》无体,故变变不穷,八八变为四千九十六,始卒若环,而卦卦爻爻之义,不杂不乱,各循其方,与华严法界符合。"〔4〕

在《中五道场衍说》文末,方以智称:

指南本定,法位历然。所至道场,何能屑越?浮山之孤(引者注:指方以智)曰:有明此九宫旋八之五位无中无边者乎?一室亦具,随寓亦具;语亦具,默亦具也。争奈交轮不息何?口通《规》《鉴》,其心苦矣。主代错者,谁续此调御耶!神而明之存乎其人,有倡之者,必有和者。先衍此图,亦雷雨出云之候也。犹夫人耳,各有时位,得地则布,何必自我哉!〔5〕

刘献廷《广阳杂记》曾言:"随寓而安,斯真隐矣。"既游息于道场,则将道场作行窝,谓方以智得庄学逍遥、邵雍象数易之精髓,不亦宜乎!可见,道盛、方以智师徒建中五道场,通过《易》之表法征几,使道场成为参禅修真者息游之地。方以智《青原志略》发凡又言山水:"天游养中,格致亦酬酢也。因其本无情识而天性有则,故俯仰引触,而举隅可以通万矣。素逝

---

〔1〕 语出《周易·系辞上》:"《易》与天地准。""故神无方而《易》无体。"
〔2〕 寂历:犹秩序与变化、方与圆。
〔3〕 见《药地炮庄》修订本第53页:"李伯纪曰:《大易》《华严》,和盘一本。当处历然分别,当处寂然无分别也。"
〔4〕《冬灰录》(外一种),第23—24页。
〔5〕《冬灰录》(外一种),第23页。

之士,山水通昼夜而知,可乎?故合山水道场以为一卷。"〔1〕天游,语出《庄子·外物》:"胞有重阆,心有天游。"养中,语出《庄子·人间世》:"且夫乘物以游心,托不得已以养中,至矣。"素逝语出《庄子·天地》篇,成玄英释曰:"素,真也。逝,往也。任真而往,羞通于物务。"方以智曾在青原山"谷口别峰"建"三一堂","老人自书'素逝'立于面屏",〔2〕方以智认为,身处青原山水,而俯察地理,仰观天文,引人触几,是参禅修真者顺性而行,天游、养中之好去处。由此我们也可以理解,为什么方以智曾一再去书招王夫之来青原山相聚了。而方以智本人二十余年的披缁行迹,在"世出世间"游息,正如方中通所云:"异类中行,原非获已,行者固难,知者亦不易。"〔3〕

丙午,《结制日,孙鲁山居士设斋,请上堂》方以智有云:"尽宇宙是个禅堂,以元会为呼吸而结制,十界情尘,跳跟不出,可惜不自知。针锋上亦是一座禅堂,以刹那收天地而结制,十身器界,当下齑粉,可惜不自知。"〔4〕

《冬灰录》(外一种)卷首二有《远祖塔院饭田记》云:"莲池、博山,合一滴水,天界杖人尝举此为不二社。"此处不二似指禅净不二,盖莲池以净土为主,博山以禅宗为主。据《冬灰录》(外一种)卷首二《金谷葬吴观我太史公致香语》,方以智外公三一老人受莲池戒,于博山处得脱桶底,卷首四《母吴太恭人忌日烧香》亦云:"吾母太恭人,秉莲池戒,受博山乳,总是三一之渊源。"所以,无论是母亲、外公的渊源,还是乃师觉浪道盛的立场,都是禅净不二,方以智在青原弘法时期对此完全继承。

乙巳《游永和览诸遗迹,莲社会众弟子请升座》,旨在宣讲禅净不二:

---

〔1〕《青原志略》,第10—11页。
〔2〕《青原志略》,第41页。
〔3〕方中通:《陪诗》卷四,《惶恐集·哀述》注语,收《陪集》,见《清代诗文集汇编》,第133册,第106页。
〔4〕《冬灰录》(外一种),第213页。

进云:"祇如昨宵端坐喷雪轩,今日法施莲社会,还有同异否?"师云:"桂树黄花一样秋。"……居士问:"昔日世尊在灵山会上拈花示众,今日和尚在永和莲社会上以何法示?"师一拍。进云:"还有向上事也无?"师云:"问取脚跟下。"进云:"恁么则灵山一会俨然未散。"师云:"也须踏干草露,始享莲池。"[1]

《青原志略》卷十二有郭林、吴云所编杂记《莲社》云:

> 郡郊永和、西昌、安成,不论缁素,修净业者皆名莲社。净居、龙潭,亦作放生会,岁或间举,远近集焉。莲社祖远公,远公在匡庐,与诸贤游,故人艳称之。青原天岳之峡,且有虎溪矣。刘须溪记方山在青原东,虎溪莲社在其下,正以嵩华穿田起天岳、芙蓉,而此在其峡中也。虎溪莲社精庐为萧静观所创,其弟献可与辰翁,皆江文忠之客,流落蓬累,贫似渊明。何虎溪同、莲社同、遭人相得又同?[2]

江文忠即江万里,刘辰翁《须溪集》卷三有《虎溪莲社堂记》载此。

丙午,《大觉禅堂落成,寄幻寺主请上堂,时于慧男、刘平田、胡万咸、毛大可、陈康侯、刘襄友暨莲社弟子俱在会》。[3]禅堂落成,莲社弟子俱在会,足可见青原当时禅净不二之风气。

丙午《示永和莲社》:

> 禅即净,净即禅,念本无念中间穿。白莲花上抛只履,眼横鼻直

---

[1]《冬灰录》(外一种),第168页。
[2]《青原志略》,第336页。
[3]《冬灰录》(外一种),第197页。

谁能拈? 永和莲社以白业助正因,久在我笑老人熏陶中。忽来求示,为拈四字,早已不胜都卢。诸仁者不须别换题目,只要一直穿去,哇地自有其时。此外闲言,不须再举。〔1〕

可见,永和莲社为笑峰和尚所重,方以智继席后也致力维系。

第三节　会同与参同——集大成

禅者,心也。中峰明本禅师曾言:"禅何物也? 乃吾心之名也。心何物也? 即吾禅之体也。达摩西来,只说直指人心,初无所谓禅。"〔2〕陈永革提出:"晚明佛教的复兴思潮正是在佛教圆融与佛教还源这双重主题下所演绎出来的变奏曲。"〔3〕会同与参同,即是圆融或兼中妙叶,为道盛禅学的关键词,而佛教还源即是回归真常心,道盛所谓定宗旨。

一、参同儒释,会通三教(世法出世法)

谭贞默《觉浪和尚语录序》称赞道盛云:

> 天下之大善知识,莫若江南。江南之大善知识,莫若觉浪和尚。年未古稀,而闽楚吴越,江淮以底,旧京建业,展坐具者,阅历五十会大道场,声名洋溢,无间华夷,到处云行雨施,影从响附,钦为明神,恋如慈父,实目前所罕覯,往昔所希有也。良騕洞上真钢刮人眼膜,梦笔灵气直射斗牛,居恒澄彻,一门该练三学,遂使儒门澹泊,收拾不住者。兹得皈师换一头面,翻一筋斗,而禅门之徒无论,玄门之徒又无论矣。……是知孔教而孟宗,老教而庄宗,释迦教而达摩宗,宗中教,

---

〔1〕 《冬灰录》(外一种),第207页。
〔2〕 《天目中峰和尚广录》卷五下,见释明本著,于德隆点校:《中峰明本全集》,北京:九州出版社,2019年,第102页。
〔3〕 陈永革:《晚明佛教思想研究》,北京:宗教文化出版社,2007年,第4页。

教中宗,参同妙叶,臭腐神奇,则浪和尚之坐进此道,而集三圣大成,固有不可思议者在矣。〔1〕

王锡衮《灵谷语录序》也指出道盛:"其指归则尊正、会规,集成佛祖之统宗,谈《易》论学,继述周孔之道法,其欲会同世出世法,以定天下万世宗旨也。"〔2〕

憨山德清在《观老庄影响论》中曾言:"不知《春秋》,不能经世;不知老、庄,不能忘世;不参禅,不能出世。"〔3〕道盛《全录》卷二十有《三教会同论》(《原道七论》之一),并推崇明太祖朱元璋的三教论:"或问师欲会同三教,有是说乎?曰三教之道原本自同,予何人,敢会之哉?昔之为万世师者,集群圣之大成,惟周孔子。今之为万世君者,会三教之统宗,惟我太祖也。"〔4〕不过,道盛受朱元璋三教论影响太深,从宗门来看,道盛实在属于另类,在儒释道的位次上,他将儒排在第一,说的话像是个披着袈裟的儒生,其《全录》卷二十《各安生理论》(《原道七论》之一)云:

> 立天下之事莫过于四民,治天下之道莫过于儒释,范围天地而不过,曲成万物而不遗,教虽名三,实以世出世法回互内外而收摄之。圣祖御制文集亦尝以老庄之学为儒术,第三教之名已久不可废,故特以玄学养生以成其教,至于推重释教阴翼王度之不逮,密辅至治之无为,以罪福因果而警醒其诸术,以生死性命而开悟其通儒,其补于圣帝明王之道岂鲜哉?是则儒教能悟心性,又足以统摄释道之教,而儒类当倍于释,释类当倍于道类,势固然也。……更当编次《崇儒》、《崇释》、《崇道》三集,振其三纲。士首三民,挈其四纪历算医卜相表形

---

〔1〕《嘉兴藏》,第34册 No. B312,第807页。
〔2〕《嘉兴藏》,第34册 No. B311,第590页。
〔3〕《药地炮庄》修订本,第44页。
〔4〕《嘉兴藏》,第34册 No. B311,第708页。

家,收其六目,端本条达,邪说不能矫乱。则中和易简,精一勤俭,尽在其中矣。[1]

《全录》卷二十《圣主当兴世出世法论》(《原道七论》之一),道盛呼唤:

今有圣天子,以天下为一家,以万民为一体,为当以三教治化之纲宗,九流百技为治化之纲目,使三教圣人之法,相与摄授。九流百技之事,相与维持。……如有圣主贤臣,能相与主持佛教如主儒教,并行于世,则互相为理,岂不大翼王化为至治哉![2]

道盛鼓吹儒佛双选、儒佛会同。据刘余谟撰《塔铭(并序)》,道盛主张"真儒必不辟佛,真佛必不非儒"。为此,道盛生前已创立"双选社",《天界觉浪盛禅师全录》所附《杖门随集》,有道盛在"双选社"的多则开示。所谓"双选",即儒释双选也。道盛有《参悟宗旨之大端》曰:"夫选佛选儒之举,古人从来如此结社。"[3]《全录》卷二十五《参同说》提出:"儒者不肯参究,禅者不能遍参,便有儒释之分浅深之异。使能参透此旨,则学佛自能知儒,通儒自能造佛。"[4]《全录》卷三十三道盛直接以禅会儒,拈提《学庸宗旨》云:"顾心通万法,智会一原,不以佛道之幽玄,而笑儒门之澹泊,谓此《学》、《庸》二书,非独治世之准绳,而亦出世之心印也。为儒不可不知,为僧亦不可不知。特自拈为宗旨,以示后学。"[5]道盛《全录》卷二十六《皈戒说》,以佛家的五戒即儒门的五常:一不杀生,仁也。二不偷盗,义也。三不邪淫,礼也。四不妄语,信也。五不饮酒,智也。"是则五戒即五

---

[1]《嘉兴藏》,第 34 册 No. B311,第 702—703 页。
[2]《嘉兴藏》,第 34 册 No. B311,第 707 页。
[3]《嘉兴藏》,第 34 册 No. B311,第 799 页。
[4]《嘉兴藏》,第 34 册 No. B311,第 741 页。
[5]《嘉兴藏》,第 34 册 No. B311,第 786 页。

常也,但因时因地,立例有权实耳。"〔1〕《全录》卷二十六《儒释参同说》更是参同宋明理学家推崇的"人心惟危,道心惟微;惟精惟一,允执厥中"。称其心法云:

> 尧舜之十六字,谁不哝哝为千圣传心乎?亦惟佛法乃能深明其幽奥,而不至颠顶。夫人莫不有本来心性,而心莫不有本来动静,如太极之有乾坤,中道之有真俗也。人心即心之动机,其显见昭著,故惟危即俗谛也。道心即心之静机,其隐微幽密,故惟微即真谛也。……是故圣学之功,全在精一二字。佛教之功,全在止观二字。……惟圣功之精一不二,止观互用,则能慎独以至性情之中和,而证太极之理。惟此精一不二,为止观双融,则能克己以合天人之一贯,惟此精一止观之不二,是为允执厥中之第一义谛,而真俗二谛亦无时不中也。〔2〕

《全录》卷三十《庄子提正》亦云:

> 如儒佛原不同宗而道有以妙叶,亦何不可以并称乎?此正吾平日所谓世人不知"道不同不相为谋"之语,是破人分门别户,实教人必须以道大同于天下,使天下之不同者皆相谋于大同之道,始不使异端之终为异端也。使异端之终为异端,此圣人不能以道大同于天下之过矣。使能同之,则天地日月四时鬼神无不与之合也。又何更有不同者乎?〔3〕

以儒佛之道妙叶,故儒佛可并称、可双选。《杖门随集》道盛有《妙

---

〔1〕《嘉兴藏》,第34册 No. B311,第743页。
〔2〕《嘉兴藏》,第34册 No. B311,第744页。
〔3〕《嘉兴藏》,第34册 No. B311,第769页。

叶》,专论世法兼出世法(佛法)的好处、不兼出世法的弊端:

> 世法不兼出世法,则人多为利欲恩爱所累,更不知有生死性命,常乐我净之妙。出世法不兼世法,则人多为枯槁寂灭所累,更不知有福智庄严,学问游养之事。所以世法赖有佛法,则性命心亲而情欲心远,自不致斗争劫杀、水火刀兵之竞起于人间也。佛法赖有世法,则福慧心圆,利济道广,自不碍山林朝市、凡圣龙蛇之互忘于法化也。[1]

对于道盛这一兼中妙叶的禅学特质,方以智时时强调。青原弘法时,他在《丁未元旦上堂》特地指出:"一元午会,万法全彰。我杖人兼中妙叶之符,晓告枕头。今日香炉,惟愿神明代出。时集大成。"[2]丁未《芦中余太师一家,同郑牧仲、林祖夏、黄任者、方云师众居士暨诸山法侣迎师黄石通天寺,设斋请上堂》也以"我杖人集大成妙叶之宗"相称。[3]《语录》卷二《结制贴单示众》云:"杖人一生以妙叶发挥兼中宗旨。"[4]《语录》卷三《示侍子中通兴磬》云:"深几之中,忽有悟入,此其一长,当一切以方圆图通之。其纲宗曰:秩叙变化同时,即华严之行布不碍圆融,圆融不碍行布,即费即隐,三教妙叶矣。"[5]

兼中妙叶的宗旨,也就是回归真常心。《全录》卷十六《初至天界随处激扬开示语》,道盛指出:

> 如世尊曰,无始以来,生死相续,皆由不知常住真心。只遮一个

---

[1] 《嘉兴藏》,第34册 No. B311,第800页。
[2] 《冬灰录》(外一种),第237页。
[3] 《冬灰录》(外一种),第259页。
[4] 《冬灰录》(外一种),第306页。
[5] 《冬灰录》(外一种),第319页。

"皆由不知"四字,便是金刚剑,剖破一切众生无明根翳也,使直下能知此常住真心,岂不立地始觉顿成本觉哉?如看不破,则此常住真心何异庭前柏树子乎?……只如狂心若歇,歇即菩提。[1]

癸巳(1653),方以智皈命于道盛,受大法戒。道盛在《破篮茎草颂》序中嘱他掩关高座,"深求少林服毒得髓之宗,披吾《参同》、《灯热》之旨"。[2]少林指达摩。参同、灯热,道盛著有《参同说》和《五灯热》。其中,《全录》卷二十五《参同说》提出:

以故佛有三藏十二部,儒有经书子史、九流百家,各有传授之业。善能参透一法,可以通一切法。参透一切法,可以归一法。或各自执于一法,专于一门,大小偏圆、正邪浅深之异,皆不能出一念未生前为根宗也。……但有能参一念未生前,则于身世不远,从源出流,自得本宗,若上根利智之人,何枝末非原本之心哉?[3]

方以智在合山庐墓时所作《信叶》,正是以原本之心贯彻道盛兼中妙叶的宗旨:

被于身为律,藏腑只看眼耳鼻。说于口为教,脐喉唇齿可相拗。悟于心为禅,沸汤卷柏翻新鲜。持戒方知自性戒,狗会看家又识怪。静亦定,动亦定,风吹不入金刚命。定慧相生莫相怪,钻燧井养常不

---

[1]《嘉兴藏》,第34册 No. B311,第682页。
[2]《嘉兴藏》,第34册 No. B311,第662页。
[3]《嘉兴藏》,第34册 No. B311,第741页。

坏。〔1〕诸恶莫作,众善奉行,布毛满地吹来平。〔2〕

在江西弘法时,也是如此。《冬灰录》(外一种)卷首三《双选社传语》诠释道盛"提出中和、易简、勤俭、精一,而传大公、妙叶之正宗者"〔3〕:

> 杖人曰:处世必知出世法,始悟身心性命、常乐我净之道,而不为情欲、名利、生死之业所迷。出世者必知处世法,乃知天下国家、伦物时宜之道,而不为虚无寂灭、隐怪偏僻之事所累。免此二者,不执死中,鉴明谷应,《易》之元用统御,习坎继明,时乘六龙,即法住法位之一乘也。故标之曰中和、易简、勤俭、精一而已矣。〔4〕

道盛会同、参同的禅学和禅法,其实和方以智本人及桐城方氏家学的主张非常一致。方以智早年即有集大成之志:"古今以智相积,而我生其后,……生今之世,承诸圣之表章,经群英之辩难,我得以坐集千古之智,折中其间,岂不幸乎!"〔5〕而集大成的方法或曰笔法,就是会通,其理论依据或理论成果则集中体现于方孔炤、方以智父子的"公因反因说"。公因反因的哲学也就是会通的哲学。也就是说,桐城方氏集大成、会通的哲学"发明"了自己的方法论。方以智在《东西均·所以》篇中曾感叹:"学者能知天地间相反者相因、而公因即在反因中者,几人哉!"〔6〕而方中通在方以智《物理小识》卷五"何往非药"段按语:"公因一也,反因二也,此方氏

---

〔1〕《易·井》:"井养而不穷也。"孔颖达疏:"叹美井德,愈汲愈生,给养于人,无有穷已也。"
〔2〕《冬灰录》(外一种),第50页。
〔3〕《龙湖不二社茶话》,见《冬灰录》(外一种),第62页。
〔4〕《冬灰录》(外一种),第70页。
〔5〕方以智:《通雅》卷首一,见《方以智全书》,第四册,第1—2页。
〔6〕《东西均注释》(外一种),第306页。

之易学,真破天荒,一切皆然。"〔1〕《青原志略·杂记》有《公因反因话》记左藏一语:"环中堂公因反因,诚破天荒、应午会矣。"〔2〕环中堂指方孔炤,这里将"公因反因"的发明权归在方孔炤。午会是邵雍"元会运世"中一元的关键,此时"万法咸章",而方孔炤、方以智父子所处明末恰逢午会。〔3〕故他们深信,此时学术贵在会通与集大成,而公因反因说应运而生,方以智儿子、学生弟子们对此反复强调,故将之视为方氏哲学的核心学说和方法论当无可厚非。

《东西均·扩信》云:

> 太极也,精一也,时中也,混成也,环中也,真如也,圆相也,皆一心也,皆一宗也,因时设施异耳。各有方言,各记成书,各有称谓。此尊此之称谓,彼尊彼之称谓,各信其所信,不信其所不信,则何不信天地本无此称谓,而可以自我称谓之耶?何不信天地本无法,而可以自我凭空一画画出耶?〔4〕

太极也,精一也,时中也,这是儒家常用的"称谓"。混成也,环中也,这是道家常用的"称谓"。真如也,圆相也,这是佛教常用的"称谓"。在方以智看来,"皆一心也,皆一宗也,因时设施异耳"。《药地炮庄·黄林合录》称:"愚谓三教虽异,而道归一致。"〔5〕若不能会通、集大成,至少各自应尊重他人的信仰。至于方以智本人,他在《东西均》宣示说:"今而后儒

---

〔1〕 方以智撰,孙显斌、王孙涵之整理:《物理小识》,第357页。
〔2〕 见《青原志略》,第363—364页。
〔3〕 方孔炤《周易时论合编凡例》称:"一元尧当巳末,周孔当午初,今当正午,万法咸章。"见《周易时论合编》,第19页。
〔4〕 《东西均注释》(外一种),第54页。
〔5〕 《药地炮庄》修订本,第74页。

之、释之、老之,皆不任受也,皆不阂(碍)受也。"〔1〕《东西均开章》也称:"集也者正集古今之迅利,而代错以为激扬也。何妨露泄之而又訾笑之,担荷之而又容置之?"〔2〕所谓集就是集大成,就是《东西均》所倡导的推崇轮尊的"统均"和"全均"。代错,即以"众均"为代明错行,互攻却又互救。

方以智后期又以一贯称会通,他在《一贯问答·问一贯》有言:

> 是故设教之言必回护,而学天地者可以不回护;设教之言必求玄妙,恐落流俗,而学天地者不必玄妙;设教之言惟恐矛盾,而学天地者不妨矛盾。不必回护,不必玄妙,不妨矛盾;一是多中之一,多是一中之多;一外无多,多外无一,此乃真一贯者也。〔3〕

在方以智看来,现存的"设教之言",儒也好,道也好,佛也好,必回护,必求玄妙,唯恐矛盾,而学天地者以道观之,皆一贯也,不必回护,不必玄妙,不妨矛盾。故方以智曾有"三教一家"之题。〔4〕这也是方以智哲学高举的大旗。

二、禅教一致,五宗会(参)同

道盛认为,经律论禅净等大统于佛之大全,经律论净止观忏法等,又当各会其宗,以成其大全。《全录》卷二十一《会祖规小序》云:

> 予所制选圣场,会诸家为一者,使知佛菩萨与诸祖无二道也。如孔子当时删诗书,定礼乐,述《易经》,作《春秋》,使此五经为一内圣外

---

〔1〕《东西均注释》(外一种),第231页。
〔2〕《东西均注释》(外一种),第39页。
〔3〕《东西均注释》(外一种),第424页。
〔4〕见于《青原志略》卷一之"青原峰别道同说"。《青原志略》,第42页。

王之道,为万古不易之宗也。今予重作宗门会祖图式,又如孔子述《易》之上下经,为之十传,以集伏羲文王周公创制之旨,而明《周易》之大成,使后世之宗《易》者则得其大全。如五经虽共为大全,而《诗》、《书》、《礼》、《乐》、《春秋》,亦不妨各于本经有大全也。予今不特以宗门会祖别作一统为大全,即经、律、论、观,亦各有统为一大全也。如禅自有五宗为统,经自有五教为统,律自有五部为统,论自有五摄为统,而吾经律论禅净等而大统于佛者,正如《诗》、《书》、《礼》、《易》、《春秋》之大统于儒也。……故吾作《会祖图》,则知经、律、论、净、止观、忏法等,皆当各会其宗,以成其大全,则殆可谓我佛始终一贯之大全也。知吾此意,则随宗随处皆可建立,如治一经不妨会通五经,治五经不妨会通一经也。〔1〕

《全录》卷三十一《癸甲全提》,道盛明确主张禅、教须互补、并重:

若欲了此常住真心,本无生死,非参究《楞严经》及唯识论诸经典,决不知有了生死之法。不参究禅宗,更无直下了生死之心。看经教,只明得了生死之理。参心性,乃尽得了生死之心。〔2〕

大慧宗杲《正法眼藏》对所收禅僧不作宗派之分,绍兴十九年(1149)复张子韶书称:"不问云门、临济、曹洞、沩仰、法眼宗,但有正知正见可以令人悟入者皆收之。"道盛认为,至明末,各宗分门列户、互相诋訾之弊更甚,出路在于会通返本。《全录》卷十《示石潮宁西堂法语》云:

杖人撞开祖父之门,全是赤身挨白刃。以故生平不拘拘于三玄

---

〔1〕《嘉兴藏》,第 34 册 No. B311,第 712 页。
〔2〕《嘉兴藏》,第 34 册 No. B311,第 777 页。

甲胄,五位枪旗,别施符剑,八面破敌。今时之弊正坐在各执名器,不能神其杀活,终属浊智流转。不鉴沩仰云门法眼之后,因何而自绝乎?〔1〕

但道盛毕竟是曹洞禅师,他是要以曹洞宗会同禅门五宗。《全录》卷十六《初至天界随处激扬开示语》云:"予昔尝论五宗独洞上标旨,能兼妙世出世法,其名教义理犹深于儒,而宗旨机密更兼摄四家,此非自树洞上门庭也。"〔2〕同时,道盛的禅法又绝不局限于、固守于洞宗。《全录》卷三十有弟子大时凌世韶题《庄子提正》:"即师法嗣寿昌、东苑,特以一定师承,取信后世而已,其所播扬建立,何尝袭祖父言句,与历祖葛藤,为生平之活计哉?"〔3〕

从石头希迁《参同契》、云岩成《宝镜三昧》,到洞山五位正偏,曹山五位君臣,《全录》卷十二大瞳有录道盛的开示:

师坐梦笔倚杖室时,潘雪生大嗣偕诸儒者请问,禅门以性命为归趣,何诸祖以正偏君臣王子主宾人境立为宗旨,岂出世间法亦合于处世间法乎?师曰:此皆托世法有贵贱尊卑、内外亲疏,正依之道为喻,使人易于因名思义,以法求心,不使邪外僭越,失宗乱统,参究之久,自当悟入玄旨,迥超名言也。〔4〕

《全录》卷十《洞宗标正》,道盛开示曹洞宗旨:

如圣人作而万物睹,凡夫视为高远之事。殊不知万物皆备于我。

---

〔1〕《嘉兴藏》,第34册 No.B311,第652页。
〔2〕《嘉兴藏》,第34册 No.B311,第680页。
〔3〕《嘉兴藏》,第34册 No.B311,第776页。
〔4〕《嘉兴藏》,第34册 No.B311,第659页。

我之圣心一发,则天地万物皆随我而全现也。人无圣心,安得谓之圣人?此价公顿悟真我之大机大用,故能我今独自往,而法界皆全彰我之神用。此正以我能作主,则先天而天不我违,后天而天奉我时也。知卢舍那佛顿出藏身,则三身四智十方应化,皆互为主伴交参。[1]

在道盛看来,此曹洞宗旨就是回归少林达摩宗旨,不仅能会通禅门五宗,而且能收摄三教九流。

> 吾洞上之旨,不特能会通五宗之秘,即如来一代时教之始终本末,与儒道九流、尊卑体用、事理功位之名分,无有不收摄而阐发者也。此宗无语句,亦无实法与人。正以明破即不堪,法死则不能活人,舞吹毛,击涂毒,无论构得构不得,未免丧身失命矣。不获已,立个正偏、宾主、玄要、人境、暗机、圆相、六义、三关、九带、十真等,已是刻画虚空,雕凿浑沌。但先圣深恐法久成弊,邪异繁兴,若不为物作则,立此宗旨,则万世何从拣别真伪,使此法眼妙心不昧灭哉?古人之立法立言,正如《大易》之立象、立辞也,使无《大易》之象辞,则天下万世何从而得天地造化之几微、人物生死之性命哉!所贵于观象玩辞而显仁藏用也。[2]

> 只如八八六十四卦中,奇即此一奇,偶即此一偶,奇偶太极,即费即隐,分之则大绝方所,合之则细入无间。就中行布圆融,弥纶一际,死不碍活,活不碍死。孰能分合此中之奇偶、正偏、渠我、宾主哉?此惟亲悟亲证无我无位之真人,入于刹那际无间三昧者,始能传受此千圣不传之秘旨也。[3]

---

[1] 《嘉兴藏》,第34册 No. B311,第649页。
[2] 《嘉兴藏》,第34册 No. B311,第649页。
[3] 《嘉兴藏》,第34册 No. B311,第650页。

《全录》卷十一答邹端侯居士问曰:

> 今人参禅,所以不能大彻大悟、直截根源者,正以未达念念本自无私,所以妄起凡圣、是非之心,自为颠倒障惑。岂此念念无私之外,别有一法能为我心之障惑哉? 故吾洞上宗旨,全在初心。知此一念无私,如狮子哮吼,顿断一切傍瞥之念。[1]

方以智在弘法活动中,同样主张禅教一致,并努力会通五宗。甲辰(1664)冬,方以智《大觉戒子成祐请上堂》语云:

> 师乃举手掌开拳云:"一二三四五,何人袖中不会数?"收掌为拳云:"五四三二一,多少面前黑漆漆。受戒者信,参禅者疑。真信始有真疑,拳头有时笑。真疑始有真信,巴掌有时怒。今日律、教、禅,总在这拳掌里。何劳惟宽尊宿,更吐出馊酸耶!"[2]

所言惟宽尊宿(748—817),中唐著名禅师。白居易曾向其问禅。白问:"既曰禅师,何又说法?"宽答:"无上菩提者,被于身为律,说于口为法,行于心为禅,应用有三,其实一也。如江湖河汉,在处立名,名虽不一,水性无二。律即是法,法不离禅;云何于中,妄起分别?"

丙午,方以智在《腊月朔新戒,成圆设斋,请上堂》论及禅和教:

> 一向谓世相,面前底;佛教,背后底。戒是脚下底,宗是顶上底。拂子今日重新掀揭,不许割裂,不许颠顶。面前底从东过西,背后底

---

[1]《嘉兴藏》,第34册 No. B311,第656页。
[2]《冬灰录》(外一种),第127页。

从西转东,脚下底向上看,顶上底向下看。上袭下律,天地不言。代行错明,香云盖覆。此中透得,不碍纵横。缘是支离,且消一拂。〔1〕

三、方以智五宗并用的上堂禅法

自廪山开法以来,方以智开始了自己寺院住持生涯。上堂说法便成为其禅法的集中体现。方以智的禅法总体来说就是不拘一格,五宗并用,大致和道盛相仿,但棒喝之类峻烈的禅法要少得多。

打圆相(沩仰宗)。

如甲辰冬《笑老和尚起龛法语》:"师以杖打圆相云:'见么?叶落冬春无去来,荆条有口没安排。太阳山上归根处,刀斧知恩砍不开。'"〔2〕丙午《曾曼长居士讣至,设灵小参》:"师两手牵念珠作圆相,云:'匡原云中,应当一笑。'"〔3〕

弹指等手势(沩仰宗)。

如乙巳,《江大厅、周道尊、郭太守,新天王殿浴佛日,萧孟昉居士普斋请上堂》:"进云:'我宗原无一法与人,扬眉瞬目,便已了知,如何又有五宗种种戈甲旗枪、许多络索覃?'师作泼势云:'今日只与一杓。'"〔4〕

如丙午,《十月二十六师寿日,请上堂》:

> 进云:"未出母胎,度人已毕。尽大地人论量不及。已出母胎,迦叶微笑,尽大地摸索不及。毕竟承何恩力?"师弹指。……乃指掌曰:"万古相传,祇遮些子。千圣不传,只遮些子。寂历同时,是谁收放?"乃作拳云:"若于此定当得,则可搅翻天地未分前,便能裁成以报覆载。捉着佛祖下落,便能粉碎以报觉皇。透过父母未生前,便能合万

---

〔1〕《冬灰录》(外一种),第222页。
〔2〕《冬灰录》(外一种),第133页。
〔3〕《冬灰录》(外一种),第201页。
〔4〕《冬灰录》(外一种),第157页。

世之孝觉,以报其亲。"〔1〕

又如,《丁未元旦上堂》:

师互示左右拳掌,又合手,又散开,乃袖手曰:"会么?古今磨盘,古今旁午,头头第一,日日新鲜。常在其中,内秘外现。指画质俟,毫发无欺。"……良久,拂袖曰:"堂里香知钟磬眼,山中花笑古今天。"结椎。下座。〔2〕

比画拄杖(各家均常用的法具)。
如甲辰冬《青原纲宗》:

一日侍立次,有士问:"诸方举扬向上,辄云何不向下看,意在于何?"师曰:"笑杀两头。"芒曰:"向上向下即不问,五位宗旨请师宣。"师以拄杖作⊕字。曰:"如何是正中偏?"师竖拄杖。曰:"如何是偏中正?"师横按拄杖。曰:"如何是正中来?"师倒卓拄杖于顶。曰:"如何是偏中至?"师便打。曰:"如何是兼中到?"师掷拄杖。进曰:"五位已蒙师指示,向上关棙事如何?"师曰:"且拾起拄杖来。"士取拄杖呈上,曰:"今日木头开眼也。"师打曰:"还须打瞎。"士礼拜归位。师曰:"大众人人一双眼,难道觑不见?"〔3〕

震尺(各家均常用的法具)。
如甲辰冬《小参(因有辨佛法道者)》:

---

〔1〕《冬灰录》(外一种),第219页。
〔2〕《冬灰录》(外一种),第238页。
〔3〕《冬灰录》(外一种),第138页。

僧出问曰:"欲知佛性义,当观时节因缘。今日决諸讹,以何指示?"师震尺一下。一僧出问:"向上不传,一场特地。许多络索,毕竟何为?"师震尺一下。一僧不出班,叹一声。师震尺一下,乃曰:"春风雨送花香色,堂奥门穿灯火光,一颗印文无首尾,当台倒押却乖张。犹不了了耶?朝宗、箬庵〔1〕、笑峰三老,一齐笑倒了也。今日事不得已,索性与诸人说破。若从第三句荐得,堪与佛祖为师。止从第二句荐得,堪与人天为师。止从第一句荐得,自救不了。且道与古人谁较亲切?"又震尺一下,曰:"道这一下,在三句内、三句外?于此透得,许他一掌九洲。如其未也,切忌错认。"〔2〕

手轮念珠(净土宗最早用,后禅宗各家都用)。

如《乙巳元旦上堂法语》:

"寻常将如意子拈弄一上,弄得两手冰冷。拂子出来,笑他顽铜钝铁,那得如你的意!便将拂子东拂一拂,西拂一拂,拂得人眼里生花。拄杖子跳出来,笑他是个软丁当,强来硬扫,不如怎么也一下,不怎么也一下,略较些子。噫!如意肯底,拂子不肯;拂子肯底,拄杖不肯;拄杖肯底,如意又不肯。将谓剿绝,转见諸讹。躲闪套来,馊酸愈重。若欲化臭腐为神奇,将仗谁力?"因举手中念珠云:"不如还请这个道友出来,不打圆象,提起现成。粉碎拍来,随手应节。周天万法,总在其中。无头无尾,历然四破。随轮回超轮回,谁磕着耶?一向埋没,不曾敷扬。才一敷扬,恐成话会。且道今日祝香普供一句作么生

---

〔1〕 箬庵通问(1604—1655),明末清初临济宗僧,号箬庵。师事金粟密云圆悟,著有《续灯存稿》十二卷、《箬庵问禅师语录》十二卷等。
〔2〕《冬灰录》(外一种),第146页。

道?"乃以手轮念珠,下座。〔1〕

棒(杖)打、击拂子(临济宗)。

如乙巳,《小参》:

"落草接上机,拈花接中机,拄杖接下机。"忽拈拄杖打虚空,曰:"是花是草?"时有僧出,以手作拈花势。师便打。〔2〕

如乙巳,《戒子冬春请上堂》:

僧打圆相云:"明眼人看。"师云:"正须打破。"僧一喝,师打云:"野鸭子鼻孔在那里?"进云:"恭喜雷振宗风远,雪留天泽长。"师云:"领取棒头痛。"一僧问:"隔江招手是何机?"师振杖云:"是招是不招?"僧一喝,师拄退云:"不堪共语。"僧曰:"资福德山,〔3〕空劳粉本。"师打曰:"又来赃诬古人。"〔4〕

如丙午,《沈葵庵、金及庵居士入山设斋,请上堂》:

击拂子曰:"是其人即从此入。法耶性耶,主耶宾耶,作么生看?"又放下拂子,阿一声曰:"正与么时,直饶德山、临济来,若动手脚,枉费气力,一毫也用不着。"拂一拂曰:"直须峰头磊落,信步坦平,瀚底扬尘,周行无迹。不动干戈,坐致太平的,庶尔少分相酬,不负时节。

---

〔1〕 《冬灰录》(外一种),第149页。
〔2〕 《冬灰录》(外一种),第163页。
〔3〕 见《慈受怀深禅师广录》:"云门云:'赞佛赞法,须是德山。'资福即不然。德山谤佛谤法,堕在十八重地狱底。"
〔4〕 《冬灰录》(外一种),第183页。

如或未也,一切是尘,那个是主?既要见性,又云无性,先后中边,宾主角立,三生六十劫,咬嚼勾矣,何如初发心菩萨,一真不退,却许他坐断前后,立地参天。即今葵庵、及庵居士皈依三宝,斋心多年,入山饭众,请山僧举扬。只消一滴真诚,逼塞太虚流汗。"阿一声曰:"汗不欺人,是谁恩力耶?但惭安坐受供,无以塞白喉间。少不得就斋堂中馒头菜梗,任诸人横咬竖咬。或有咬出恩力者未可知。"向拂子曰:"汝作么生道?照顾牙齿。"一击。下座。〔1〕

如丁未,《解制上堂》:

进云:"截断者两头,以何为解脱?"师劈头打一拂。进云:"恁么则亲体分明去也。"师旋拂云:"坐住反成劳。"乃曰:"我有一声长啸付与谁?直告既不信,哓哓徒尔为。罢罢罢,各自去。去者去,草鞋有刺妨烂泥。住者住,过堂不误云版椎。且让一个人逍遥无所事,提灯苍翠里吟诗。然且一向叮咛,所为何事?"击拂子曰:"知非。"竖拂子问曰:"无解无结底,又是甚么?"放拂子曰:"我不知。"〔2〕

又如丁未,《寿昌楚云大师率两序请上堂》:

进云:"昨日和上扫塔,于苦帚上五花八劈,已见全机。今日特请升座,更作么生举扬?"师当面一拂云:"将谓石峡停舟耶?"……进云:"偏正已蒙师指示,祇如诸祖宝塔崔嵬,和上又作么生下帚子?"师便棒。……僧礼拜云:"与么则专为流通去也。"师又棒曰:"流漫假承当。"……僧礼拜,师便打。进云:"和尚不得乱打。"师曰:"草草要吃

---

〔1〕《冬灰录》(外一种),第205页。
〔2〕《冬灰录》(外一种),第240页。

多少?"〔1〕

推倒桌子(临济宗)。

如乙巳,《翼日结制上堂》:

"杖人一向要求个大伤心人,伤尽偷心,从胸襟里迸出来,方有敲击分。虽然,三世诸佛开口不得,千七百则葛藤套烂,何怪埋没今时?智上座今日也有一句子,普施大众。"自己推倒桌子,归方丈。〔2〕

看话头(大慧宗杲等大力提倡)。

早在合山庐墓时期,《墨历崖警示》云:"不论粗细,到此总须放下。若放得下,行堂洗碗,事事见成。此是第一句话头,不容计较,自然脚根下眼睛迸出。"〔3〕

乙巳《警策》:

贵在一切放下。单单一个话头,顿在面前,切忌起第二念。不但尘劳旧事,不知不觉,缠绵勾引,即计较此事难易,遮里构不上,是第二念。将心待悟,且捱一期,亦第二念。更去穿凿话头,拟着转语,将诸语录上记的,揣摩杜凑,只要当机答得好看,愈是第二念了。古人奉劝者,只在心切生死,自然制之一处。努力做去,迸破时节,不期而然。〔4〕

---

〔1〕《冬灰录》(外一种),第246—247页。
〔2〕《冬灰录》(外一种),第173页。
〔3〕《冬灰录》(外一种),第40页。
〔4〕《冬灰录》(外一种),第174页。

又如丙午,《示学者》:

> 一句话头如铁橛,百层冰釜烹丹雪。冬关埋出一声雷,惊风又涉花枝血。一句话头如铁橛,壁立银山四面绝。从中起一阵风雷,丹枕三更为汝说。一句话头如铁橛,当风扫帚无车辙。谁能一跃上县崖,舍命乘云团地绝。[1]

吃茶去(赵州和尚惯用)。
如丙午,《腊八上堂》:

> 雪山睹星叫奇哉一则公案,古今拈提,离跂不了。[2] 今日只好呵呵大笑。黄面老子当时若呵呵大笑,也省得数千年来离跂不了。忽有个汉云怎么大笑,能免后人离跂耶?且作么生道个圆戒收科底句?腊八粥后,归堂吃茶。[3]

第四节 尊火与大冶洪炉禅

道盛在主持庐山圆通寺时,撰《五灯热》,提出热性(焰)传法,故日本学者荒木先生将道盛禅称为"烈火禅"。《全录》卷二十一《五灯热序》云:

> 自予本来热性,一朝触发,直欲八面燎人。因阅《五灯会元》,愈觉火就燥,而此热焰愈不能自掩也。何则?夫世间出世间之最猛烈

---

[1]《冬灰录》(外一种),第234页。
[2] 离跂,踮起脚跟。形容用力的样子。《庄子·在宥》:"今世殊死者相枕也,桁杨者相推也,刑戮者相望也,而儒、墨乃始离跂攘臂乎桎梏之间。"成玄英疏:"离跂,用力貌也。圣迹为害物之具,而儒、墨方复攘臂分外,用力于桎梏之间,执迹封教,救当世之弊。"
[3]《冬灰录》(外一种),第226页。

者,莫过于火。火性一发,则大千法界,无论凡情圣解,殊相劣形,入此性火真空,如红炉飞雪,了无可得。故我释迦于一切法了无所得,始获燃灯授记,相继日月灯明。是知火之最亲切处,全在此热性猛烈耳。火乃热焰之名,热乃火光之实。……唯火与火乃能亲相授受也。自迦叶以此热心相传,灯焰相续,传至达磨,火性急烈。走向东来,烧得神光了不可得,以至南岳青原,析为五家。分灯列焰,热性相炎。所以古人师资激扬,参证心法,是皆热性相摩,触发本有灵焰,而传此千圣不传之密旨也。……盖传灯者,传此热焰也。惟此热焰乃能烧绝生死知见,透出真性灵明。若只弄此光影,徒益颠倒迷狂耳。〔1〕

《全录》卷十九《尊火为宗论》,道盛对火有创造性的论说,提出:

  天地之德,莫大于二五之精。二五之精,莫贵于阳明之火。盖火为五行之至神,非同木土金水之成形也。故《易》称阳为天,阴为地,以阳为火而至神无形,故能生生不息。自古圣人莫不尊土为中德,而予独贵火德神化,为天地之真宗。世人只知火能生土,殊不知火能生金生水生木,盖金非火不能生成,水非火不能升降,木非火不能发荣,至于克土克金克水克木、制土制金制水制木、化土化金化水化木,是惟火力之兼能也。……火能藏神于万物,而又能出生其万物。〔2〕

还直言不讳地指出尊火为宗与禅宗传灯之间的秘密联系:

  能知性火真空,性空真火,则知庄生之薪尽火传,吾佛以灯传为命续,有秘旨哉!土分之则崩,金分之则缺,水分之则绝,木分之则

---

〔1〕《嘉兴藏》,第34册 No. B311,第713—714页。
〔2〕《嘉兴藏》,第34册 No. B311,第696页。

折,独火愈分而愈多,愈聚而愈胜,愈与而愈有,愈传而愈久。四行皆有体质,火无体而因物为体者也。神乎神乎,不传之密,分灯列焰,谁能知此而永传之乎![1]

《全录》卷十《丛林药石法语》,道盛提出"大冶洪炉"禅:"真为生死,人正要将此身心性命入大冶洪炉,锻炼尽无始劫积习业识,钳锤尽无始劫生死命根。"[2]又在《全录》卷三十二《青山小述》答梅长公问对"大冶洪炉禅"作了形象比喻:

> 国初之时,如一锭大圆宝相似。……这一锭银,十成足色,及斩碎来用,却块块是精底。或人见其太好,乃过一道炉火,搀一分铜,是九成了也。九成银尚可用,再过第二手,又搀一分铜,是八成了。及第三第四乃至第七第八手,到如今,只见得是精铜,无银子气矣。……如此,则天厌之,人亦厌之,必须一并付与大炉火,烹炼一番,使那铜铅铁锡都销尽了,然后还他国初十成本色也。[3]

《全录》卷二十七《复王子京居士》明确主张参大冶红炉禅:"可见真作略,全在生死急难中迫出来也。……正要公参大冶红炉禅。"[4]《杖门随集》之《双选社》,有道盛《正决》语,读之令人血脉偾张:

> 欲为英雄豪杰,贤圣佛祖,必先降伏自心,然后始能降伏天下。必要作佛圣英豪,则此心自能降伏。世界是个洪炉,人人都被世界磨坏。是个汉,始被世界磨成。造化必夺英雄之志,始能化英雄。英雄

---

[1]《嘉兴藏》,第34册 No. B311,第697页。
[2]《嘉兴藏》,第34册 No. B311,第652页。
[3]《嘉兴藏》,第34册 No. B311,第783页。
[4]《嘉兴藏》,第34册 No. B311,第756页。

必夺造化之权,始能雄造化。若能为千古伤心之人,则能作万世快心之事。人如比干心可剖,是何等心?心如比干人可友,作么生友?人谁不有此心?谁是有此心人?常啼菩萨卖心肝求般若,卖底是甚么心肝?更求甚么般若?谁要买此个心?买此心来将何用耶?一星真火,能成天下之烈焰。一滴真水,能收天下之狂澜。一念真诚,能感天地之化机。一念真心,能全法界之种性。欺一星之火,必为天下烈焰所烧。欺一滴之水,必为天下狂澜所没。……故曰:天地鬼神,刀兵水火,极怕至诚,犹信不及耶?事事物物,皆有个天然绝妙。只是当机蹉过,便成迷倒。真工夫只是闲忙逆顺中,无可奈何处,自己参究。久之,自入自开。[1]

道盛以上"世界是个洪炉"、"参大冶红炉禅"、"尊火为宗"等论述,方以智完全加以继承。《药地炮庄》里便有多处体现。

《庄子·逍遥游》篇首段"北冥有鱼",《药地炮庄》集评云:"怒字是大炉鞴,不肯安在生死海中。有过人底愤懑,方能破此生死牢关,从自己立个太极,生生化化去也。"[2]

《庄子·人间世》支离疏段,"闲翁曼衍"引竹关(方以智闭关金陵高座寺看竹轩得号)句曰:"天地伤心久托孤,弥缝自肯下红炉。"[3]

《庄子·应帝王》称:"至人之用心若镜,不将不迎,应而不藏。"方以智"闲翁曼衍"道:"《楞严》十六镜,照用同时。谁能分背面耶?非悟火藏空,阳燧如何应?"[4]

《庄子·外物》首段多处论火,《药地炮庄》集评云:"老、庄、罗汉,息火

---

[1]《嘉兴藏》,第 34 册 No.B311,第 799 页。
[2]《药地炮庄》修订本,第 103 页。
[3]《药地炮庄》修订本,第 176 页。语出《建初集》,见《方以智全书》,第十册,第 325 页。
[4]《药地炮庄》修订本,第 235 页。

之药也。圣人则以燧薪釜灶,享其功,防其祸而已矣。"[1]"闲翁曼衍":"人身病生于火,然养此身者亦此火也。东垣曰:火与元气不两立。丹溪曰:气有余即是火。此处曾相摩否?缪仲淳曰:少火生气,壮火食气。水火交济,即享中和。"[2]

禅游江右和青原弘法时,方以智对火有更多的论述和发挥。《冬灰录》载方以智辛丑(1661)至泰和,《西昌般若寺茶筵请示》云:

> 常言太末虫无所不缘,不能缘于火焰之上。众生心无所不缘,不能缘于般若之上。愚者谓尽虚空是烈焰,原无避处。般若为大火聚,四面即是清凉。只为汩汩见成,难得个入处,不会钻出真火,求入不退地伴侣甚难。世缘为贫富之生死所累,便与般若背驰。法门为空有之生死所遮,反添般若狂惑。册子口头,徒增我慢。拈锤面壁,转见支离。然恐安坐,滴水难消。业澥茫茫,突出难辨。忽然提起,依旧七上八下。此般若寺,如何得不孤负去?若是点着真火,生死心切,自然彻底放下。一切外物,决定动我不得。更放下其放下,从赤裸裸脱洒洒处,旋天卷地,使十二时,方知门里出身,即是身里出门。大地为我田园,古今总是盐酱。毫端镤底,珍御全彰。虫鸟风花,广谈般若。[3]

方以智提出"尽虚空是烈焰",对自性本分"真火"更是推重。方以智在青原山净居寺右廊建铸燧堂,并有《铸燧说》云:

> 备古问铸燧堂义。愚者曰:"知火从何来,从何藏,从何传乎?铸

---

[1]《药地炮庄》修订本,第408页。
[2]《药地炮庄》修订本,第408页。
[3]《冬灰录》(外一种),第79页。

燧以聚其光,而上下收于一点,以纸承之,则燃矣。宙合四维,纵横之交,止一毫端,而一毫中,皆具宙合纵横焉,非燧也耶？五行尊火,火无体而因物为体者也。薪尽火传与用光得薪,曾决其同别耶？灰土之畜,镫灶之法,可于此并悟矣。[1]

甲辰(1664)冬,方以智在青原《铸燧堂切示》也是指出"满空皆火",依道盛"五行尊火之论"为学人发机:

阳燧镜能于空中取火,然古人必于冬至铸之,此岂无谓耶？满空皆火,惟此燧镜面前,上下左右光交处,一点即燃,夫岂无谓耶？杖人有五行尊火之论,金木水土四形,皆有形质,独火无体,而因物乃见。吾宗谓之传灯,岂无谓耶？雪峰曰:"三世诸佛在火焰里转大法轮。"[2]玄沙曰:"火焰为三世诸佛说法,三世诸佛立地听。"[3]药地则曰:"土灶、茶铛、油盏、香炉,为火焰现三世诸佛,三世诸佛吐舌笑。且道雪峰铸燧,玄沙铸燧,与药地铸燧,还有先后、显密也无？若于这里会去,原自一灯,千灯愈分而愈不穷。如或未然,满空皆火,尚且不知,又如何会得取火？又如何会得用火？又如何会得藏火耶！家家门前火把子,反来燎却面门,如何近傍？今日特题铸燧堂,为诸仁者发机。果然当下销镕,金刚体露,不则,随各人自己煅炼去,亦不相孤负也。"[4]

又进一步指出"学道如钻火",学人当修大冶洪炉禅:

---

[1]《青原志略》,第133页。
[2] 唐福州雪峰禅师,名义存,得法于德山。唐懿宗咸通年中上福州雪峰山创禅院。
[3] 唐福州玄沙山宗一禅师,名师备。少年为渔者,年三十,忽慕出家,投芙蓉灵训禅师,剃发受具。寻就雪峰义存禅师契悟玄旨,初住普应院,后迁玄沙。
[4]《冬灰录》(外一种),第124—125页。

古人云:"学道如钻火,逢烟莫便休,直待金星现,归家始到头。"……一等闭门作活,但守寒灰,究竟如石压草,于本分事全无交涉,自谓洁净无依,实未到洁净处,皆是业识心所计邪见。直饶到洁净,亦未许有参学分。一等浅见,私计豁达,硬作主宰,实图自便,妄谓有甚禅可参?甚道可学?坐在无事甲里,依然不能无事。妄语横逞,真可怜悯!一等疲极而歇,或于电光一瞥,便认为是,汩没不能跳出,却被贴体无明盖覆了,将来发出,依前溺水沉舟。以上数种,且道过在甚么处?只为不知有,不发金刚心,不自痛切,一暴十寒,〔1〕岂能成片?便打退鼓,十有五双。夫铸剑者,既在炉中烧红,又向水中淬黑。淬了又烧,烧了又淬,金刚始出。是个汉,将从前积习一齐翻转,战胜而肥,始有个倒断处。不见道:"射人先射马,擒贼必擒王。"惟其一门直入,故得此一番痛快。到这时节,方能进出自己一句子,始许见人叩击,来与拳头拄杖商量。山僧从不晓得甚么,只是一片赤心相为,要各人得个真实受用处,非敢一例作胡卢禅,互相欺诳去也。〔2〕

乙巳(1665),方以智《天界老和上影前上供拈香,焚〈炮庄〉稿》。同一天,《即日小参》与芝颖(兴化)答问:

芝曰:"双选托孤,苦心难识。炮《庄》佐锻,三俱不收。毕竟望谁着力?"师曰:"逢缘不借谁烧着?炉耳抽箱那叙功?"……"半肯半不

---

〔1〕 比喻做事无恒心。源于《孟子·告子上》:"虽有天下易生之物也,一日暴之,十日寒之,未有能生者也。"
〔2〕《冬灰录》(外一种),第125—126页。

肯,洞山未免骑危。先师无此语,光孝空劳铁嘴。"[1] 药地只有一个火炉供养。"作推势云:"看看推下去也。炮炮炮是赵州茶,秋露春风总一家。割水吹光聊鼓舞,火炉挥出血莲花。"[2]

乙巳(1665),《晚参》:

若有人再问外六尘、内六根、中六识如何消缴? 我则道:诸仁者济济同心,人人脚跟下有一把铁锄头,直教尽娑婆世界都埋下了也。虽然,还恐是生铁,明日开炉打起。[3]

丙午(1666),《结制日,孙鲁山居士设斋,请上堂》:

僧问:"旧基新造,遇大医王炉鞴重开,十方云集,造化在手,先用何方煅炼?"师打一棒曰:"从头起。"进云:"尽大地是个红炉,诸人还许那里着脚?"师云:"又要泼恶水潭?"进云:"红炉里消尽破铜烂铁,还有事也无?"师云:"锄镢钩锥,一毫不废。"进云:"精金炼就撩天价,岂肯和沙卖与人?"师云:"脚指上辨得否?"进一喝,师云:"好一喝,只是不知落处。"进云:"也要和尚验过。"师打曰:"遮一下少不得。"僧便礼拜,问云:"虚空不假金椎炼,日月何曾待照人? 今日大开红炉煅炼圣凡,又怎么生?"师云:"莫惊山势向天行。"……问云:"火焰为三世

---

[1]《金陵清凉院文益禅师语录》:"光孝慧觉禅师至师处。师问:'近离甚处?'觉云:'赵州。'师云:'承闻赵州有柏树子话,是不?'觉云:'无。'师云:'往来皆谓"僧问如何是祖师西来意。赵州云庭前柏树子"。上座何得道无?'觉云:'先师实无此语,和尚莫谤先师好。'"(径山杲云:"若道有此语,蹉过觉铁嘴。若道无此语,又蹉过法眼。若两边俱不涉,又蹉过赵州。直饶总不恁么,别有透脱一路,入地狱如箭射。")
[2]《冬灰录》(外一种),第152—153页。
[3]《冬灰录》(外一种),第298页。

诸佛说法,三世诸佛立地听,是何意旨?"师云:"烧却汝眉毛。"〔1〕

第五节 参本分禅——回归真常心

在道盛看来,禅僧法堂上所用禅法,无非是为"方便接引初心入路,原不执一也"。〔2〕学人之初心也即学人之本分,参禅之起疑情即是导入学人本分最直接的力量。道盛的禅法突出推崇儒门"怨"字的力量,比之于禅家的疑情。《全录》卷二十二《僧祥马培元近稿序》云:"予以怨之一字,尤为造化之玄枢,性命之秘藏。"〔3〕《全录》卷三十二《青山小述》认为儒门"怨"字近似禅家疑情:"儒门有一怨字,如大舜如怨如慕,太甲之自怨自艾,与诗之可以怨等,乃禅家所谓疑情。"〔4〕在《杖门随集》的《一字法门》中,又提出《庄子》和《孟子》的怒字:"孔子之言诗可以怨,怨字。庄生怒而飞,怒字。与孟子文王一怒安天下,怒字。皆是自心中创出造化来,变易天地人物。即此一字,为吹毛剑也可,为涂毒鼓也可,为狮子吼也可,为九转丹也可。"〔5〕《杖门随集》之《论怨》更详论"怨怒致中和":

> 孔子言诗,虽兴观群怨并发其秘密藏,而纯归于一怨字。此怨乃能以天地人物不平之气,保合天人性情之太和。……予以庄生善怒字,屈原善怨字,孟子尤善怨怒二字。盖未有怨而不怒,怒而不怨也。……此《大易》又为一部怨怒之府,……《春秋》,怨史也。孔子惧,作《春秋》,擅天王之进退褒贬。孟子距杨墨,只此一惧,乃不肯避万世乱贼之讳忌,此又何等怨怒哉?凡此以正直之气,发天地人物不

---

〔1〕《冬灰录》(外一种),第212页。
〔2〕《嘉兴藏》,第34册 No.B311,第651页。
〔3〕《嘉兴藏》,第34册 No.B311,第722页。
〔4〕《嘉兴藏》,第34册 No.B311,第782页。
〔5〕《嘉兴藏》,第34册 No.B311,第792页。

平之气,以会归于天地中和者,皆怨怒功也。世间法如此,参禅学道,视此生死性命之怨怒,果何物乎?〔1〕

《全录》卷九有一则茶话,道盛详细开示道:

中峰大师云:"参禅无秘诀,只要生死切。"须知遮一"切"字,便是断生死命根、剖如来藏性底金刚剑。从上佛祖,百千方便,只是拈提遮一"切"字,此外更无别法也。……今人不有真为生死心,徒云我疑情发不起,殊不知此心若切,即是话头,即是疑情,即是金刚剑,即是大阐提也。到遮里,更有何生死不破?何性命不透哉?我尝与儒者云:夫子称诗可以兴观群怨,此"怨"之一字,即吾禅门疑情也。所谓臣不得君,子不得父,乃至不得于朋友百姓,皆此自怨之疑情。孟子善于形容大舜,谓如怨如慕,如泣如诉,此正是自怨自艾,自起疑情,曰我何以不得于父母兄弟哉?非有怨恨于顽父嚚母与傲弟也。才有怨及父母兄弟,则此自怨自艾之心终无以自悟,亦终不能感格其父母,使厎豫也。参禅人不返求诸己,我如何不明我自己性命?如何却被妄想之所流转?毕竟我如何作得主?妄想生死又从何而有?只如此痛切参去,更无第二人,更无第二念,久久伎穷俩尽,一旦顿断命根,便是大事了明也。今人参究而不悟者,皆是为生死心不切,与不能久远痛愤耳。非古人言句话头不能令人开悟也。〔2〕

禅宗直指人心,不立文字,禅师无论运用什么禅法,都只是权巧方便以接引学人,最终都要参禅者避免逐语生解,被人语脉转却。《全录》卷三十一《癸甲全提》,道盛云:"凡天下人见功名富贵,利欲恩爱,文字道理,知

---

〔1〕 《嘉兴藏》,第34册 No. B311,第795页。
〔2〕 《嘉兴藏》,第34册 No. B311,第648页。

见玄妙,机锋公案,才有一念贪著,心便被他捆缚去,被他转变去。本分风光,却昧灭也。"[1]《全录》卷十《示旌川慧生禅人》云:

> 德山见僧入门便棒。临济见僧入门便喝。鲁祖见僧入门便面壁。赵州见僧入门便云"吃茶去"。无业见僧拟问便云"莫妄想"。睦州见僧便云"现成公案,好与三十棒",或才入门便捉住云"速道速道",拟对即推出去。此一等老古锥,刺骨刺髓,彻困为人。若才拟议,便堕坑落堑。陷身死汉,无出头路矣,那堪更踏步向前?[2]

《全录》卷十《示郝子荆居士》云:

> 我宗无语句,亦无实法与人。或不得已,一语一默,一作一用,一棒一喝,一指一示,是皆欲人直下了然于心,绝未尝以语默作用、棒喝指示及种种言句机锋为宗旨,令人参究也。即灵山会上,迦叶见佛拈花而悟,阿难闻倒刹竿而悟,亦何常以拈花之机、倒竿之句而参悟耶?正以后世学人根性迟迷,未能直下豁彻,因而返自参究,以至苦劳,积久岁月,或后遇师友机缘,感触而后开悟,乃知从前种种言句机锋等,皆是直指人心、见性成佛之妙,其为方便接引初心入路,原不执一也。辟如世间有欲见主人者,或了无一语,直入堂奥而相见;或通谒者而后相见;或投名刺书柬而后相见;或借亲友引进而后相见;或值门闭,乃以拳击手拍瓦敲口叫以至骂辱激愤,始闻门而出相见;或主人畏避犯法事情,官府仇家拥兵仗困绕其屋宅,捣其门庭,搜其藏匿,生擒活捉而后相见。此皆因其主人事势亲疏缓急,不得不如是,非先必定有如此种种之法也。虽求见之法种种不同,而所以令主人相见之旨,岂

---

[1] 《嘉兴藏》,第34册 No. B311,第778页。
[2] 《嘉兴藏》,第34册 No. B311,第651页。

有异哉？后世师法不妙，根性不齐，不知从上直指见性之旨，徒以语默作用、棒喝指示及种种言句机锋，以为一定宗旨，得非深昧直指当下之旨，执指为月也哉？自拈花倒竿，投针示相，以及庐陵米，日面佛，麻三斤，干屎橛，青州布衫重七斤，十八女儿不系裙，与三玄三要，主宾照用，君臣正偏，三句一镞，九十七种圆相等，神变不测，是皆透出我本来宗旨之方法也。若但以名相而求语句而讨，不明就中方法所以得相见之意，何异执敲门瓦子而不打开大门，安从得见主人之面目乎？[1]

黄端伯《寿昌觉浪大师语录序》称道盛的禅法"机用剿截，雷轰电掣，有德山临济门风"。[2] 盖正值鼎革之际，道盛偏向选用峻烈的形式。据《全录》卷三十二大音恽本初《青山小述》记，有缙绅认为道盛说法"痛快之极，但太利害耳"。道盛则回答："不利害则不痛快。"大音于是感叹："世人只知以棒喝为棒喝，说禅为说禅，又谁知吾师一言一字，棒尽天下人，喝尽天下人。谁闻此棒喝，不汗下心死，死而复苏也哉？"[3]《杖门随集》有《救安救乐》，道盛提出人要从喜惧中发机："然赞得人欢喜彻骨，不如骂得人刻骨伤心。人尽知念菩萨能救苦救难，更不知念菩萨能救安救乐。苦难易于救人，安乐难于救世。"[4]《全录》卷十二《破篮茎草颂》，系癸巳(1653)道盛书付刚皈命于己、掩关高座的方以智，颂前序云：

故予于纲宗，有明暗句，入出句，杂毒句，百怨句，杀活句，向上句，与之拔屑抽钉，敲骨打髓，击碎悟门，别行一路，始能呵佛骂祖，异

---

[1]《嘉兴藏》，第34册 No. B311，第651页。
[2]《嘉兴藏》，第34册 No. B311，第589页。
[3]《嘉兴藏》，第34册 No. B311，第783页。
[4]《嘉兴藏》，第34册 No. B311，第800页。

类纵横。然此控人之机,不先使之伤心痛愤,何能绝后重苏?〔1〕

《全录》卷二十七《复沈阳祖心可侄禅师》云:"有能为千古伤心之人,则能为万世快心之事。"〔2〕道盛甚至运用《水浒传》来开示什么是生死切,如何得顿发大机大用。《全录》卷七《示学人自看》答黄子安问,道盛引了两个将人逼上梁山的故事,一个是救人的手段,石秀情急单人要劫法场,只能大呼:"梁山泊全伙在此",引起混乱,救出杨雄上梁山。另一个则是燕青杀人嫁祸安道全,将他逼上梁山。〔3〕《全录》卷六有《堂中小参》,道盛认肯德山临济的机用,主张:"参学须先有个痛切心,伤感心,如雪耻报仇底人,始能斩截生死,顿明心性。"举德山禅法,认为:"此皆其痛心、伤心、不欺心之所致也,又岂别有参禅之法乎?"又指出临济"亦无别参禅法,只是一个不肯自欺"。"盖从上诸祖,只是与人助得发机,如放大铳炮相似。你腹中无许多猛烈火药,我虽有火引,如何点发其惊天动地之势?你果有古人如此痛愤伤感,自能触发得大彻大悟也。只此一个痛愤感伤,便是拨乱反正、定国安邦之真作略也。"〔4〕

丁酉(1657),道盛在圆寂前二年主皋亭崇先寺。《全录》卷七《崇先落堂》,道盛仍在运用棒打禅法,并演绎到极致:

> 师携杖入堂,顾众曰:"汝等在遮里攒攒簇簇,还有人欺负你底么?"僧才出,师便打云:"是谁欺负你?"拟进语,师又打云:"是谁欺负你?"又僧问:"如何是父母未生前事?"师连打云:"是谁欺负你?"复顾众曰:"还道我欺负得你么?"乃一路打出。〔5〕

---

〔1〕《嘉兴藏》,第 34 册 No. B311,第 662 页。
〔2〕《嘉兴藏》,第 34 册 No. B311,第 757 页。
〔3〕《嘉兴藏》,第 34 册 No. B311,第 632 页。
〔4〕《嘉兴藏》,第 34 册 No. B311,第 625 页。
〔5〕《嘉兴藏》,第 34 册 No. B311,第 638 页。

道盛叫人看自己与参本分禅。古人教人看公案,提话头,道盛于《全录》卷七《示学人自看》,却"只教人看自己"。[1]《全录》卷九《灵谷茶话》,道盛开示道:

居士你知各人本分事么?既谓之本分事,则不假借分外一毫也。平日不依名利恩爱,则依文字理解,不依文字理解,则依玄妙知见。凡佛祖机缘公案,皆是依通识揣,又安能蹋翻圣凡生死窠臼,显发本分机用哉?……吾宗欲人参此本分禅。[2]

《冬灰录》载方以智在弘法江西期间,反复敲打提点的,也正是道盛所看重的参本分禅。早在庐墓时期,《合明山墓下结一栾庐,题曰"不择地",因拈示同住者》即云:"烹饭砍柴,是第一义。"[3]《墨历崖警示》云:"发真实心,行真实行,方肯真实参。真实参,方有真实疑。真实疑,方有真实悟。真实悟,始信悟同未悟,始是真实践履,不作两橛。""刀兵水火,惟怕至诚。""朴实者近,却要知有此事。朴实到底,敢保不差。""惟有生死二字,是世出世间逃不得底,故用以发药。然不知病证、药性,但衔招牌,转生别病。此事自肯方亲,非可按牛吃草。"[4]《墨历崖切问》亦云:"一见知归,此是平素脚踏实地。倘构不上,一心不退,脚踏实地,终保必得。"[5]廪山时期,方以智《示众》云:

举地藏琛禅师曰:"诸方浩浩说禅,何如我者里种田博饭

---

[1]《嘉兴藏》,第34册 No. B311,第631页。
[2]《嘉兴藏》,第34册 No. B311,第646—647页。
[3]《冬灰录》(外一种),第26页。
[4]《冬灰录》(外一种),第39—43页。
[5]《冬灰录》(外一种),第47页。

吃。"……诸仁者,即今在者片田地,事事见成,水足草足,比世人火坑业缠,轻便多少？总是佛恩浩大,但出家时,不愁衣食,正好向镰刀上、锹头边,一心办道,以真参实悟为期。若此处一念汩没,便昧本来,便负佛恩。〔1〕

《南谷警众》云：

出家儿贵出生死利害之家,非谓出两片大门之家。似此五浊苦海,三毒家亲,如何能一刀两断,得大自在？此大自在,其实当人个个本具,不假外求。只是情生智隔,想变体殊,习气所缘,如油入面。……若云我是出家儿,便说已脱俗了,当受世间供养,此处自欺,知惭愧否？〔2〕

《龙湖不二社茶话》亦云：

不二法门,惟毋自欺。鬼神水火,皆怕至诚。格致研极,乃是茶饭。……所以今日不挂高幢,但摇平心之铎。只是心如何平？各请自问。终日茶饭,知味者谁？〔3〕

癸卯(1663)《结制落堂语》更明确主张："者里不要参机锋棒喝禅,不要参佛祖玄妙禅,只要参自己本分禅。"〔4〕

甲辰(1664)冬,方以智《室寮正训》：

---

〔1〕《冬灰录》(外一种),第313页。
〔2〕《冬灰录》(外一种),第60页。
〔3〕《冬灰录》(外一种),第64页。
〔4〕《冬灰录》(外一种),第89页。

今人出一丛林,入一保社,才见一隅,不能三反。窃得语录上奇言妙句、机锋知解,便逞口头,惟恐人不知我之长处。是则参禅一回,只成得一肚皮我慢贡高而已,不知于生死上有何相干。〔1〕

又指出:"学事犹茶饭也。""习气不可尽而可化,故以学问为茶饭。"〔2〕《青原愚者智禅师语录》卷三《示即几伟侍者》:

体道集虚,处事平实为贵,不可认着、慌忽,一切便流入莽荡矣。及尽今时,惟在知有而奉重自己,闲居鼓舞,只以学问为茶饭,故曰:"戒惧是一刻之乐事,此超无学者之飞跃也。学而不厌,是大圣人之随缘放旷也。"〔3〕

《青原愚者智禅师语录》卷三《示当人鉴副寺》亦云:

不自欺为种,以学问为茶饭,而神化则岂笔舌所可言乎?南泉所送一叙,亦言混沌与开辟为反因,但发至诚,公愿统之,而日用随薪泯火,自享深造,随其更端,我皆得其所宜,而不为所惑。盖有贯乎混沌开辟之中,而随时中节者,忽为其波澜所纷也。〔4〕

甲辰(1664)冬,在青原《安职事示众》云:

石头大师《参同契》有曰:"本末尽归宗,尊卑用其语。""万物各有功,当言用及处。"学者几几能及,不虚度耶?天无七曜五行,天复何

---

〔1〕《冬灰录》(外一种),第136页。
〔2〕《冬灰录》(外一种),第137页。
〔3〕《冬灰录》(外一种),第323页。
〔4〕《冬灰录》(外一种),第324页。

用?船无帆樯篙橹,舵手何为?既建丛林,自安职事。纪纲条理,法位现成。譬如一人,五官百骸,各称其职,而元气自运,神明斯享。必执以心为内,以法为外,身首异处,岂得复为全人?翻笑达磨分皮分骨分肉分髓,犹是批剥火候,特地一场支离耳。所叮咛者,形骸既分,即有血气之我;有血气之我,即有衣食之我;有衣食之我,即有是非之我;有是非之我,即有毁誉之我。情识一炽,护短掠虚,骄妒斯起,蔽贤凌慢,挽季为甚。然其初来,非为蔽贤也。只是求道不切,则多一种希求放佚念头,便增长一种护短求胜念头,日炽日偏。才有一事不顺情,一点不次第,便没奈何,便自作主不得,即恩义如君臣父子,亦顾不得。如此浇薄,又何怪法界之不变乱、丛林之不废坠耶!真正学道人,便从这里看破,最为省力。不得已看话头、起疑情,犹是方便矣。既已不相应,只请以不自欺为本参,放在脚心里踏着。[1]

乙巳(1665)《解制副寺请上堂法语》:

师咳嗽一声,曰:"偶然咳嗽起来,祇这咳嗽一声,宾主历然,三五具足,有能于此中得入,又于此中得出者么?有能于此中放得去、收得来者么?"又唾一口曰:"还须透过此一唾始得。若尚不契病僧意,何能契得佛祖意?"……"有时解制不解人,有时解人不解制,有时人制两不解,有时人制两俱解。此是我杖人寻常四句。病僧也有四句,有时结即是解,有时解即是结,有时以无解无结为大结大解,有时从无解无结中分出细结细解。若非绝苏不自欺者,顶踵回旋,一一历过,在堂里有禅,出堂便失了也。突出难办,硬扫亦痴。也说参过几期禅,当堂问过话来,前途跌折,恐成赚误。然则今日解制,只是无条

---

[1]《冬灰录》(外一种),第 123—124 页。

攀例耶？咳唾作么生？火呛喉咙，只得唾出。偶然咳嗽，盖为伤风。"〔1〕

乙巳《落堂》：

参禅无别诀，只要生死切。真疑现前，古人拼定一生、两生，只是一个痛切发愤，自不容己。及乎囵地，非从人得。开炉煅炼者，时时助一阵鼓耳。汝若肯切，三世诸佛，没奈汝何。汝若不肯切，三世诸佛，亦没奈汝何。〔2〕

乙巳《警策》提出参禅"非为依样葫芦，了此铺面"，要"肯心"，"不要学语"：

阎罗大王岂怕汝口头三昧耶？所以叮咛："以毋自欺为本参，从正路入"，此事决定不是做与人看的。故曰："不要你参佛祖禅、棒喝禅，只要参自己禅。"〔3〕

不远千里寻师问道，是为生死大事求一决择。若是学了诸方语录上古董，逢人便逞一上，滑炼口头，以为了当，遇着明眼人一揸，都无用处。费尽心机，不知与自己生死何干？与自己初心何干？……所以杖人只望个大伤心人，与之本色盘桓。〔4〕

所以古人立不语堂，要人言语道断，心行处灭。立枯木堂，要人违其现业，榨干情识。既到遮里，大家如生冤家相似，总不容情。〔5〕

---

〔1〕《冬灰录》(外一种)，第149—151页。"火呛喉咙"，原文为"牄"，应为"呛"之误。
〔2〕《冬灰录》(外一种)，第173—174页。
〔3〕《冬灰录》(外一种)，第174页。
〔4〕《冬灰录》(外一种)，第175页。
〔5〕《冬灰录》(外一种)，第176页。

乙巳,《解七》:

各人得力不得力,以不欺三昧回光自验看,药地老夫只在背后等着。如仍茫然,青州布衫重七斤,吃粥了也,洗钵去。[1]

丙午(1666)《朱诚吾居士设斋请上堂》:

世间法,不过开消矢溺,安顿饭碗。三乘十二分教,与他整理手脚。十法成乘,祖师别传,专用无门,使人自蒸自晒。五宗设坑陷虎,愈出愈奇。千七百则葛藤,諪讹不了,群以胶锢之习气,巧偷最上之名言。弄到如今,攒砌玄妙,说食岂能饱人?棒喝机锋,都成情识窠臼。变此症候,又用何方?药地病汉与诸仁者相期,本是正大光明,磊落丈夫,直须死心究竟,彻顶彻底,方能扫荡建立,到真自在田地。……自穿自脱,自脱自穿,冷暖自知,非干我事。参。[2]

丙午,药树堂成。方以智《堂中示语》:"龙象云集,开炉煅炼。既至此处,直须新过绝苏,自己胸襟迸出天地来,方不孤负此祖关去。不则依草附木,能免笑那?"[3]又云:"汗不欺背,梦不欺枕,各各反问去,毕竟不自欺。"[4]

丁未(1667)《云衢郑玉友北堂请师回龙庵上堂》:"到不如初发心众生,一念至诚,却自塞天塞地。所谓匹夫不可夺志,一步即为千里。"[5]

丁未《廪山瑞如监院请上堂》:

---

[1]《冬灰录》(外一种),第177页。
[2]《冬灰录》(外一种),第206页。
[3]《冬灰录》(外一种),第215页。
[4]《冬灰录》(外一种),第224页。
[5]《冬灰录》(外一种),第273页。

古人真疑迸出,只是了却自己一段盖天盖地光明,寻常煮月烹云,便是掀天浴日。随分一茎草上,俨然玉殿层台。原非欢门挂彩、闹鼓贩椎可冒滥也。[1]

在方以智看来,参禅无非是逼出自己寻常的真疑,不自欺,即是守定本分,即是掀天浴日的大彻大悟。

---

[1]《冬灰录》(外一种),第241页。

余 论
方以智禅学的历史背景及其影响

禅与佛教虽是出世法,但六祖惠能早就强调"不离世间觉"。禅者,心也。中峰明本禅师曾言:"禅何物也?乃吾心之名也。心何物也?即吾禅之体也。达摩西来,只说直指人心。初无所谓禅。"[1]也就是说,禅宗的根本宗旨就是要人不忘初心。禅宗在惠能以后,一花开五叶,分宗别派,于唐代鼎盛,经宋代发展,至元明时期,各宗派间互相攻击,钩心斗角一如世俗社会,早已把佛门清净以及禅门纲宗、源头和初心忘却。自宋元以来,就僧团内部而言,一方面,禅宗在佛教诸宗派中一枝独秀,另一方面,禅宗义理中主张教禅一致、禅净一致和儒佛一致者成为主流;就社会影响而言,一方面,禅门僧人与在俗士人交往益深,诗禅、茶禅一致论反映了宗门内外生活情趣和思想风貌的融合,另一方面,随着佛教寺院的禅宗化及其对民众日常生活的渗透和影响越来越深,出现了专门从事经忏法事活动的瑜伽(教)僧人。明初朱元璋关于三教一致和禅、讲、教分类管理的佛教政策正是在这样的背景下出现的,并且由于朱元璋重视民间社会教化

---

[1]《天目中峰和尚广录》卷五下,见《中峰明本全集》,第102页。

和抑禅扬教,这一政策加速了有明一朝禅宗的民间化和世俗化进程。而伴随着明中期陈献章江门心学和王阳明心学的崛起,禅学与心学合流,形成时代思潮的大合奏,奠定了晚明儒释道三教合一论的思想基础。

一、明代的佛教政策与分类管理

明王朝实行儒道佛三教并用的宗教政策,其思想基础是太祖朱元璋以《三教论》为代表的统合三教的相关论说:

> 于斯三教,除仲尼之道祖尧舜,率三王,删《诗》制典,万世永赖。其佛仙之幽灵,暗助王纲,益世无穷,惟常是吉。尝闻:天下无二道,圣人无两心。三教之立,虽持身荣俭之不同,其所济给之理一。然于斯世之愚人,于斯三教,有不可缺者。[1]

从神道设教立场出发,朱元璋制定了对禅佛教限制利用的基本政策,而以限制和控制为主,包括收紧度牒发放,对僧人人口总量和年龄加以限制等。实行度牒制。洪武二十四年(1391),定天下僧道,府不过四十人,州不过三十人,县不过二十人,如此,全国有 147 府、277 州、1145 县,则核定僧人仅 37090 人。洪武二十五年(1392)又敕造《僧籍册》,刊布寺院,互为周知,名为《周知板册》。游方僧至僧寺,必揭周知册验实,不同者拿送有司。这是极其严苛的。其实,早在洪武六年,统计僧尼道士总数已有 96328 人,[2]至成化时期因自然灾害严重,礼部大开给度牒鬻僧以赈济饥民的口子,总计成化一朝给发僧道度牒超过 35 万,成化二十二

---

[1] 朱元璋:《三教论》,见朱元璋撰,胡士萼点校:《明太祖集》,合肥:黄山书社,1991年,第 215—216 页。

[2]《明太祖实录》卷八十四"洪武六年八月十九日"。台湾"中央研究院历史语言研究所"影印本,1968 年,第 1501—1502 页。

年(1486)计有度牒僧道总数 50 余万人。[1] 自嘉靖十八年(1539)起,出卖度牒成为连续性政策,被作为朝廷财政的一个稳定收入来源,成为明代僧道政策一次重要变局。僧道人口逐渐失控,寺院经济也日显规模。

明朝继承前代传统,设立国家管理僧道的行政机构。洪武初立善世院(借鉴元代的宣政院)掌天下僧教事。洪武十五年(1382)改在六部之一的礼部所隶祠部下设僧录司,府曰僧纲司,州曰僧正司,县曰僧会司。由礼部管理天下僧人和寺院,体现了儒家思想的正统地位。诏令将僧寺分为禅(禅修)、讲(宣讲华严天台诸宗经典义学)、教(从事瑜伽等经忏法事活动)三类,诸寺僧有义务选择归属其一,后又规定须着不同颜色的僧服加以区分。这对元代将教寺教僧分类为禅、教、律的政策有继承有修正,其"讲"相当于元代的"教",而以瑜伽教替代律,但尊教抑禅却是一致的,禅者既无讲僧明经教化之责任,也无教僧替人祈福消灾之职权,其游方又被严格禁止,禅僧与信众的联系被隔绝,不要说发展,连生存下去都危机重重,禅宗的衰微也就在所难免。[2]"僧录司左右善世二人,正六品;左右阐教二人,从六品;左右讲经二人,正八品;左右觉义二人,从八品。"[3]这从官品上将禅、讲、教分出高低,其中禅者地位最低。礼部照会佛寺:"其禅不立文字,必见性者方是本宗。讲者务明诸经旨义。教者演佛利济之法,消一切现造之业,涤死者宿作之愆,以训世人。"[4]洪武

---

[1] 马文升:《马端肃奏议》卷三《陈言振肃风纪裨益治道事》,见永瑢、纪昀等纂修:《景印文渊阁四库全书》,第 427 册,台北:台湾商务印书馆,1986 年,第 734 页;倪岳:《青溪漫稿》卷十三《止给度疏》,见《景印文渊阁四库全书》,第 1251 册,第 149 页。

[2] 明人姚希孟在万历年间曾回顾禅宗的衰落:"今天下法席之盛极矣,招提相望,四众回绕,登坛竖义多属讲师,而教外之传几于绝响。昭代二百余年,佛法盛而宗门衰,如云门、沩仰、法眼三宗崭然既久,临济、曹洞亦在明灭间。"见《邓尉圣恩寺募斋疏》,载《邓尉山圣恩寺志》卷十一。转引自曹刚华:《明代佛教方志研究》,北京:中国人民大学出版社,2011 年,第 151 页。

[3]《明太祖实录》卷一百四十四,洪武十五年夏四月辛巳,第 2262 页。

[4] 幻轮编:《释鉴稽古略续集》卷二,见《大正藏》,第 49 册,台北:新文丰出版公司,1983 年,第 932 页上。

二十四年(1391)颁布的《申明佛教榜册》,由礼部公布,据以清理天下僧寺,并禁止俗人行瑜伽法等民间佛教活动,其文称:

> 其禅者务遵本宗公案,观心目形,以证善果。讲者务遵释迦四十九秋妙音之演,以导愚昧。若瑜伽者,亦于见佛刹处,率众熟演显密之教应供。是方足孝子顺孙报祖父母劬劳之恩。以世俗之说,斯教可以训世;以天下之说,其佛之教阴翊王度也。……瑜伽之教,显密之法,非清净持守,字无讹谬,呼召之际,幽冥鬼趣,咸使闻知,即时而至,非垢秽之躯,世俗所持者。囊者,民间世俗多有仿僧瑜伽者,呼为善友,为佛法不清,显密不灵,为污浊之所污。有若是,今后止许僧为之。敢有似前如此者,罪以游食。[1]

洪武二十七年(1394)又定僧人《趋避条例》。这些禁令大多在随后颁行的《大明律》中以法律条文固定下来,对明代佛教尤其是禅宗的发展产生极大的影响,寺院荒废,禅门凋零。洪武六年(1373)诏令全国归并寺院:"府州县止存大寺、观一所,并其徒而处之。"[2]后虽有所松动,但严禁私创寺院。世宗崇道禁佛,嘉靖时期多次诏令拆毁、变卖私创寺院、庵堂等"淫祠"。嘉靖十四年(1535),就连设有全国佛教最高管理机构僧录司的北京兴隆寺也遭焚毁,并不准重建。次年皇宫里的佛殿被拆毁,佛像、佛骨遭丢弃。陈垣曾指出:"计明自宣德以后,隆庆以前,百余年间,教律净禅,皆声闻阒寂,全中土如此。"[3]

禅僧的命运比禅寺更加多舛。明初诏令归并丛林,将僧寺分为三类:禅、讲、教(瑜伽),导致行瑜伽法事的教僧(应赴僧)逐渐占据僧团的半壁

---

[1] 幻轮编:《释鉴稽古略续集》卷二,见《大正藏》,第49册,第936页。
[2] 《明太祖实录》卷八十六,洪武六年十二月戊辰,第1537页。
[3] 陈垣:《明季滇黔佛教考》,石家庄:河北教育出版社,2000年,第246页。

江山。〔1〕"甚至连本应从事禅修、研究经论的禅、讲僧,欲分沾经忏之利者亦大有人在。"〔2〕佛教日益世俗化,深入民间民众生活,与重教理、僧侣为主体的僧团佛教形成对比,呈现庶民佛教或民俗佛教的特征,远遁山林、心性化的禅宗发展受到极大压制。但同时,明太祖在洪武十年钦定《心经》《金刚经》《楞伽经》等禅门三经作为天下沙门(僧人)必须研习的核心经典,是又进一步推动佛教的禅宗化。而在禅宗内部,强调诸宗融合、禅教融合以及儒道佛三教融合也成为主流。明朝中前期,禅宗大德屈指可数,宗门人才凋零。曹洞宗寿昌系崛起的关键人物、来自少林系的廪山蕴空常忠曾慨叹:"打破大明国,寻不出几人能真参实究。"〔3〕

朱元璋制定的佛教政策在明初洪武、永乐时期总体执行得较好,但自正统(专权太监王振佞佛)以后,祖制逐渐流于形式,明朝中后期,在皇室(特别是太监、后妃)和贵族的干预下,成化以后至隆庆、万历,国家的宗教管理越来越放任自流,禅佛教日益活跃,带来晚明禅佛教的复兴,并涌现出憨山德清、莲池袾宏、紫柏真可等一批高僧,史称"万历佛教"。

二、俗世化走向与禅宗道场的衰落

佛教传入中国以后,先是在宫廷、上层社会、士大夫阶层流行。禅宗的崛起和流行,加速了佛教平民化时代的到来,佛教的影响下移至民间社会,其后来的发展和演化呈现出俗世化和民间化走向。佛教和禅宗的世俗化(高度融入士民社会生活)自宋元以来达到一个顶峰。以在家信众为主体的民间佛教和居士佛教本质上是一种世俗佛教,也影响到佛教丛林

---

〔1〕 何孝荣等所著《明朝宗教》(南京:南京出版社,2013年)第43页引用日本学者龙池清对湖州、苏州的研究成果表明,湖州府有教寺37,讲寺6,禅寺24,所属宗派不明寺院17,总计寺院84所,所归并的寺院庵堂251所;苏州府有教寺71,讲寺23,禅寺31,所属宗派不明寺院6,总计寺院131所,所归并的寺院庵堂558所。教寺在寺院总数中所占比率达到四成乃至六成,由此推定,教僧占到整个僧侣总数的将近半数。
〔2〕 陈玉女:《明代的佛教与社会》,北京:北京大学出版社,2011年,第282页。
〔3〕 《卍续藏经》,第143册,台北:新文丰出版公司,1993年,第1002—1003页。

和禅宗道场的衰落。但更主要的,这些民间佛教、居士佛教杂糅了儒家、道家以及各种民间信仰。例如元代颇有影响的民间佛教白云宗和白莲宗,尤其是后者,实际上颇多超越禅佛教的教义和仪轨,具备一种独立宗教形态,故史称白莲教,在明初被禁止。洪武七年(1374)朱元璋《玄教斋醮仪文序》云:"僧有禅有教,道有正一有全真。禅与全真,务以修身养性独为自己而已。教与正一,专以超脱,特为孝子慈亲之设,益人伦,厚风俗,其功大矣哉。"〔1〕可见,曾靠参加白莲教起义军登上政治舞台的朱元璋,高度警惕禅宗等独立宗派佛教容易演化为民间秘密宗教不利于皇权和社会稳定的危险性,而对以服务民众世俗生活、科仪为主的佛教,则褒奖其"益人伦,厚风俗"的社会功能。后来他将寺僧三分:禅、讲、教,各行其事,并赋予制度化佛教的教僧特权,同时严格僧俗界限,严防民间化的佛教活动。承认早就存在于禅、教、律三宗之外从事世俗佛事法会的寺院(甲乙徒弟院),将直接服务庶民生活的瑜伽教僧或赴应僧合法化,大大地推进了佛教俗世化,同时宣布火宅僧等俗众提供佛教科仪服务为非法,并查禁淫祀,也推动了"教僧"对佛事法会的垄断化。这对佛教寺院和禅宗道场造成重创。

洪武三年(1370),朱元璋发布《禁淫祠制》:

> 朕思天地造化能生万物而不言,故命人君代理之。前代不察乎此,听民人祀天地,祈祷无所不至。普天之下,民庶繁多,一日之间,祈天者不知其几,渎礼僭分,莫大于斯。古者,天子祭天地,诸侯祭山川,大夫士庶各有所宜祭。其民间合祭之神,礼部其定议颁降,违者罪之。于是中书省臣等奏:凡民庶祭先祖,岁除祀灶,乡村春秋祈土谷之神,凡有灾患祷于祖先,若乡厉邑厉郡厉之祭,则里社郡县自举

---

〔1〕 见上海书店出版社编:《道藏》,第九册洞玄部威仪类,上海:上海书店、北京:文物出版社、天津:天津古籍出版社,1988年,第1页。

之。其僧道建斋设醮,不许章奏上表,投拜青词,亦不许塑画天神地祇。及白莲社、明尊教、白云宗,巫觋扶鸾、祷圣、书符咒水诸术,并加禁止。庶几左道不兴,民无惑志。诏从之。〔1〕

淫祀通常指不合于礼制、相对于国家正祀的民间信仰,淫祠指从事淫祀的场所。禁淫祠后来成为明王朝贯彻始终的祖制,儒家士大夫及行政官僚更是这一政令的忠实执行者。嘉靖之前,政策执行还比较温和,力度并不大。不过,此后官员毁淫祠(寺观)的行为越来越激烈。如弘治二年,吴廷举知顺德县,颁《禁淫祠条约》,"毁淫祠寺观,以其材作书院、修学宫"。〔2〕在任期间,屈大均言:"毁淫祠八百余所。"〔3〕至魏校(1483—1543),将禁淫祠扩大化,连南华寺这样的禅宗祖庭、六祖道场也遭受劫难。《粤大记》卷之六传魏校:"首禁火葬,令民兴孝,乃大毁寺观淫祠,或改公署及书院,余尽建社学。……自洪武中归并丛林为豪氓所匿者,悉毁无遗。僧、尼亦多还俗,巫觋不复祠鬼。"〔4〕黄宗羲《明儒学案》云:"先生(指魏校)提学广东时,过曹溪,焚大鉴之衣,椎碎其钵,曰:'无使惑后人也。'"〔5〕

和方以智相关的浮山远公道场和青原山行思道场,在明前中期佛教

---

〔1〕 《明太祖实录》卷五十三,第1037—1038页。《大明律》卷十一也规定:"凡师巫假降邪神,书符咒水,扶鸾祷圣,自号端公、太保、师婆及妄称弥勒佛、白莲社、明尊教、白云宗等会,一应左道乱正之术,或隐藏图像,烧香集众,夜聚晓散,佯修善事,扇惑人民",一律严加惩处,"为首者,绞;为从者,各杖一百,流三千里。若军民装扮神像,鸣锣击鼓,迎神赛会者,杖一百,罪坐为首之人。里长知而不首者,各笞四十"。见怀效锋点校:《大明律》,"祭祀"卷"禁止师巫邪术"条,北京:法律出版社,1999年,第89页。

〔2〕 郭棐撰,黄国声、邓贵忠点校:《粤大记》,上册,广州:中山大学出版社,1998年,第234页。

〔3〕 屈大均:《广东新语》卷六神话,见屈大均著,欧初、王贵忱主编:《屈大均全集》,第四册,北京:人民文学出版社,1996年,第189页。

〔4〕 郭棐撰,黄国声、邓贵忠点校:《粤大记》,上册,第146—147页。

〔5〕 黄宗羲著,沈芝盈点校:《明儒学案》卷三"崇仁学案三",北京:中华书局,2008年,第48页。

世俗化进程中或荒废,或仅有福田僧维持,也就不足为奇了。

浮山远公道场为宋初临济宗第七代禅师法远(？—1067)所建。法远学于大阳警玄,习曹洞禅法,但因法远已嗣叶县归省,故受警玄所托代觅法嗣。后法远梦青鹰而传警玄衣钵于投子义青,使一度断绝的曹洞法系重新接续上。义青由教入禅,又受洞、济两家禅法锤炼,故能熔洞、济二宗于一炉而归兼带,形成浮山禅之独特宗风。义青弟子芙蓉道楷(1042—1117),被称为"曹洞中兴"之祖,此后曹洞宗法派,皆为道楷法嗣。故浮山道场对于曹洞宗来说,具有特殊地位。而据《浮山志》陈焯总述:

> 至有元,而稍不振。明初,善知识净康重建,正德之季见侵豪夺,万历间几欲斥为墓田,邑绅吴官谕、阮邵武,力恳漕抚刘公,具请于朝,得完福地。……于是紫柏、憨山之徒,腰包歃集,博山、觉浪、元白踵相后先。[1]

吴应宾兴复浮山远公道场,终因博山元来、觉浪道盛的因缘,使浮山曹洞香火在清初得以传续,而方以智及其门徒山足兴斧居功至伟。吴道新《无可禅师塔铭》云:

> 壬子(1672)春,予拈三种因缘,请师爪发至浮渡。……初得旨于三一先生,而法于觉浪杖人。……身无量,法无既,则两智畴后畴先?两宗何同何异?法有传,法有继。自浮渡传,自浮渡继,则远公之枰未收,杖人之法未坠,一窣堵波(注:梵语谓塔为窣堵波)仍具足三一先生之义,大白牛车永转法轮于华严弗替![2]

---

[1]《浮山志》卷之四吴道新《浮山华严寺弘戒缘序》又称:"嗣是憨山、博山二大老皆主此席。明季兵燹抢攘,道法式微,天界杖人复振锡于此。"见《浮山志》,第53—54页。

[2]《浮山志》,第40—41页。

三一先生指吴应宾,觉浪杖人指觉浪道盛。两智当指世间智和出世间智,两宗则指浮山禅自远公开山以来兼带临济宗和曹洞宗的特色。方以智《浮山游记》也指出:"远公陌路相逢,别传一带,浮山合两宗之符。"〔1〕又回复桐城县令胡必选邀其入主华严寺时写道:"念此浮渡祖庭为先师杖人注存两宗一带之地,先外祖吴太史一生之香愿也。谨发执事,先供僧寮洒扫,如山主约。"发执事,指方以智遣弟子山足兴斧去华严寺任执事。

再看青原山行思道场。《青原志略》卷一《山水道场》有记青原安隐山及净居寺:

> 开元间,七祖行思禅师得法六祖,扬化青原。后十三世,齐禅师住此。……思、齐、信、如、立后,祖道无闻。元以及明,皆福田僧。……万历间,邹东廓、罗念庵、聂双江、欧阳南野诸公宗阳明子,于此春秋讲学。迄乙卯,邹南皋总宪、郭青螺司马佥谋移会馆于山前,延寂公修之,琳宫梵宇,颇复旧观,然未有弘法者。崇祯庚辰,刘晋卿太史请云居颛愚衡公登坛说戒,法席始张。顺治庚寅,眉庵秀公开堂其间,禅侣始集。未几,因事去。丁酉,吉州檀护迎天界觉浪盛公,未赴,遂命法嗣笑峰然公主持。三载示寂,首座不空树师守之。适药地智师自廬山来,为笑师视塔地,众请留此,青原宗风于是大盛。〔2〕

元以及明,仅福田僧住净居寺,高僧难觅踪影。至万历间,阳明后学在江右活跃,净居寺成为阳明后学会讲之所,明面上是僧巢儒占,实际上会讲的内容也多会通禅儒。后来,邹元标、郭子章迁出阳明会馆至"山

---

〔1〕《浮山文集》,第534页。
〔2〕《青原志略》,第20页。

前",但净居寺仍然"未有弘法者"。直至"崇祯庚辰,颛愚衡公登坛说戒,法席始张。顺治庚寅,眉庵秀公开堂其间,禅侣始集"。但直至清初,觉浪道盛弟子笑峰然和药地智(方以智)相继住持净居寺,才使青原宗风大盛。一时迁客骚人、游宦学者、遗民隐逸,凡过吉安,鲜不入山相访,后人更以庐山东林"莲社"再生比况于方以智中兴青原道场。

方以智在住持青原净居寺期间,还通过主纂《青原志略》和《天界觉浪盛禅师全录》,弘扬青原宗风,大张曹洞门庭。是故,方以智既秉承觉浪道盛衣钵弘法青原道场和曹洞宗,又因外祖吴应宾的渊源继席浮山道场和浮山禅,他兼祧青原、浮山两大道场,集青原禅与浮山禅于一身,在明清之际禅学史和禅宗史上占有一定地位。

三、禅儒会通——禅学与心学的合流

士大夫禅的兴盛其实是禅佛教世俗化的另一种表现。宋代临济宗大慧宗杲门下有众多士大夫前来参禅,其《大慧书》集中体现了他的士大夫禅学。至晚明,士大夫参禅成风,禅僧亦无不与士大夫结交。陈垣指出:"禅悦,明季士夫风气也。"[1]明清鼎革之际,士大夫(明遗民)逃禅群体不断扩大,形成遗民僧。觉浪道盛将自己的禅学活动重点放在士大夫阶层,是大慧宗杲之后士大夫禅学典型,并不遗余力,为法求人,欲招揽天下"大伤心人"(明遗民群体)托孤传法,故又具有遗民禅学的鲜明特色。方以智的禅学无疑是对道盛士大夫禅和遗民禅的继承,而就其禅儒会通的思想渊源而言,无疑又是明代心学(白沙、阳明)与禅学合流的产物。与明中前期禅宗的凋零形成鲜明对照的是,禅学却因与心学合流大放异彩。白沙学派,尤其是阳明后学的人物大多是禅儒会通者,而宗门也出现了觉浪道盛这样以做宗门孔子相标榜的禅儒会通者。

康熙《广东通志》卷二六"仙释"称:"粤自葛洪、卢能之后,祖述者代有

---

[1]《明季滇黔佛教考》,第333页。

其人。白沙一出而二氏潜消者,几二百年。"[1]这是囿于儒者立场的言说。其实,白沙心学是惠能禅学的直接继承者。

宋明儒学区别于汉唐经学,在经历了禅佛教洗礼后,以弘扬"四书学"为标志回归先秦儒学,其中程颐朱熹一系的理学成为官方儒学。理学家们普遍以辟佛老、卫(孔孟之)道为己任,将圣贤经传天理化,对主张明心见性的惠能南宗禅的批评尤为激烈,在成德成圣等方面提出了一系列新的规范,体现了传统中原(北方)威权、理性文化的特征。陈献章归经学为圣学与心学,白沙(江门)心学将天理收归人的本心,以人心的觉悟和自得为天理,而不以圣贤经传的是非为是非,苟不求之吾心,"六经一糟粕耳!"[2]"往古来今几圣贤,都从心上契心传。"[3]白沙学是要人从外在的循理回归内在本心,在本心下功夫求自得,从而带来理学向心学的转向。如果说禅宗是佛教的教外别传,以心印心,客观上对重视经教的佛教形成革命性的冲击,那么心学也是儒学和圣学的教外别传,以心印心,客观上对重视经教的经学和程朱理学形成革命性的冲击。

在明代,有不少陈献章的批评者斥白沙学为禅学,这并不奇怪。有宋一代,民族危机深重,反映到知识界,儒家的"华夷之辨"成为政治正确的头等大事,士人虽出入佛老,但言论鲜有不辟佛的。流风所及,至明代,儒门正统派批评其论敌最常用的手法仍是说某某是禅。而"朱陆之辩"在程朱理学获得官方正统地位后,门户之见使得攻击陆九渊心学者也讥白沙心学为禅学。清代《四库》馆臣早有"大抵皆门户相轧之见"的定评。

---

[1] 金光祖纂修:康熙《广东通志》,见广东省地方史志办公室辑:《广东历代方志集成》,省部第8—10册,广州:岭南美术出版社,2006年,第1576页。
[2] 陈献章:《道学传序》,见陈献章著,孙通海点校:《陈献章集》,北京:中华书局,1987年,第20页。
[3] 陈献章:《次韵张廷实读伊洛渊源录》,见《陈献章集》,第645页。

白沙子从不避讳禅佛教。其诗语如禅语。[1] 如"乾坤许我具只眼，名利真谁破两关"，[2]"濂洛诸公传不远，风流衣钵共团蒲"[3]之类。在他看来，禅修悟道不重读经而重视启疑情，白沙看着便如"学贵知疑"古训一般。诗禅一致。白沙子诗中还常自称山僧，记述着禅衣，跏趺、念佛经，为母亲做佛事[4]等等。对弟子的许多言论，白沙子直如禅师的开示一般无二，比如对理一分殊，从顿渐兼顾的功夫论上说个滴水不漏：

> 终日乾乾，只是收拾此而已。此理干涉至大，无内外，无终始，无一处不到，无一息不运。会此则天地我立，万化我出，而宇宙在我矣。得此霸柄入手，更有何事？往古今来，四方上下，都一齐穿纽，一齐收拾，随时随处，无不是这个充塞。色色信他本来，何用尔脚劳手攘？舞雩三三两两，正在勿忘勿助之间。曾点些儿活计，被孟子一口打并出来，便都是鸢飞鱼跃。若无孟子工夫，骤而语之，以曾点见趣，一似说梦。会得，虽尧舜事业，只如一点浮云过目，安事推乎？此理包罗上下，贯彻终始，滚作一片，都无分别，无尽藏故也。自兹已往，更有分殊处，合要理会。毫分缕析，义理尽无穷，工夫尽无穷。[5]

白沙子对于禅佛教持大胆的拿来主义。这源于他并不认同将儒佛之辨拉扯上华夷之辨。有诗曰："化日熙熙春荡荡，华夷何处不同天？"[6]朱维铮分析利玛窦到达王阳明心学大本营江西传教时意外地受到善待，

---

[1] 历来诗禅一味。在白沙之后，明末清初岭南出现诗僧群体，蔚为壮观，并产生全国影响，这或许是禅门内部对儒者白沙子的积极回应吧。
[2] 陈献章：《次韵吴献臣明府》，见《陈献章集》，第465页。
[3] 陈献章：《得贺黄门克恭书》，见《陈献章集》，第450页。
[4] 张诩《白沙先生行状》："太夫人颇信浮屠法，及病命以佛事祷，先生从之。"见《陈献章集》，第873页。
[5] 陈献章：《与林郡博》，见《陈献章集》，第217页。
[6] 陈献章：《木犀》，见《陈献章集》，第588页。

其重要原因是"王门诸派共同具有的宽容异教异学的心态"。〔1〕无疑，白沙学在这一点上已率先进达。所以，白沙"自得"的诗中便有许多近禅、"佞佛"语。白沙认为主静的禅学对治疗时人忙于功名利禄具有对症下药的积极功用，不必讳疾忌医。白沙子55岁被地方官举荐，56岁入京应聘，时章枫山往访问学，据夏尚朴（东岩）〔2〕《浴沂亭记》载：

> 白沙云："我无以教人，但令学者看《与点》一章。"予（枫山）云："以此教人，善矣。但朱子谓专理会'与点'意思，恐入于禅。"白沙云："彼一时也，此一时也。朱子时，人多流于异学，故以此救之；今人溺于利禄之学深矣，必知此意，然后有进步处耳。"予闻此言，恍若有悟。〔3〕

在一个重整合融通而非重论辩分别的时代，过分强调华夷（儒佛）之辩与固守门户之见恰恰有碍于心灵的自由解放和学术进步，白沙之学因应时代精神而崛起，其转变学风和开时代新风的意义恰在于超越儒佛之辩，虽然白沙子出于自我保护需要在名词上仍有沿用官方儒学套语，但实际上，其自得之学将诗与禅完全打通、合一了。在救心救世、针砭时弊的功用上，诗禅、儒佛既有共鸣，则可一并运用拿来主义。故白沙经常流连于寺院，所谓"山寺燃灯客欲留"，〔4〕"持烛圭峰寺，宵谈仆屡更"。〔5〕又与太虚、文定等禅僧颇多交往，曾自比陶渊明，而视太虚为庐山慧远。

---

〔1〕 朱维铮：《走出中世纪》增订本，上海：复旦大学出版社，2007年，第79页。
〔2〕 夏为白沙同门娄谅（一斋）弟子，攻白沙学为禅学甚力。白沙同门，吴与弼的大弟子胡居仁（敬斋）更是对此不遗余力，四库馆臣谓其《居业录》"辩献章之近禅不啻再三"。
〔3〕 黄宗羲著，沈芝盈点校：《明儒学案》卷四，第75页。
〔4〕 陈献章：《世卿寄示经飞来寺和予壬寅秋旧律诗，复用韵答之》，见《陈献章集》，第446页。
〔5〕 陈献章：《得张主事廷实书》，见《陈献章集》，第371页。

"若个山僧眼总高。……书来南海与神交。……宾主依然是远陶。"〔1〕"太虚师真无累于外物,无累于形骸矣。儒与释不同,其无累同也。"〔2〕更有兴味的是,白沙子自言:"坐小庐山十余年间,履迹不踰于户阈。"〔3〕"自我不出户,岁星今十周。"〔4〕如果属实,那完全是模仿禅僧闭关,而且十年!委实匪夷所思。至成化二年(1466)出关,复游太学,一诗成名,时人咸以为真儒复出。不可谓不神奇。白沙生前有诗,自比禅宗传衣钵,亲付象征白沙学的代名词"江门钓台"于湛若水,诗曰:

小坐江门不记年,蒲裀当膝几回穿。如今老去还分付,不卖区区敝帚钱。

皇王帝伯都归尽,雪月风花未了吟。莫道金针不传与,江门风月钓台深。

江门渔父与谁年,惭愧公来坐榻穿。问我江门垂钓处,囊里曾无料理钱。(达摩西来,传衣为信,江门钓台亦病夫之衣钵也。兹以付民泽,将来有无穷之托。珍重,珍重。)〔5〕

而另外一首《与湛民泽》的诗,交代了白沙学的心法,更像是传法偈:"六经尽在虚无里,万里都归感应中。若向此边参得透,始知吾学是中庸。"〔6〕其临终遗偈则是:"作一诗云:'托仙终被谤,托佛乃多修。弄艇沧溟月,闻歌碧玉楼。'曰:'吾以此辞世。'"〔7〕

---

〔1〕 陈献章:《太虚上人以所注定山种树诗见寄,喜而赋此,兼稿呈定山》,见《陈献章集》,第496页。
〔2〕 陈献章:《与太虚》,见《陈献章集》,第225页。
〔3〕 陈献章:《龙冈书院记》,见《陈献章集》,第34页。
〔4〕 陈献章:《初秋夜》,见《陈献章集》,第340页。
〔5〕 陈献章:《江门钓濑与湛民泽收管》,见《陈献章集》,第644页。
〔6〕 《陈献章集》,第644页。
〔7〕 张诩:《白沙先生行状》,见《陈献章集》,第872页。

白沙子禅学修养如此之高,其诗学与禅学水乳交融难分彼此,或可称为禅儒,即有高深禅法的儒者,这也许是禅学烂熟时代的产物,白沙子"自得之学"独领风骚。明以前已出现众多的儒禅,即调和儒释高唱儒释一致的禅师,如传下虎溪三笑佳话的庐山慧远、自号中庸子的智圆、有"一代孝僧"和"明教"禅师之称的契嵩等。据说,影响宋明理学至深的"寻孔颜乐处"的话头即是禅师黄龙晦堂心向周子提出,周子有得后再传于二程的。白沙子"自得之学"上承孔孟、中接周子、大程子,固然已参透"孔颜乐处",〔1〕或可以"禅儒"称之。禅儒即禅学化的儒学或重禅法的儒学,与重经教的儒学即理学相对,这其实也是人类思想发展的逻辑必然,就如同禅宗必然继佛教而兴,又如同基督教的发展必然会产生个人心性化的新教对重视经教而不敢越雷池一步的天主教的变革。如果说,惠能南宗禅完成了中国佛教史上最重要变革,使佛教从寺院走向民间、从僧人走向居士,白沙的自得之学直接导演了中国儒学史上心学学派的完成和流行,使圣学成为心学,使儒学活泼泼地从官方走向民间,从书斋走向大众,儒学的这一平民化也即世俗化的转向,在思想上的贡献完全可以类比禅宗对佛教的平民化和世俗化的转向。

白沙之后,其衣钵传人湛若水(甘泉)宣传白沙学不遗余力,并与王阳明过从甚密,共同推动了明代思想转型。阳明后学的岭南传人杨起元(字贞复,号复所)以见性之学会通儒佛,传阳明良知学,也传白沙自得之学。他主张学佛知儒,认为"佛学明,儒学益有所证":"窃谓儒学虽失其传,然有宗门之学,则吾儒之传为不失。学者虽不求宗门之学,第能真实参究儒者之学,至于无丝毫疑处,未有不默合于宗门者也。其不默合于宗门,其

---

〔1〕 屈大均《陈文恭集序》:"王青萝云:'白沙非禅者也。白沙初学于吴康斋而未有得。归坐春阳之台,乃恍然有得于孔、颜之所以为乐。其学盖本诸心,其功则得于静,似禅而非禅者也。'"见《陈献章集》,第921页。

于儒犹未也。"[1]

岭南之外,阳明心学的影响更加巨大也更加迅猛。王阳明的良知说、人性论和禅学有极深的渊源。不少论者指出,良知就是禅的自性清净心、本心,阳明学的良知就是禅家说的佛性;性善(无善无恶心之体)即禅的本性清净,阳明的至善说和四句教,和禅的"善恶不二,迷悟一心"深相契合。天泉证道引起四无四有分歧,形成阳明后学的有无之辩,其背后都是如何圆融贯通禅学与心学、会通禅儒问题。

方以智家族和阳明后学渊源深厚。方学渐被《明儒学案》列入泰州王门,"以明善为宗,以躬行为本,以崇实为教"(方中通《心学宗续编》语),纠偏王龙溪四无说,创崇实会馆,归崇实之学为尽其心而已,所撰《性善绎》、《心学宗》(辑录自尧舜至陈白沙、王阳明、王心斋的心学思想),开启方氏家学对天泉证道四无四有说的检讨和回应。方中通后来撰《心学宗续编》四卷,分卷叙评方学渐、方大镇、方孔炤、方以智,是桐城方氏心学的汇编。

方大镇曾为陈献章、胡居仁请谥,所参与的首善书院讲会乃邹元标、冯从吾等阳明后学主持,他和他的姻亲吴应宾长期辩论善恶有无,激扬二十年,后者著有《宗一圣论》,对方以智影响极大。

据《青原志略·仁树楼别录》,方以智称方孔炤《周易时论》提出公因在反因中,"时以境死其心,时以事活其心,心境两忘,火候不昧也。……湛然则无静矣,善用则无动矣,因物则无心矣,知法则无物矣"。[2]梅文鼎识《心学宗续编》方孔炤卷,称《周易时论》:"阐秩序变化无我备物之旨。"方中通引方孔炤语"以我视我一我而已矣,以物视物一物而已矣。无我无物而后备万物,无我无物而后育万物",并评论说:"非物物备之之为备也,范围其化则备矣;非物物育之之为育也,曲成不遗则育矣。曰范围

---

[1] 彭绍升编:《居士传》传四十四"杨贞复",扬州:江苏广陵古籍刻印社,1991年,第583页。

[2] 《青原志略》,第78页。

曰曲成,一尽性而已。"

方以智为桐城方氏心学的集大成者。郭林识《心学宗续编》方以智卷曰:"世变遁迹,志在继千圣之心,传阐三世之学。"方中通则说:"先君以无我为过关,以毋自欺为薪火。"无我固然是禅佛教的根本道理,毋自欺却出自《大学》诚意功夫,方以智将方氏三世的心学与外祖吴应宾的心学融合起来,达成的是一种与禅学会通的心学,在《性故》(即《会宜编》)一书中有专题讨论。我们在本书第三章第二节"从'三教先生'到'宗一先生'",第七章第三节"会同与参同——集大成"、第五节"参本分禅——回归真常心"等相关章节里都有分析,不再赘述。

青原山既有青原行思道场,又有阳明学的五贤祠、传心堂。方以智逃禅中后期,住持青原山净居寺弘扬禅宗宗风,又参与施闰章的青原讲学活动,传阳明心学薪火。方以智座师余飏曾记甲辰(1664)青原讲会盛况:"吴楚闽粤游人,凡作客吉州,无不至者。予俨然首坐,……为官者、作客者、出家者,相聚一堂,雪泥鸿爪,真同幻梦。因戏作《儒道释行》。"[1]方以智弟子郭林所录《青原志略·传心堂约述》,称"新建致良知之宗,吉州邹、罗、聂、欧会讲青原而其风乃昌,此五贤所由祠也"。[2]新建,指王守仁,曾受封"新建伯",邹指邹守益、罗指罗洪先、聂指聂豹、欧指欧阳德,四人和王阳明合称五贤,五贤祠内设传心堂,是江右王学的会讲之所。故青原既有净居寺的宗风,又有传心堂讲习心学之风,所谓祖关圣域相邻,"荆杏交参","钟铎妙叶"。方以智在青原弘法期间,奉行禅儒会通,三教一家,对青原禅学与青原心学有会通和发展之功,此一面向值得深入研究。

方叔文《方以智先生年谱》引方中履《汗青阁遗嘱》:

> 公寄迹缁衣,以完臣节,其学借贝叶而讲木铎,称异端即攻异端,

---

[1] 余飏:《芦中全集》卷六《游青原记》,转引自任道斌:《方以智年谱》,第227页。
[2]《青原志略》,第56页。

谁识其苦心哉？若徒曰"三教合一"，则失之远矣。公尝曰"异类中行"，其旨可见，特其书深而不露，处公之地，不得不尔，后人安得不表襮之哉！[1]

这和方中通的说法一致，认为方以智逃禅，不改儒者本色。关于方以智是否逃禅，是真为僧还是假为僧问题，不仅要看方以智及其亲属和朋友的相关文字表达，更要看重其行为表现，尤其是方以智投觉浪道盛圆具足戒后，他的交游、他的读书，他的逗留庐山，他在荷叶山隐居三个月，他访易堂九子不肯离去等等行为，均表明方以智自始至终都是"逃禅"。但如果说方以智异类中行，寄迹缁衣，"称异端即攻异端，谁识其苦心哉？"这可能就过分了！无论吴应宾的三一说，还是方氏易学的公因反因说，更不用说觉浪道盛的参同会同、兼中妙叶说，方以智都是真诚地接受，并在自己的著作中加以继承和发展。至少在学理层面，方以智作为禅僧，研究禅学禅法，并开堂弘法，打通世法出世法，并无虚伪、违心之处。方以智的禅学与禅法是道盛、吴应宾的士大夫禅的发展，并和桐城方氏易学、心学以及庄学完全有机地融合为一体。他自嘲自己是三不收，也就是说他不是一个信仰意义上的佛教徒和禅僧，他是个逃禅者，虽身在佛门，是得法弟子，所言所行在本质上却仍是一种会通禅儒的居士禅和士大夫禅，和白沙心学、阳明心学以及阳明后学中的禅儒会通者并无二致。

---

[1] 方叔文编著：《方以智先生年谱》，第199页。

主要参考文献

一、方以智与桐城方氏学派著作

〔1〕方以智.冬灰录(外一种).邢益海,校注.北京:华夏出版社,2014.

〔2〕方以智.青原愚者智禅师语录.兴馨(方中通),兴斧,合编//方以智.冬灰录(外一种).邢益海,校注.北京:华夏出版社,2014.

〔3〕方以智.药地炮庄.张永义,邢益海,校点.北京:华夏出版社,2011.

〔4〕方以智.药地炮庄笺释·总论篇.张永义,注释.北京:华夏出版社,2013.

〔5〕方以智.药地炮庄校注.蔡振丰,魏千钧,李忠达,校注.台北:台大出版中心,2017.

〔6〕方以智.东西均注释.庞朴,注释.北京:中华书局,2001.

〔7〕方以智.一贯问答//方以智.东西均注释(外一种).庞朴,注释.北京:中华书局,2016.

〔8〕方以智.象环寤记//方以智.易余(外一种).张昭炜,整理.上海:上海古籍出版社,2018.

〔9〕方以智.浮山文集.张永义,校注.北京:华夏出版社,2017.

〔10〕方以智.浮山后集:卷一无生寱//黄德宽,诸伟奇,主编.方以智全书:第十册.合肥:黄山书社,2019.

〔11〕方以智.浮山后集:卷二借庐语//黄德宽,诸伟奇,主编.方以智全书:第十册.合肥:黄山书社,2019.

〔12〕方以智.浮山后集:卷三鸟道吟//黄德宽,诸伟奇,主编.方以智全书:第十册.合肥:黄山书社,2019.

〔13〕方以智.信叶//黄德宽,诸伟奇,主编.方以智全书:第十册.合肥:黄山书社,2019.

〔14〕方以智.浮山后集:卷四建初集//黄德宽,诸伟奇,主编.方以智全书:第十册.合肥:黄山书社,2019.

〔15〕方以智.合山栾庐诗//黄德宽,诸伟奇,主编.方以智全书:第十册.合肥:黄山书社,2019.

〔16〕方以智.正叶//黄德宽,诸伟奇,主编.方以智全书:第十册.合肥:黄山书社,2019.

〔17〕方以智.药集//黄德宽,诸伟奇,主编.方以智全书:第十册.合肥:黄山书社,2019.

〔18〕方以智.五老约//黄德宽,诸伟奇,主编.方以智全书:第十册.合肥:黄山书社,2019.

〔19〕方以智.禅乐府//黄德宽,诸伟奇,主编.方以智全书:第十册.合肥:黄山书社,2019.

〔20〕方以智.易余(外一种).张昭炜,整理.上海:上海古籍出版社,2018.

〔21〕方以智.性故注释.张昭炜,注释.北京:中华书局,2018.

〔22〕吴道新,纂辑,陈焯,修订.浮山志.疏获,点校.合肥:黄山书社,2007.

〔23〕方以智,编.青原志略.张永义,校注.北京:华夏出版社,2012.

〔24〕方以智.通雅//侯外庐,主编.方以智全书:第一册.上海:上海古籍出版社,1988.

〔25〕方以智.物理小识.孙显斌,王孙涵之,整理.长沙:湖南科学技术出版社,2019.

〔26〕方以智.方子流寓草//黄德宽,诸伟奇,主编.方以智全书:第九册.合肥:黄山书社,2019.

〔27〕方以智.流离草//黄德宽,诸伟奇,主编.方以智全书:第十册.合肥:黄山书社,2019.

〔28〕方以智.密之先生杂志//中国科学院文献情报中心藏古籍珍本丛书(钞稿本部分).北京:学苑出版社,2018.

〔29〕方以智,编.图象几表.彭战果,郭旭,校注.北京:华夏出版社,2021.

〔30〕方孔炤,方以智.周易时论合编.郑万耕,点校.北京:中华书局,2019.

〔31〕方孔炤,方以智.周易时论合编校注.蔡振丰,李忠达,魏千钧,校注.台北:新文丰出版公司,2021.

〔32〕方昌翰,辑.桐城方氏七代遗书.彭君华,校点.合肥:黄山书社,2019.

〔33〕潘江,辑.龙眠风雅全编.彭君华,主编.合肥:黄山书社,2013.

〔34〕徐璈,辑录.桐旧集.杨怀志,江小角,吴晓国,点校.合肥:安徽大学出版社,2016.

〔35〕方学渐,辑,方中通,续辑.《心学宗》四卷《续编》四卷(景德镇市图书馆藏清康熙继声堂刻本)//四库全书存目丛书编纂委员会,编.四库全书存目丛书:子部第12册.济南:齐鲁书社,1995—1997.

〔36〕方学渐.性善绎//方昌翰,辑.桐城方氏七代遗书.彭君华,校点.合肥:黄山书社,2019.

〔37〕方中通.陪集(继声堂刻本)//《清代诗文集汇编》编纂委员会,编.清代诗文集汇编:第133册.上海:上海古籍出版社,2010.

〔38〕方中履.汗青阁文集//方昌翰,辑.桐城方氏七代遗书.彭君华,校点.合肥:黄山书社,2019.

〔39〕方中发.白鹿山房诗集.曹媛,校点.合肥:黄山书社,2020.

〔40〕吴应宾.宗一圣论·古本大学释论.张昭炜,整理.上海:复旦大学出版社,2019.

〔41〕觉浪道盛.天界觉浪盛禅师全录(附杖门随集).大成,大然,等,校//嘉兴藏:第34册No.B311.台北:新文丰出版公司,1988.

〔42〕觉浪道盛.天界觉浪盛禅师嘉禾语录.大枢,大英,录//嘉兴藏:第34册No.B312.台北:新文丰出版公司,1988.

〔43〕觉浪道盛.天界觉浪盛禅师语录.大成,大奇,等,编//嘉兴藏:第25册No.B174.台北:新文丰出版公司,1988.

二、古籍(按经史子集)

〔1〕黄虞稷.千顷堂书目.瞿凤起,潘景郑,整理.上海:上海古籍出版社,2001.

〔2〕司马迁.史记.北京:中华书局,2011.

〔3〕班固.汉书.北京:中华书局,2012.

〔4〕范晔.后汉书.北京:中华书局,2012.

〔5〕明实录.上海:上海书店出版社,2018.

〔6〕清实录.北京:中华书局,2012.

〔7〕外史氏,辑.圣朝新政要略//《续修四库全书》编纂委员会,编.续修四库全书:杂史类第438册.上海:上海古籍出版社,2002.

〔8〕张廷玉,等.明史.北京:中华书局,1974.

〔9〕赵尔巽,等.清史稿.北京:中华书局,1977.

〔10〕穆彰阿,潘锡恩,等,纂修.大清一统志.上海:上海古籍出版社,2008.

〔11〕黄之隽,等,编纂,赵弘恩,监修.乾隆江南通志.扬州:广陵书社,2010.

〔12〕陶澍,邓廷桢,修,李振庸,韩玫,纂.(道光)安徽通志.合肥:黄山书社,2015.

〔13〕张楷,修.(康熙)安庆府志.北京:中华书局,2009.

〔14〕胡必选,修,王凝命,续修.(康熙)桐城县志//中国地方志集成·安徽府县志辑:第12册.南京:江苏古籍出版社,1998.

〔15〕金鼎寿,纂修.(道光)桐城续修县志.潘忠荣,点校.合肥:黄山书社,2017.

〔16〕黄宅中,张镇南,修,邓显鹤,编纂.(道光)宝庆府志.长沙:岳麓书社,2009.

〔17〕苏宗经,编辑,羊复礼,增辑.中国边疆研究文库·初编:西南边疆卷十(广西通志辑要).廖美妮,梁玮羽,点校.哈尔滨:黑龙江教育出版社,2015.

〔18〕谢启昆,修,胡虔,纂.(嘉庆)广西通志.南宁:广西人民出版社,2016.

〔19〕吴九龄,修,史鸣皋,等,纂.梧州府志.同治十二年刊本.台北:成文出版社,1961.

〔20〕王锾绅,续修,王栋,续纂.苍梧县志.同治十年辛未凤台书院存板.

〔21〕全文炳,修.平乐县志.光绪十年本//中国方志丛书:第18号.台北:成文出版社,1967.

〔22〕于成龙,安世鼎,等,修,杜果,等,纂.江西通志.康熙二十年刻本//中国方志丛书:第781号.台北:成文出版社,1967.

［23］曹养恒,修,萧韵,等,纂.(康熙)南城县志.康熙十二年刻本.

［24］李人镜,修,梅体萱,纂.(同治)南城县志.同治十二年刻本//中国地方志集成·江西府县志辑:第 55—56 册.南京:江苏古籍出版社,1996.

［25］周天德,纂修.(康熙)新城县志.涂景祚,编次.康熙十二年刻本.

［26］方懋禄,修,夏之翰,等,纂.(乾隆)新城县志.乾隆十六年刊本.

［27］刘昌岳,修,邓家祺,纂.(同治)新城县志//中国方志丛书·华中地方:第 256 号.台北:成文出版社,1975.

［28］卢崧,朱若烜,修,陆嘉颖,闵鉴,纂.(乾隆)南丰县志.乾隆三十年刊本.

［29］定祥,特克绅布,修,刘绎,周立瀛,纂.(光绪)吉安府志.汪泰荣,点校.北京:中华书局,2014.

［30］李兴元,修.(顺治)吉安府志.汪泰荣,点校.南昌:百花洲文艺出版社,2020.

［31］谢旻,等,修,陶成,恽鹤生,等,纂.(雍正)江西通志//景印文渊阁四库全书:第 513—518 册.北京:商务印书馆,2014.

［32］李正宜,等,修,邹鹄,纂.(民国)吉安县志//中国地方志集成·江西府县志辑:第 63 册.南京:江苏古籍出版社,1996.

［33］陈汝祯,等,修,匡汝谐,等,纂.(同治)庐陵县志.同治十二年刊本.

［34］冉棠,修,匡汝谐,等,纂.(乾隆)泰和县志.乾隆十八年新镌本.

［35］宋瑛,等,修,彭启瑞,等,纂.(同治)泰和县志.同治十一年抄本.

［36］宋瑛,等,修,彭启瑞,等,纂,周之镛,续纂修.(光绪)泰和县志.光绪五年刊本.

［37］戴璟,修,张岳,纂.(嘉靖)广东通志初稿//广东省地方史志办公室,编.广东历代方志集成·省部:第 1 册.广州:岭南美术出版社,2006.

〔38〕黄佐.(嘉靖)广东通志.香港:大东图书公司,1977年.

〔39〕林述训,等,修,单兴诗,总纂,欧樾华,等,分纂.韶州府志//广东省地方史志办公室,编.广东历代方志集成·韶州府部:第3册.广州:岭南美术出版社,2009.

〔40〕释真朴,重修.曹溪通志.杨权,张红,仇江,点校.广州:广东教育出版社,2016.

〔41〕黄宗羲.明儒学案.沈芝盈,点校.北京:中华书局,2008.

〔42〕钱执禄.钱澄之先生年谱.钱奕珠,点校.芜湖:安徽师范大学出版社,2018.

〔43〕马其昶.桐城耆旧传.毛伯舟,点注.合肥:黄山书社,1990.

〔44〕谈迁.国榷.张宗祥,校点.北京:中华书局,1958.

〔45〕计六奇.明季北略.魏得良,任道斌,点校.北京:中华书局,1984.

〔46〕计六奇.明季南略.任道斌,魏得良,点校.北京:中华书局,1984.

〔47〕徐鼒.小腆纪年附考.王崇武,校点.北京:中华书局,1957.

〔48〕徐鼒,撰,徐承礼,补遗.小腆纪传.北京:中华书局,2018.

〔49〕王夫之.永历实录//王夫之.船山全书:第11册.杨坚,修订.长沙:岳麓书社,2011.

〔50〕鲁可藻,等.岭表纪年(外二种).杭州:浙江古籍出版社,1985.

〔51〕周方林,辑.(周氏)清芬文集.光绪十九年木活字本//徐雁平,张剑,主编.清代家集丛刊:第147册.北京:国家图书馆出版社,2015.

〔52〕瞿昌文.粤行纪事//丛书集成初编.北京:中华书局,1985.

〔53〕钱澄之.所知录.诸伟奇,辑校,孙以楷,审订.合肥:黄山书社,2006.

〔54〕黄云师.方文忠公行状.方氏后人家藏抄本.

〔55〕葛寅亮.金陵梵刹志.何孝荣,点校.南京:南京出版社,2011.

〔56〕陈毅.摄山志.南京:南京出版社,2017.

〔57〕郭棐.粤大记:上册.黄国声,邓贵忠,点校.广州:广东人民出版社,2014.

〔58〕徐弘祖.徐霞客游记校注.朱惠荣,校注.北京:中华书局,2017.

〔59〕顾祖禹.读史方舆纪要.贺次君,施和金,点校.北京:中华书局,2005.

〔60〕释德清.庄子内篇注.黄曙辉,点校.上海:华东师范大学出版社,2009.

〔61〕释德清.道德经解.黄曙辉,点校.上海:华东师范大学出版社,2009.

〔62〕钱澄之.钱澄之全集之三:庄屈合诂.殷呈祥,校点.合肥:黄山书社,1998.

〔63〕王夫之.庄子解,庄子通//王夫之.船山全书:第13册.杨坚,修订.长沙:岳麓书社,1996.

〔64〕徐廷槐.南华简钞//龚鹏程,陈廖安,主编.中华续道藏初辑:第15册.台北:新文丰出版公司,1999.

〔65〕郭庆藩.庄子集释.王孝鱼,点校.北京:中华书局,2013.

〔66〕朱元璋.三教论//朱元璋.明太祖集.胡士萼,点校.合肥:黄山书社,1991.

〔67〕陈献章.陈献章集.孙通海,点校.北京:中华书局,1987.

〔68〕王阳明.传习录注疏.邓艾民,注.上海:上海古籍出版社,2015.

〔69〕杨起元.证学编.谢群洋,点校.上海:上海古籍出版社,2016.

〔70〕周汝登.周汝登集.张梦新,张卫中,点校.杭州:浙江古籍出版社,2015.

〔71〕黄道周.黄道周集.翟奎凤,郑晨寅,蔡杰,整理.北京:中华书局,2017.

〔72〕黄宗羲.黄宗羲全集(增订版).沈善洪,主编.杭州:浙江古籍出

版社,2005.

〔73〕石峻,楼宇烈,方立天,等,编.中国佛教思想资料选编.北京:中华书局,1981.

〔74〕慧远.庐山慧远大师文集.张景岗,点校.北京:九州出版社,2014.

〔75〕慧皎,道宣,赞宁,等.四朝高僧传.北京:中国书店,2018.

〔76〕惠能,述.坛经.丁福宝,笺注,陈兵,导读,哈磊,整理.上海:上海古籍出版社,2011.

〔77〕文远,记录.赵州录.张子开,点校.郑州:中州古籍出版社,2001.

〔78〕慧然,集.临济录.杨曾文,编校.郑州:中州古籍出版社,2001.

〔79〕马祖道一.马祖语录.邢东风,辑校.郑州:中州古籍出版社,2008.

〔80〕宗密.禅源诸诠集都序.邱高兴,校释.郑州:中州古籍出版社,2008.

〔81〕道宣.集古今佛道论衡校注.刘林魁,校注.北京:中华书局,2018.

〔82〕契嵩.镡津文集.钟东,江晖,点校.上海:上海古籍出版社,2016.

〔83〕洞山良价,述.瑞州洞山良价禅师语录.语风圆信,郭凝之,编//大正藏:第47册No.1986B.台北:新文丰出版公司,1983.

〔84〕曹山本寂,述.抚州曹山本寂禅师语录.郭凝之,编集//大正藏:第47册No.1987B.台北:新文丰出版公司,1983.

〔85〕释正受.楞伽经集注.释普明,点校.上海:上海古籍出版社,2016.

〔86〕重显.雪窦重显禅师集.钟东,江晖,整理.上海:上海古籍出版社,2016.

〔87〕圆悟克勤.碧岩录.尚之煜,校注.郑州:中州古籍出版社,2011.

〔88〕释延寿.宗镜录.西安:三秦出版社,1994.

〔89〕普济.五灯会元.苏渊雷,点校.北京:中华书局,1984.

〔90〕道原.景德传灯录译注.顾宏义,译注.上海:上海书店出版社,2010.

〔91〕智昭,编撰.人天眼目释读.尚之煜,释读.上海:上海古籍出版社,2015.

〔92〕释惠洪,著,释廓门贯彻,注.注石门文字禅.张伯伟,郭醒,童岭,等,点校.北京:中华书局,2012.

〔93〕惠洪.智证传//大藏新纂卍续藏经:第63册第1235号.台北:白马精舍印经会,1988.

〔94〕惠洪.禅林僧宝传.吕有祥,点校.郑州:中州古籍出版社,2014.

〔95〕大慧宗杲.正法眼藏.董群,点校.郑州:中州古籍出版社,2016.

〔96〕大慧宗杲.大慧普觉禅师语录.明尧,明洁,整理//纯闻,主编.云居法汇:第5—6册.郑州:大象出版社,2014.

〔97〕宗杲.大慧书.吕有祥,吴隆升,校注.郑州:中州古籍出版社,2008.

〔98〕刘谧.三教平心论//大正藏:第52册 No.2117.台北:新文丰出版公司,1983.

〔99〕瞿汝稷,编撰.指月录.德贤,侯剑,整理.成都:巴蜀书社,2005.

〔100〕黄檗无念禅师.禅非一枝花——黄檗无念禅师话语录.侯素平,注译.北京:新世界出版社,2012.

〔101〕释明本.中峰明本全集.于德隆,点校.北京:九州出版社,2020.

〔102〕智旭.周易·四书禅解.施维,周建雄,整理.成都:巴蜀书社,2004.

〔103〕憨山德清.憨山老人梦游集.孔宏,点校.北京:北京图书馆出版社,2004.

〔104〕袾宏.云栖法汇//嘉兴藏:第33册 No.B277.台北:新文丰出版公司,1988.

〔105〕云栖袾宏.莲池大师全集.明学,主编.上海:上海古籍出版社,2011.

〔106〕法藏.五宗原//大藏新纂卍续藏经:第65册 No.1279.台北:白马精舍印经会,1988.

〔107〕无明慧经.寿昌无明和尚语录//嘉兴藏:第25册 No.B173.台北:新文丰出版公司,1988.

〔108〕无异元来.无异禅师广录//大藏新纂卍续藏经:第72册 No.1435.台北:白马精舍印经会,1988.

〔109〕永觉元贤.永觉和尚广录//大藏新纂卍续藏经:第72册 No.1437.台北:白马精舍印经会,1988.

〔110〕林兆恩.林子三教正宗统论//四库禁毁书丛刊编纂委员会,编.四库禁毁书丛刊:子部第17册.北京:北京出版社,1997.

〔111〕瀞挺.漆园指通//嘉兴藏:第34册 No.B296.台北:新文丰出版公司,1988.

〔112〕超永,编.五灯全书.//蓝吉富,主编.禅宗全书:第25—27册.北京:北京图书馆出版社,2004.

〔113〕达珍,编.正源略集//蓝吉富,主编.禅宗全书:第28册.北京:北京图书馆出版社,2004.

〔114〕金堡.遍行堂集.段晓华,点校.广州:广东旅游出版社,2008.

〔115〕大汕和尚.大汕和尚集.万毅,杜霭华,仇江,点校.广州:中山大学出版社,2007.

〔116〕晦山戒显.晦山戒显禅师语录.明尧,明洁,整理//纯闻,主编.云居法汇:第12册.郑州:大象出版社,2014.

〔117〕彭绍升.居士传校注.张培锋,校注.北京:中华书局,2014.

〔118〕屈原.屈原集校注.金开诚,董洪利,高路明,校注.北京:中华书局,1996.

〔119〕陶渊明.陶渊明集校笺.龚斌,校笺.上海:上海古籍出版社,1996.

〔120〕刘义庆.世说新语笺疏.刘孝标,注,余嘉锡,笺疏.北京:中华书局,2015.

〔121〕释惠洪.冷斋夜话·风月堂诗话·环溪诗话.北京:中华书局,1988.

〔122〕袁宏道.袁宏道集笺校.钱伯城,笺校.上海:上海古籍出版社,1981.

〔123〕钱澄之.藏山阁集.汤华泉,校点.合肥:黄山书社,2004.

〔124〕钱澄之.田间文集.彭君华,校点.合肥:黄山书社,1998.

〔125〕钱澄之.田间诗集.诸伟奇,校点.合肥:黄山书社,1998.

〔126〕王夫之.搔首问//王夫之.船山全书:第12册.杨坚,修订.长沙:岳麓书社,2011.

〔127〕文德翼.求是堂文集//四库禁毁书丛刊编纂委员会,编.四库禁毁书丛刊:集部第141册.北京:北京出版社,1997.

〔128〕徐芳.悬榻编//四库禁毁书丛刊编纂委员会,编.四库禁毁书丛刊:集部第86册.北京:北京出版社,1997.

〔129〕魏禧.魏叔子文集.胡守仁,姚品文,王能宪,校点.北京:中华书局,2003.

〔130〕朱议霶.朱中尉诗集//江西省高校古籍整理领导小组,编.豫章丛书:集部十.南昌:江西教育出版社,2007.

〔131〕彭士望.耻躬堂文钞十卷诗钞六卷.清咸丰二年刻本//四库禁毁书丛刊编纂委员会,编.四库禁毁书丛刊:集部第52册.北京:北京出版社,1997.

〔132〕钱谦益.钱牧斋全集.钱曾,笺注,钱仲联,标校.上海:上海古籍出版社,2003.

〔133〕萧士玮.春浮园偶录.光绪十八年刻本.

〔134〕瞿式耜.瞿式耜集.江苏师范学院历史系,苏州地方史研究室,整理.上海:上海古籍出版社,1981.

〔135〕萧士玮.陶庵杂记.哈佛燕京中文特藏版本.

〔136〕施闰章.施愚山集(增订版).何庆善,杨应芹,校点.合肥:黄山书社,2018.

〔137〕曾灿.六松堂集.余让尧,点校//江西省高校古籍整理领导小组,编.豫章丛书:集部十.南昌:江西教育出版社,2007.

〔138〕沈寿民.姑山遗集//四库禁毁书丛刊编纂委员会,编.四库禁毁书丛刊:集部第119册.北京:北京出版社,1997.

〔139〕刘献廷.广阳杂记.汪北平,夏志和,校.北京:中华书局,1957.

〔140〕王士禛,辑.渔阳山人感旧集.上海:上海古籍出版社,2014.

三、近人专著(按汉语拼音字母排序)

〔1〕卜正民.为权力祈祷——佛教与晚明中国士绅社会的形成.张华,译.南京:江苏人民出版社,2005.

〔2〕蔡金昌.憨山大师的三教会通思想.台北:文津出版社,2006.

〔3〕曹刚华.明代佛教方志研究.北京:中国人民大学出版社,2011.

〔4〕陈宝良.明代士大夫的精神世界.北京:北京师范大学出版社,2017.

〔5〕陈立胜.入圣之机:王阳明致良知功夫论研究.北京:生活·读书·新知三联书店,2019.

〔6〕陈荣捷.王阳明与禅.台北:台湾学生书局,1984.

〔7〕陈寅恪.柳如是别传.上海:上海古籍出版社,1980.

〔8〕陈永革.晚明佛教思想研究.北京:宗教文化出版社,2007.

〔9〕陈玉女.明代的佛教与社会.北京:北京大学出版社,2011.

〔10〕陈垣.明季滇黔佛教考(外宗教史论著八种).石家庄:河北教育出版社,2000.

〔11〕陈垣.中西回史日历//陈垣.陈垣全集:第4—5册.陈智超,主编.合肥:安徽大学出版社,2009.

〔12〕程曦.明代儒佛融通思想研究.合肥:合肥工业大学出版社,2008.

〔13〕冲本克己,菅野博史.中国文化中的佛教——宋元明清.辛如意,译.台北:法鼓文化,2015.

〔14〕崔瑞德,牟复礼,编.剑桥中国明代史.杨品泉,等,译.北京:中国社会科学出版社,2006.

〔15〕邓克铭.明末清初庄子注解研究:以憨山德清、方以智、王船山为例.台北:文津出版社,2016.

〔16〕杜继文,魏道儒.中国禅宗通史.南京:江苏古籍出版社,1993.

〔17〕杜运辉.侯外庐先生学谱.北京:中国社会科学出版社,2013.

〔18〕段晓华,刘松来.红土·禅床:江西禅宗文化研究.北京:中国社会科学出版社,2000.

〔19〕樊树志.晚明大变局.北京:中华书局,2015.

〔20〕范佳玲.明末曹洞宗殿军——永觉元贤禅师研究.台北:花木兰出版社,2009.

〔21〕方良.钱谦益年谱.北京:中国书籍出版社,2013.

〔22〕方伦.禅话与净话.北京:东方出版社,2016.

〔23〕方叔文,编著.方以智先生年谱.芜湖:安徽师范大学出版社,2018.

〔24〕方勇.庄子学史.北京:人民出版社,2008.

〔25〕冯达文.冯达文文集.石家庄:河北教育出版社,2020.

〔26〕冯学成.《宝镜三昧》讲记:曹洞宗禅修秘籍.广州:南方日报出版社,2013.

〔27〕高怀民.宋元明易学史.桂林:广西师范大学出版社,2007.

〔28〕高令印.中国禅学通史.北京:宗教文化出版社,2004.

〔29〕高阳.明末四公子.北京:华夏出版社,2004.

〔30〕耿宁.心的现象——耿宁心性现象学研究文集.倪梁康,张庆熊,王庆节,等,译.北京:商务印书馆,2012.

〔31〕龚隽.禅史钩沉:以问题为中心的思想史论述.北京:生活·读书·新知三联书店,2006.

〔32〕龚隽,陈继东.中国禅学研究入门.上海:复旦大学出版社,2009.

〔33〕龚鹏程.晚明思潮.北京:商务印书馆,2005.

〔34〕沟口雄三.李卓吾·两种阳明学.孙军悦,李晓东,译.北京:生活·读书·新知三联书店,2014.

〔35〕顾诚.南明史.北京:光明日报出版社,2011.

〔36〕顾伟康.禅净合一溯源.上海:上海社会科学院出版社,2012.

〔37〕郭成康,林铁钧.清朝文字狱.北京:群众出版社,1990.

〔38〕郭朋.明清佛教.福州:福建人民出版社,1982.

〔39〕何善蒙.三一教研究.杭州:浙江大学出版社,2011.

〔40〕何孝荣.明代南京寺院研究.北京:中国社会科学出版社,2000.

〔41〕何孝荣,等.明朝宗教.南京:南京出版社,2013.

〔42〕洪修平,孙亦平.如来禅.杭州:浙江人民出版社,1997.

〔43〕侯外庐,邱汉生,张岂之,主编.宋明理学史.北京:人民出版社,1987.

〔44〕侯外庐,主编.中国思想通史:第四卷下册.北京:人民出版社,1960.

〔45〕忽滑谷快天.王阳明与禅学.李庆保,译.长春:时代文艺出版社,2018.

〔46〕忽滑谷快天.中国禅学思想史.朱谦之,译.上海:上海古籍出版社,2002.

〔47〕荒木见悟.佛教与儒教.廖肇亨,译.台北:联经出版公司,2008.

〔48〕荒木见悟.明末清初的思想与佛教.廖肇亨,译.上海:上海古籍出版社,2010.

〔49〕荒木见悟.忧国烈火禅:禅僧觉浪道盛のたたかい.东京都:研文出版,2000.

〔50〕黄家章.印光思想、净土信仰与终极关怀.北京:社会科学文献出版社,2013.

〔51〕嵇文甫.晚明思想史论.北京:东方出版社,1996.

〔52〕纪华传.明清鼓山曹洞宗文献研究.北京:社会科学文献出版社,2014.

〔53〕江灿腾.晚明佛教改革史.桂林:广西师范大学出版社,2006.

〔54〕姜伯勤.石濂大汕与澳门禅史——清初岭南禅学史研究初编.上海:学林出版社,1999.

〔55〕蒋国保.方以智与明清哲学.合肥:黄山书社,2009.

〔56〕蒋国保.方以智哲学思想研究.合肥:安徽人民出版社,1987.

〔57〕孔定芳.清初遗民社会:满汉异质文化整合视野下的历史考察.武汉:湖北人民出版社,2009.

〔58〕赖永海,主编.中国佛教通史(学术版):第12—13卷.南京:江苏人民出版社,2010.

〔59〕李勤合,滑红彬.庐山佛教史.南昌:江西人民出版社,2014.

〔60〕李圣华.方文年谱.北京:人民文学出版社,2007.

〔61〕李瑄.明遗民群体心态与文学思想研究.成都:巴蜀书社,2009.

〔62〕梁洪生,李平亮.江西通史:清前期卷.南昌:江西人民出版社,2008.

〔63〕梁启超.中国近三百年学术史.天津:天津古籍出版社,2003.

〔64〕廖肇亨.巨浪回澜——明清佛门人物群像及其艺文.台北:法鼓文化,2014.

〔65〕廖肇亨.中边·诗禅·梦戏——明末清初佛教文化论述的呈现与开展.台北:允晨文化公司,2008.

〔66〕廖肇亨.忠义菩提——晚明清初空门遗民及其节义论述探析.台北:"中央研究院中国文哲研究所",2013.

〔67〕刘敬.清初士林逃禅现象及其文学影响研究.北京:人民出版社,2017.

〔68〕刘君灿.方以智.台北:东大图书公司,1988.

〔69〕刘梦溪.陈寅恪论稿.北京:生活·读书·新知三联书店,2018.

〔70〕刘伟.天下归仁——方以智易学思想研究.北京:知识产权出版社,2016.

〔71〕刘元青.方以智心性论研究.北京:北京师范大学出版社,2014.

〔72〕柳田圣山.中国禅思想史.吴汝钧,译.台北:台湾商务印书馆,1992.

〔73〕陆勇强.魏禧年谱.济南:齐鲁书社,2014.

〔74〕罗炽.方以智评传.南京:南京大学出版社,1998.

〔75〕罗宗强.明代后期士人心态研究.天津:南开大学出版社,2006.

〔76〕麻天祥.中国禅宗思想史略.北京:中国人民大学出版社,2007.

〔77〕马海燕.为霖道霈禅师.厦门:厦门大学出版社,2010.

〔78〕毛忠贤.中国曹洞宗通史.南昌:江西人民出版社,2006.

〔79〕冒怀辛,金隆德.方以智//张立文,默明哲,编.中国古代著名哲学家评传:宋元明清部分.济南:齐鲁书社,1981.

〔80〕孟森.明史讲义.北京:中华书局,2006.

〔81〕孟森.明元清系通纪.北京:中华书局,2006.

〔82〕孟森.清史讲义.北京:中华书局,2007.

〔83〕潘桂明.中国佛教思想史稿.南京:江苏人民出版社,2009.

〔84〕潘桂明.中国居士佛教史.北京:中国社会科学出版社,2000.

〔85〕潘雨廷.易与佛教·易与老庄.上海:上海古籍出版社,2005.

〔86〕庞朴.一分为三论.上海:上海古籍出版社,2003.

〔87〕彭战果.无执与圆融——方以智三教会通观研究.北京:民族出版社,2012.

〔88〕钱海岳.南明史.北京:中华书局,2006.

〔89〕任道斌,编.方以智、茅元仪著述知见录.北京:书目文献出版社,1985.

〔90〕任道斌.方以智年谱.合肥:安徽教育出版社,1983.

〔91〕任道斌.方以智年谱(修订版).杭州:浙江古籍出版社,2021.

〔92〕任继愈.汉唐佛教思想论集.北京:人民出版社,1981.

〔93〕任继愈.任继愈禅学论集.北京:商务印书馆,2005.

〔94〕任宜敏.中国佛教史(明代).北京:人民出版社,2009.

〔95〕任宜敏.中国佛教史(清代).北京:人民出版社,2015.

〔96〕荣格.东洋冥想的心理学——从易经到禅.杨儒宾,译.北京:社会科学文献出版社,2000.

〔97〕容肇祖.明代思想史.济南:齐鲁书社,1992.

〔98〕商传.走进晚明.北京:商务印书馆,2014.

〔99〕上海书店出版社,编.清代文字狱档.上海:上海书店出版社,2007.

〔100〕释圣严.明末佛教研究.北京:宗教文化出版社,2006.

〔101〕释印顺.净土学论集.北京:中华书局,2010.

〔102〕释印顺.净土与禅.北京:中华书局,2011.

〔103〕释印顺.中国禅宗史.北京:中华书局,2010.

〔104〕束景南.王阳明年谱长编.上海:上海古籍出版社,2017.

〔105〕宋豪飞.明清桐城桂林方氏家族及其诗歌研究.合肥:黄山书社,2012.

〔106〕孙劲松.心史——永明延寿佛学思想研究.北京:商务印书馆,2013.

〔107〕孙静庵,编著.明遗民录.赵一生,标点.杭州:浙江古籍出版社,1985.

〔108〕汪学群.明代遗民思想研究.北京:中国社会科学出版社,2012.

〔109〕王红蕾.憨山德清与晚明士林.北京:中国社会科学出版社,2010.

〔110〕王仲尧.易学与佛教.北京:中国书店,2001.

〔111〕魏道儒.唐宋佛学.北京:中国社会科学出版社,2017.

〔112〕魏道儒,主编.世界佛教通史:第五卷.北京:中国社会科学出版社,2015.

〔113〕吴根友,主编.知识的视野与思想的视野:明清哲学高端论集.长沙:岳麓书社,2017.

〔114〕吴经熊.禅学的黄金时代.吴怡,译.海口:海南出版社,2009.

〔115〕吴立民,主编.禅宗宗派源流.北京:中国社会科学出版社,1998.

〔116〕吴汝钧.佛教的概念与方法(修订版).北京:世界图书出版公司北京公司,2015.

〔117〕吴言生.禅宗思想渊源.北京:中华书局,2001.

〔118〕吴言生.临济大师传.北京:商务印书馆,2014.

〔119〕吴言生.吴言生说禅.北京:商务印书馆国际有限公司,2013.

〔120〕吴怡.禅与老庄.台北:三民书局,2003.

〔121〕夏金华.佛学与易学.台北:新文丰出版公司,1997.

〔122〕萧鸿鸣.方以智黎川四年.南昌:江西人民出版社,2020.

〔123〕谢国桢.明末清初的学风.北京:人民出版社,1982.

〔124〕谢金良.《周易禅解》研究.成都:巴蜀书社,2006.

〔125〕谢明阳.明遗民的"怨""群"诗学精神——从觉浪道盛到方以智、钱澄之.台北:大安出版社,2004.

〔126〕谢正光,范金民,编.明遗民录汇辑.南京:南京大学出版社,1995.

〔127〕邢益海.方以智庄学研究.北京:北京师范大学出版社,2015.

〔128〕邢益海,编.冬炼三时传旧火——港台学人论方以智.北京:华夏出版社,2012.

〔129〕徐圣心.青天无处不同霞:明末清初三教会通管窥.台北:"国立台湾大学出版中心",2010.

〔130〕徐世昌,等,编纂.清儒学案(全八册).沈芝盈,梁运华,点校.北京:中华书局,2008.

〔131〕徐文明.青原法派研究.北京:中国社会科学出版社,2016.

〔132〕徐文明.唐五代曹洞宗研究.北京:中国社会科学出版社,2012.

〔133〕徐小跃.禅与老庄.杭州:浙江人民出版社,1992.

〔134〕杨健.清王朝佛教事务管理.北京:社会科学文献出版社,2008.

〔135〕杨儒宾.儒门内的庄子.台北:联经出版事业股份有限公司,2016.

〔136〕杨献珍.合二而一.重庆:重庆出版社,2001.

〔137〕杨向奎.清儒学案新编:第一卷.济南:齐鲁书社,1985.

〔138〕余英时.陈寅恪晚年诗文释证(增订版).台北:东大图书公司,1998.

〔139〕余英时.方以智晚节考(增订版).北京:生活·读书·新知三联书店,2004.

〔140〕余英时.朱熹的历史世界:宋代士大夫政治文化的研究.北京:生活·读书·新知三联书店,2004.

〔141〕原田谨次郎,主编.中国名画宝鉴.石家庄:河北美术出版社,2007.

〔142〕张韶宇.智旭佛学易哲学研究.成都:巴蜀书社,2012.

〔143〕张永堂.方以智.台北:台湾商务印书馆,1987.

〔144〕张永堂.明末方氏学派研究初编——明末理学与科学关系试论.台北:文镜文化事业有限公司,1987.

〔145〕张永义.中国思想论集.成都:巴蜀书社,2012.

〔146〕赵伟.心海禅舟——宋明心学与禅学研究.北京:人民出版社,2008.

〔147〕赵轶峰.明代国家宗教管理制度与政策研究.北京:中国社会科学出版社,2008.

〔148〕赵园.聚合与流散——关于明清之际一个士人群体的叙述.北京:中国文联出版社,2009.

〔149〕赵园.明清之际士大夫研究.北京:北京大学出版社,1999.

〔150〕赵园.易堂寻踪:关于明清之际一个士人群体的叙述.北京:北京师范大学出版社,2013.

〔151〕赵园.制度·言论·心态——《明清之际士大夫研究》续编.北京:北京大学出版社,2006.

〔152〕郑鹤声,编.近世中西史日对照表.北京:中华书局,1981.

〔153〕周黄琴.历史中的镜像——论晚明僧人视域中的《庄子》.成都:巴蜀书社,2015.

〔154〕周齐.明代佛教与政治文化.北京:人民出版社,2005.

〔155〕朱鸿林.《明儒学案》研究及论学杂著.北京:生活·读书·新知三联书店,2016.

〔156〕朱维铮.走出中世纪(增订本).上海:复旦大学出版社,2007.

四、论文(含期刊、辑刊和论文集)(按时间和同一作者顺序)

〔1〕侯外庐.方以智——中国的百科全书派大哲学家(上).历史研究,1957(6):1—21.

〔2〕侯外庐.方以智——中国的百科全书派大哲学家(下).历史研究,1957(7):1—25.

〔3〕侯外庐.方以智《东西均》一书的哲学思想——纪念方以智诞生三百五十周年.人民日报,1961—8—6(5).

〔4〕冒怀辛.关于方孔炤《周易时论合编》的发现.中国哲学史研究,1980(1):122.

〔5〕冒怀辛.关于方以智的晚年活动//清史论丛:第三辑.北京:中华书局,1982.

〔6〕杨向奎,冒怀辛.关于方以智和中国传统哲学思想的讨论.历史研究,1985(1):33—60.

〔7〕冒怀辛.论方以智哲学思想的科学基础.哲学研究,1985(10):70—73.

〔8〕冒怀辛.方以智、易堂九子与理学.中国史研究,1987(4):55—66.

〔9〕任道斌.方以智简论//清史论丛:第四辑.北京:中华书局,1982.

〔10〕任道斌.方以智//何龄修,张捷夫,主编.清代人物传稿:上编第二卷.北京:中华书局,1986.

〔11〕方鸿寿.方以智年谱//艺文志:第二辑.太原:山西人民出版社,1983.

〔12〕方鸿寿.方以智诗词书画略述//学林漫录:七集.北京:中华书

局,1983.

〔13〕蒋国保.它山之石,可以攻玉——坂出祥伸《方以智的思想》述要.江淮论坛,1985(3):47—51.

〔14〕李泽厚.漫述庄禅.中国社会科学,1985(1):125—148.

〔15〕冯锦荣.明末清初方氏学派之成立及其主张//山田庆儿,主编.中国古代科学史论.京都:京都大学人文科学研究所,1989.

〔16〕容肇祖.方以智和他的思想//容肇祖.容肇祖集.济南:齐鲁书社,1989.

〔17〕暴鸿昌.明季清初遗民逃禅现象论析.江汉论坛,1992(3):57—62.

〔18〕张永堂.方学渐思想初探.(台北)大陆杂志,1996,93(4):15—36.

〔19〕刘泽亮.方以智禅学思想通观//王兴国,徐荪铭,主编.石头希迁与曹洞禅.长沙:岳麓书社,1997.

〔20〕李利安.明末清初禅宗的基本走向.中国哲学史,1999(3):3—5.

〔21〕饶宗颐.三教论及其海外移殖//饶宗颐,讲演.中国宗教思想史新页.北京:北京大学出版社,2000.

〔22〕陈宝良.明代儒佛道的合流及其世俗化.浙江学刊,2002(2):153—159.

〔23〕周勤勤.方以智集大成思想初探.中国社会科学院研究生院学报,2002(5):99—104.

〔24〕周勤勤.方以智"∴说"解析.中国社会科学院研究生院学报,2005(5):94—102.

〔25〕姜伯勤.石濂大汕与澳门禅史补考.广东社会科学,2003(2):105—111.

〔26〕方盛良.融通:从思想到文学——以方以智"和水中雁字诗"为中

心.文学评论丛刊,2003(3):102—117.

〔27〕袁行霈.论和陶诗及其文化意蕴.中国社会科学,2003(6):149—161.

〔28〕谢正光.钱谦益奉佛之前后因缘及其意义.清华大学学报(哲学社会科学版),2006(3):13—30.

〔29〕李舜臣.法缘与俗缘的反复纠葛——金堡澹归逃禅考论.宗教学研究,2006(4):73—77.

〔30〕周锋利.青原学风与方以智晚年思想.安徽师范大学学报(人文社会科学版),2007(5):580—584.

〔31〕杨儒宾.儒门内的庄子//中国哲学与文化:第四辑.桂林:广西师范大学出版社,2008.

〔32〕廖肇亨.天崩地解与儒佛之争:明清之际逃禅遗民价值系统的冲突与融合.人文中国学报,2008(13):407—452.

〔33〕黄夏年.浮山华严寺朗目本智禅师评传.江淮论坛,2008(2):162—172.

〔34〕邓克铭.方以智的禅学思想.汉学研究,2009,27(2):303—331.

〔35〕邢益海.从齐物、观物到《东西均》.古典研究,2010(秋季卷):97—113.

〔36〕邢益海.论方以智是庄子学派的重要代表人物//陈少明,编.情理之间——冯达文教授七秩寿庆文集.成都:巴蜀书社,2011.

〔37〕邢益海.方以智《药地炮庄》版本考.中国哲学史,2012(1):106—112.

〔38〕邢益海.方以智的《冬灰录》及其禅学.古典研究,2012(夏季卷):72—84.

〔39〕邢益海.从《东西均》看方以智的"观物哲学"与庄学//世明文丛:第七辑.成都:巴蜀书社,2012.

〔40〕邢益海.道盛与方以智师徒的"托孤"说.贵州社会科学,2012(7):15—19.

〔41〕邢益海.方以智研究进路及文献整理现状.现代哲学,2013(1):119—128.

〔42〕邢益海.儒家别传——方以智的庄禅一致论.鹅湖,2014(10):26—33.

〔43〕邢益海.中国古典物哲学的基本问题及其三种形态.佛山科学技术学院学报(社会科学版),2015(3):1—7.

〔44〕邢益海.方以智著作的家传与整理.中山大学学报(社会科学版),2018(2):102—110.

〔45〕邢益海.方以智的逃禅及其前两期行实.中国文化,2019(秋季号):197—214.

〔46〕汪青.方以智"逃禅"探析.安庆师范学院学报(社会科学版),2011(7):80—83.

〔47〕宋豪飞.方以智逃禅之实情及其心态探微.船山学刊,2012(2):119—123.

〔48〕谢明阳.觉浪道盛《庄子提正》写作背景考辨.清华学报,2012,42(1):135—168.

〔49〕谢明阳.觉浪道盛与方以智师生的"不二社".佛光人文学报,2018(1):131—151.

〔50〕黄仁生.论公安派后期诗风的转变与影响——以晚明兴起的《雁字》诗热为中心.中国文学研究(辑刊),2012(2):80—93.

〔51〕方晓珍.方以智对儒释道三教之批评与会通思想论析.江淮论坛,2013(3):80—84.

〔52〕马将伟.用世与遗世之两难:曾灿逃禅考论.广州大学学报(社会科学版),2013(12):56—63.

〔53〕封强军.方以智挂锡庐山期间活动述略.九江学院学报(社会科学版),2014(3):29—32.

〔54〕商海锋.方以智《浮山诗集》考述.文学遗产,2015(2):139—146.

〔55〕陈静芳.明末禅宗寿昌系嗣法的隐微之诤.台湾东亚文明研究学刊,2016,13(2):147—179.

〔56〕王孙涵之,孙显斌.方以智《物理小识》版本考述.自然科学史研究,2017(3):439—445.

〔57〕孙显斌,王孙涵之.方以智《物理小识》与近代"科学革命".中国文化,2019(秋季号):191—196.

〔58〕张永义.方中通《哀述》诗释读.中山大学学报(社会科学版),2018(1):128—136.

〔59〕张永义.方以智《药地炮庄》的诠释特色.安徽大学学报(哲学社会科学版),2020(2):71—80.

〔60〕邓盛涛.药地愚者与明季禅学的精神丕变.圆光佛学学报,2018(31):35—78.

〔61〕朱志学.论方以智"大伤心人"视域下的解庄进路.中国文化,2019(秋季号):215—238.

五、学位论文(按时间顺序)

〔1〕张永堂.方以智研究初编.台北:台湾大学,1973.

〔2〕张永堂.方以智的生平与思想.台北:台湾大学,1977.

〔3〕廖肇亨.明末清初遗民逃禅之风研究.台北:台湾大学,1994.

〔4〕赵旗.心学与禅学.西安:西北大学,1999.

〔5〕谢明阳.明遗民的庄子定位论题.台北:台湾大学,2000.

〔6〕周勤勤.方以智"均的哲学"研究.北京:中国社会科学院,2003.

〔7〕李仁展.觉浪道盛禅学思想研究.台北:台湾师范大学,2004.

〔8〕刘浩洋.从明清之际的青原学风论方以智晚年思想中的遗民心志.台北:台湾政治大学,2004.

〔9〕周锋利.方以智三教会通思想研究.北京:北京大学,2008.

〔10〕肖敏.清前期江西明遗民社会交往研究.南昌:南昌大学,2008.

〔11〕刘元青.方以智心性论思想研究.武汉:武汉大学,2009.

〔12〕邢益海.方以智的庄学研究——《药地炮庄》初探.广州:中山大学,2010.

〔13〕王启元.晚明僧侣的政治生活、世俗交游及其文学表现.上海:复旦大学,2012.

〔14〕吴运兴.方以智诗歌研究.长春:吉林大学,2012.

〔15〕汪青.方以智晚年人生定位研究.武汉:中南民族大学,2012.

〔16〕张映雪.明代吉安府佛教与士绅.南昌:南昌大学,2012.

〔17〕孙宇男.明清之际诗僧研究.长春:吉林大学,2014.

〔18〕崔晨.方以智僧后交游考.南京:南京师范大学,2015.

〔19〕刘敬.清初士人"逃禅"现象及其对文学之影响研究.天津:南开大学,2015.

〔20〕刘雪梅.明清之际遗民逃禅研究.长春:吉林大学,2015.

〔21〕熊超.明遗民与江西禅门关系考述.南昌:南昌大学,2017.

附 录

方以智著作的家传与整理

方以智现存著作分刻本和抄本两种。《博依集》、《方子流寓草》等早期诗文集均为单刻本，而冠以"此藏轩"名义统一刊刻的，始于他"禅游江右（江西）"后，如《物理小识》、《药地炮庄》、《通雅》等由他的弟子和儿子们陆续编校刊行，不过，此藏轩《浮山集》（诗集，分前后集）、《浮山文集》（文集，分前后编）的刊刻却已在其身后。方以智晚年曾遭"粤案"，方氏后人又有卷入戴名世《南山集》文字狱的，方以智诗文集在乾隆间遭禁，故他的著作除被《四库全书》收录的《物理小识》、《通雅》较为流行外，即便像《药地炮庄》，虽为《四库全书总目》道家类存目并有"提要"，到清末民初已是千金难求，更遑论那些未刊、仅有家传的抄本和孤本！1954年11月，方以智十一世孙方鸿寿将其家族世代守护了近三百年的方以智著作捐献给国家，含刻本（如大集堂本《药地炮庄》等11种）和抄本（如《东西均》、《冬灰录》、《易余》等10种），结束了方以智文献家传的历史，使得方以智大部分遗著特别是孤本抄本今天能够幸运地存世于安徽省博物院（馆）。至于《烹雪录》、《诸子燔痏》、《鼎薪》等一些见于官修史志和家谱、年谱的重要著作至今尚湮没未见,极有可能已毁于太平天国战火和"文化大革命"。方以智少子方中履一支担负对方以智著作的守护和整理重任,故方昌榮《方氏艺文志》、方昌翰《桐城方氏七代遗书》、方传理《桐城桂林方氏家谱》、方叔文《方密之先生年谱》、方鸿寿《方以智年谱》等,对了解方以智著作的流传与佚失情况,具有独特文献价值。

一、方以智著作的官方著录及其存世情况

方以智著述首次见于官修史志者,为方以智去世不久桐城县令胡必选主修的康熙《安庆府桐城县志》,该志卷之四《理学·方以智》称:"所著有《周易图象几表》、《通雅》、《物理小识》、《炮庄》、《会宜编》、《易余》、《阳符中衍》、《东西均》、《旁观铎》、《鼎新》、《平衡》、《诸子燔痏》、《切韵声原》、《烹雪录》、《浮山全集》,凡数百卷。"〔1〕

《乾隆江南通志》〔2〕卷一百六十七《人物志》,仅提及方以智"所著有《周易图》、《烹雪录》等书"〔3〕。其尊经阁藏板重印本相较《四库全书》本,在《烹雪录》之后有四个字的空格,似是《浮山全集》四字被剜去留下的痕迹。《四库全书》本《江南通志·艺文志》,对方以智著作也仅于卷一百九十(经部)著录《周易图象》、《几表》〔4〕、《切韵声源》("源"有误,应为"原")三

---

〔1〕 参见《中国地方志集成·安徽府县志辑》,第 12 册,南京:江苏古籍出版社,1998年,第 118 页。《鼎新》应为《鼎薪》。关于《浮山全集》,潘江(1619—1702)在《龙眠风雅》第四十三卷方以智小传里解释称:"诗文奏议,丧乱后多半散佚,诸子搜求之四方,编成四十卷,分前集、后集、别集,总名之曰《浮山全集》,行于世。"见潘江辑、彭君华主编:《龙眠风雅全编》,第 1666 页。《龙眠风雅》所列书目,除增加《删补本草》外,其余均同该县志。《删补本草》,据方鸿寿《方以智年谱》,著于永历七年、顺治十年(1653),见艺文志编委会编:《艺文志》,第二辑,太原:山西人民出版社,1983 年,第 234 页。

〔2〕 康熙六年(1667)江南省分为江苏和安徽两省,但修志时仍按旧例合置而修《江南通志》。有康熙二十二年癸亥(1683)修、次年成书的康熙本,以及黄之雋等编纂、赵宏恩监修的乾隆本(又分尊经阁藏板乾隆二年重修本及《四库全书》本)。

〔3〕 《乾隆江南通志》,第五册,第一百六十七卷,扬州:广陵书社,2010 年,第 2758 页。

〔4〕 所列二书,似有误,今存《周易时论》、《图象几表》,汇刻于《周易时论合编》一书中。

部,〔1〕于卷一百九十二子部著录《物理小识》、《诸子燔痏》。〔2〕著录数量远较康熙县志少,连《药地炮庄》与《通雅》都没有,更不用说诗文集。

道光七年(1827)的《桐城续修县志》,其第二十一卷《艺文志》所录方以智著述比康熙县志少了许多,如《浮山全集》不列,并在末尾加以说明:"方以智《浮山前后集》二十二卷,又《前后编》十六卷"属于"查明违碍书目"。〔3〕《浮山前后集》是诗集,《前后编》是文集,似是对《浮山全集》内容的说明,即方以智的诗文全集,此可与《龙眠风雅》的提法同参。其余如《东西均》等虽未见禁令,但大概因为没有刊刻过,所以新志也不载。

《(光绪)重修安徽通志》卷二一八称方以智:"所著有《周易图象几表》、《通雅》、《物理小识》、《诸子燔痏》、《切韵声原》、《烹雪录》、《浮山全集》凡数百卷。"〔4〕《药地炮庄》、《东西均》等都不在列举中,但被乾隆时文禁的《浮山全集》又赫然在目!

到民国初年,《清史稿》方以智传仅称:"著书数十万言,惟《通雅》、《物理小识》书盛行于世。"曾任《清史稿》总纂的马其昶在其所著《桐城耆旧传》中则称:"先生所著书曰《易余》二卷,《切韵声源》一卷,《通雅》五十二卷,《物理小识》十二卷,《药地炮庄》九卷,《诸子燔痏》若干卷,《几表》若干卷,《浮山前后集》二十二卷,《前后编》十六卷。"〔5〕

以上即是迄今为止官修史志对方以智文献的著录情况,康熙《安庆府桐城县志》著录最早也最为详尽,因为此时尚未受文字狱牵连。而光绪到民国时,文禁虽弛,但没有学人对方以智著作做系统搜集整理,故只能是

---

〔1〕 广陵书社据今存尊经阁藏板影印的《江南通志》相应位置文字均被剜去,留下空缺痕迹。分别见于《乾隆江南通志》,第五册,第3135页、第3138页、第3139页。
〔2〕 今存尊经阁藏板《江南通志》,二书在相应位置文字被剜去,留下空缺痕迹。见于《乾隆江南通志》,第五册,第3162页。
〔3〕 参见《中国地方志集成·安徽府县志辑》,第12册,第745页。
〔4〕 《续修四库全书》,第653册,上海:上海古籍出版社,2002年,第743页。
〔5〕 《续修四库全书》,第547册,第566—567页。

沿袭旧志,根本不足以反映方以智著作全貌和存世情况。20世纪50年代,随着方以智后人对家传方以智著作的上交并被侯外庐《中国思想通史》所披露,又经过近五十多年来任道斌、蒋国保、冒怀辛等多位学人的努力,笔者在他们工作的基础上,因编辑《方以智集》(华夏出版社出版)需要,自2008年以来又多方搜求考证,方以智存世著作的现状已基本清晰,笔者另撰有《方以智存世文献考》[1]专文,此处仅就书目情况作一报告。

已刊刻目前尚存的方以智著作,就古本而言,共存22种:(1)《博依集》十卷,(2)《方子流寓草》九卷,(3)《膝寓信笔》,(4—6)《痒讯》、《瞻旻》、《流离草》,(7)《通雅》五十五卷(含卷首三卷),(8)《物理小识》十二卷,(9)《浮山文集前编》十卷(含《稽古堂初集》、《稽古堂二集》、《曼寓草》、《岭外稿》、《猺峒废稿》),(10—11)《浮山文集后编》二卷、《浮山此藏轩别集》二卷,(12—15)《浮山后集》四卷五册,《无生寱》、《借庐语》、《鸟道吟》(分出词集《信叶》)、《建初集》,(16—19)诗集四种:《合山栾庐诗》、《五老约》、《正叶》、《药集》,(20)《图象几表》八卷(与方孔炤、方以智合编之《周易时论》十五卷,汇刻为《周易时论合编》),(21)《药地炮庄》九卷(含总论三卷),(22)《青原愚者智禅师语录》。另有方于毂《桐城方氏诗辑》、潘江所辑《龙眠风雅》、徐璈《桐旧集》等其他选收了方以智诗文的刻本。此外,还有《青原志略》、《浮山志》等山志和方志刻本,收有方以智部分诗文。现收入《嘉兴大藏经》的《天界觉浪盛禅师全录》,和《青原志略》一样,实际由方以智"董其成",因此可视两书为方以智编。

现仅存安徽省博物院的方氏家传抄本(孤本)有10种:(1)《庐墓考》(三卷)三册,(2)《四韵定本》(亦称《四韵定本正叶》)上、下册,(3)《易余》六册,(4)《性故》单册,又名《此藏轩会宜编》。以上四种都题署:"六世孙宝仁录",精抄本。(5)《医学会通(明堂图说附)》,(6)《内经经络(医方

---

[1] 收入吴重庆编:《顺性遂情——冯达文教授从教五十周年庆贺文集》,成都:巴蜀书社,2018年。

附)》,(7)《象环寤记》,(8)《东西均》,(9)《一贯问答》,精抄本,(10)《冬灰录》五册,精抄本。

此外尚有:中国科学院文献情报中心藏方以智稿本——《密之先生杂志》〔1〕。《方密之诗抄》(共三卷、四册),国家图书馆藏清初手抄本。另,台湾学者方豪藏有《流离草》抄本及《浮山后集》(《鸟道鸣》、《无生寱》、《借庐语》三种)抄本。《禅乐府》(二十二首),也当有抄本,今未见,存方叔文、方鸿寿(校刊)1936年铅印本。〔2〕

至于已经佚失或暂未发现的方以智书目情况,除方昌翰《桐城方氏七代遗书》、方传理《桐城桂林方氏家谱》(下文简称《家谱》)外,方氏后人方鸿寿《方以智年谱》〔3〕、方叔文《方密之先生年谱》(手稿藏于安徽省桐城市档案馆)均是重要的参考文献。此外,方鸿寿、方叔文均提及《方氏艺文志》,方叔文将其列为参考文献,并题为方伯韬撰,但据《家谱》小传卷四十三,伯韬是字,昌榮才是名;方鸿寿也称:"按以智所著其书目载于《方氏艺文志》者尚有多种,现《方氏艺文志》已毁于文革之火,故无从查考。"〔4〕

二、方以智著作的家传与整理

康熙十年辛亥(1671),方以智因"粤案"被押解广东,卒于江西万安。据方鸿寿《方以智年谱》:"时长子中德先至粤,次子中通代父系于里中,惟少子中履侍。以智之殁,一语不及世事,惟以未卒业诸书属少子中履踵成

---

〔1〕 收入《中国科学院文献情报中心藏古籍珍本丛书(钞稿本部分)》,第一辑,第36—37册,北京:学苑出版社,2018年。

〔2〕 学术界普遍称刊于1935年,但据该书封面方守敦的题字,署乙亥仲秋,乙亥年应该是1936年。查方叔文《方以智先生年谱》第211页也明确称刊于乙亥年,在"公著《禅乐府》"后方叔文注称:"民国乙亥年,十世孙叔文,十一世孙鸿寿谨校订付印。"

〔3〕 参见《艺文志》,第二辑。冒怀辛在《方以智的生平与学术贡献——方以智全书前言》(见侯外庐主编《方以智全书》第一册《通雅》)引用了"方鸿寿先生五十年代编目",并称"方鸿寿编目后附方润轩跋语一则"(第47—53页),将之与载《艺文志》第二辑的《方以智年谱》所附著作书目相比较,多出许多内容,估计是《方以智年谱》初稿,或另有书目手稿,待考。

〔4〕 载《艺文志》,第二辑,第241页。

之。"〔1〕因此之故,方中履一支世代以守护和整理先人遗著为使命。康熙戊午(1678)夏,方中履在方孔炤《环中堂诗集》跋里充分表达了这种使命感:"子孙之责孰急哉?盖莫急于遗书也。礼君子于其先人,思其所嗜,思其所乐。夫乐与嗜,舍遗书孰为最大?兵寇水火、乱离灾祸之不可保,何所恃而长存?志苟忽焉,虫穿鼠啮皆足以致亡。亡即亡耳,然则孰亡之?子孙亡之也。"〔2〕

据《家谱》和《方伯俊世系歌》(方以智十三世孙方无先生提供影印件),整理方以智家族简单世系表(桐城桂林方氏中一房方琳之后、方印一系,方以智、方中履一支)如下:

1世,方德益(始祖,宋末元初人)——2世,秀实(字茂才)——3世,谦(字士源)——4世,圆(字有道)——5世,次子法(字伯通,官断事)——6世,长子懋(字自勉)——7世,长子琳(字廷献,其后称中一房)——8世,长子印(字与信,号朴庵,官天台知县)——9世,敬(字惟恭,号思耐)——10世,四子方祉(字子受,号月山)〔3〕——11世,次子方学渐(1540—1615,字达卿,号本庵,人称明善先生,小传见《家谱》卷十)——12世,长子方大镇(1561—1631,字君静,号鲁岳,小传见《家谱》卷十一)——13世,独子方孔炤(1591—1655,字潜夫,号仁植,小传见《家谱》卷十二)——14世,长子方以智(1611—1671,字密之,号曼公、愚者、药地等,小传见《家谱》卷十三)——15世,少子中履(1638—1689,字素伯、素北,号小愚、合山,小传见《家谱》卷十四)——16世,少子正瑗(1687—1747,字引除、号方斋,称连理山人,居桐城潇洒园,今方以智故居。小传见《家谱》卷十六)——17世,次子张登(1719—1766,字午庄,号褚堂,小传见《家谱》卷十九)——18世,次子赐莲(1740—1765,字仙掌,号芙航,小传见《家谱》卷二十四下)——

---

〔1〕 载《艺文志》,第二辑,第237页。
〔2〕 方于榖编:《桐城方氏诗辑》,第三卷,道光元年饲经堂刻本。
〔3〕 以上第1世至第10世,小传均见《桐城桂林方氏家谱》第九卷。

19世,独子思纯(1762—1788,原名膺纯,字芦村,小传见《家谱》卷三十一)——20世,独子宝仁(1787—1857,字介繁,号钟吕,方以智六世孙,小传见《家谱》卷三十七上)——21世,长子昌棨(1823—1872,字伯韬,号戟堂,小传见《家谱》卷四十三)、次子方昌翰(道光七年1827年生,卒年未详,字宗屏,号涤侪,方以智七世孙,小传见《家谱》卷四十三)——22世,友陶(咸丰四年1854年生,卒年未详,字慕唐,小传见《家谱》卷四十七)——23世,本苇(字特卿,同治十三年1874年生,卒年未详,小传见《家谱》卷四十八)——24世,伯俊(1894—1972,编有《方伯俊世系歌》[1],方以智十世孙,方叔文为伯俊弟)——25世,鸿寿(1914—1982,方以智十一世孙)——26世,方振宇(1938年生)——27世,方无(1963年生,方以智十三世孙)。《家谱》和《世系歌》均载至23世,24—27世资料为方无先生提供。

方以智身后,对其未刊刻著作,长子中德、次子中通、少子中履、从子中发均参与了整理。方中通(法名兴馨)因随侍老人于青原,故《冬灰录》[2]、《青原愚者智禅师语录》为他所编次、整理[3],并且他推动了将《青原愚者智禅师语录》收入《嘉兴大藏经》。《浮山文集》,据前编总目,标记由方氏三子及从子中发、孙正瑊(中德长子)、正瓀(中德次子)等校。文中多见墨钉,似是将一些骂清朝的"语涉违碍"的地方留空或剜去。而"《浮山诗集》"(分《浮山前集》与《浮山后集》)的汇编与刊刻,则主要由方中履负责。方中通曾提到的《浮山集》即《浮山诗集》,见方中通《忆三弟

---

[1] 据方无《祖父保存了方以智遗著》一文(载2014年4月3日《安徽商报》)回忆方伯俊:"抗日战争之前曾在上海铁路部门供职,能文擅诗,工于小楷。他创作的《世系歌》,记述了桐城桂林方氏本支一世祖至二十三世祖的主要事迹。"

[2] 据方中通《即事》诗可见《冬灰录》为方中通所编:"柩旁草榻穗帷牵,朝夕犹如侍膝前。遗稿一编清夜录(自注:时又续编《冬灰录》),瓦灯挑尽不成眠。"(《陪诗·惺恐集》)但《冬灰录》并无刻本,只留下家藏抄本。

[3] 据方中通康熙十一年(1672)春《先大人语录编成》诗可知,《青原愚者智禅师语录》由他初编,后与兴斧合编。

首山》自注云:"时在首山刊《浮山集》。"据同书《又编次〈浮山后集〉》诗称:"《浮山前后集》,子舍录千篇。"自注云:"伯兄、三弟编次居多。"任道斌认为:"疑《浮山集》即《浮山前后集》,似为方以智诗词合集。"甚是。康熙《安庆府桐城县志》曾著录方以智《浮山全集》,潘江《龙眠风雅》称:"诗文奏议,丧乱后多半散佚,诸子搜求之四方,编成四十卷,分前集、后集、别集,总名之曰《浮山全集》,行于世。"明确《浮山全集》乃诗、文合集后之名,不含论著性专书,并以前集、后集、别集分类。此外,黄虞稷(1619—1691)《千顷堂书目》、朱彝尊《静志居诗话》均著录有方以智《浮山全集》,卢见曾补传《渔阳山人感旧集》释宏智(即方以智)传亦称:"有《浮山全集》。"[1]但至今《浮山全集》连统一的分类目录都未见,是否实际"行于世"存疑,故《浮山全集》可能只是后人对方以智诗集和文集的统称而已。又,方中通《陪诗》卷四《哀述》曾言及《浮山全书》:"老父……生平著作百余种,别有书目,总名之曰《浮山全书》。"可是,《浮山全书》似乎并未汇刊,并且连方中通所云书目也不存。

方以智从子方中发,作为方以智弟方其义独子,因分得祖父方孔炤白鹿山庄家产,比起方以智三子中德、中通、中履,家境似殷实许多,故仍存世的方孔炤、方以智两世乃至先祖方学渐、方大镇大部分遗著,可能多由他捐资刊刻。《江南通志》称他:"尝捐宇建先人理学祠,刊两世遗书百卷。"[2]《桐城桂林方氏家谱》卷五十二也称:"表彰祖德,刊两世遗书。"以刊刻方孔炤《环中堂诗集》、《环中堂文集》为例。戊午(1678)夏方中履《环中堂诗集》跋云:"先君庐墓合山时,首编《周易时论》,命履兄弟鬻田锓板。履又奉命刊《知生或问》于金陵。《全边略记》既刻复毁,仅存摹本。余俱缮写,藏诸家诸孙中。履最不肖,自分穷民,没齿藜藿。夫为廉吏孤臣之后,纵穷饥何愧?独不能尽刻家学书以为恨。岁时伏腊,兄弟相聚,

---

[1] 王士禛辑:《渔洋山人感旧集》,上海:上海古籍出版社,2014年,第238页。
[2] 见于《乾隆江南通志·人物志》,第四册,第一百六十卷,第2632页。

则必太息,语及遗书,于是四弟发请先刻诗集行于世,而以雠校属履。"〔1〕方中通《陪集·陪古》卷二《环中堂文集跋》亦云:"中通客粤六载,于其归也,四弟中发梓《环中堂文集》适成。""生平著作,暗修未播。《全边略记》,虽梓旋毁。先君子遭变出世,仅于栾庐重编《周易时论》,鹭田锓板,复寄闽之潭阳,犹未大行于世。通兄弟患难余生,时力不逮。以故,方内莫有知者。四弟忧祖德之不垂于后也,慨然改宅为明善公崇实会馆,于是捐资,次第刊先世遗书贮馆中。既梓大父《环中堂诗集》,复梓《环中堂文集》十有二卷。"

此后,桐城桂林方氏后人保存与整理方以智遗著大事约略如下:

道光元年(1821),方于榖编《桐城方氏诗辑》,收总计130人5022首诗。其中方以智入选诗与清抄本《方密之诗抄》数量相等。方于榖,字贻孙,号拳庄,生乾隆丁丑(1757),卒道光二十一年辛丑(1841),系中一房方印支18世,方中发一支。

方以智六世孙方宝仁,中一房方印支20世,方中履一支,生卒年约为1787—1857。"先代著作多手录",〔2〕重录了大量方以智手稿,包括《庐墓考》、《四韵定本》(亦称《四韵定本正叶》)、《易余》、《性故》(亦称《此藏轩会宜编》)等。《家谱》列传卷五十三载:"晚岁手不释卷,校刊先代遗书。""著有《先文忠公年谱》、《方氏艺文志》,武陵胡侍讲焯为之序。以次子昌翰贵,追赠通奉大夫。"

光绪六年(1880),方传理刊《桐城桂林方氏家谱》六十六卷,并启动重刻《通雅》事宜。据《家谱》小传卷三十二,方传理,字燮甫,号佐卿,生道光元年(1821),系中一房方塘支19世,方柜森次子,方以智五世侄孙。以兄锡庆之第五子宝彝为嗣。

---

〔1〕 方于榖编:《桐城方氏诗辑》,第三卷。
〔2〕 《方伯俊世系歌》对方伯韬的赞词,明显有误。据方叔文、方鸿寿《年谱》,方伯韬编有《方氏艺文志》,但并无手录先代著作留世。

光绪六年(1880)至光绪十一年(1885),方传理、方宝彝父子重刻《通雅》成,即"桐城方氏重刻本",名《方氏通雅》(附张裕叶《通雅刊误补遗》)。

光绪十四年(1888),方昌翰编《桐城方氏七代遗书》。方昌翰,字宗屏,号新野,方宝仁次子,系中一房21世方印支,方以智七世孙,方中履一支。其"刻方氏七代遗书缘起"称:"吾方氏自元末居桐城,传五世至忠烈公,殉建文之难,厥后忠孝贤杰迭起代兴,以撰述著称者森列志乘。先赠通奉公尝辑为方氏书目,合之得一百五十余人。""第已刻未刻之书,卷帙不可数计。阅时既久,散亡实多。经粤寇之乱,益荡然鲜有存者。"[1]此处所言"赠通奉公"即方宝仁,所言"方氏书目"未知是否《家谱》列传所言《方氏艺文志》。可是方叔文《方密之先生年谱》参考书籍中明确列出《方氏艺文志》为方伯韬(据《家谱》,即方昌榮)所编。方鸿寿1961年写成《方以智年谱》初稿时,《方氏艺文志》尚存,但1981年修订时却称"《方氏艺文志》已毁于文革之火",故《方氏艺文志》没有列入其参考书目中,也没有言明编者。如此一来,要么是见过并参考过《方氏艺文志》的方叔文出错,这一可能性不大;要么是《家谱》列传的撰者出错,这是有可能的,即将"方氏书目"与《方氏艺文志》混同。

方昌榮编成《方氏艺文志》。昌榮,字伯韬,号戟堂,生于道光三年(1823),卒于同治十一年(1872),方宝仁长子,中一房方印支21世,方以智七世孙,方中履一支。所编《方氏艺文志》应该是将方宝仁所编"方氏书目"扩充完善而成。所谓"方氏书目曾编辑",应指方昌榮(伯韬)事迹,而《方伯俊世系歌》将之用作对20世润轩的赞词,明显有误。据《家谱》,方宝仁为19世思纯的独子,故《世系歌》所指的20世只可能是方宝仁,字介

---

[1] 洪秀全1853年定都天京(金陵),随即西征,攻下安庆,至1864年洪秀全病亡,时间长达十多年,方昌翰所谓"粤寇之乱"即指洪秀全领导的太平天国运动。洪秀全用西方基督教神学的天国信仰重新包装中国传统(儒家和道教都信奉的)"太平"信仰,鼓吹皇上帝与阎罗妖的对立,以破除传统偶像崇拜的"打神"为突破口,捣毁儒、释、道三教的庙宇,对典籍文化也造成了巨大破坏。

繁。至于润轩,不知何谓。

1936年,方以智十世孙方叔文(1902—1960)、十一世孙方鸿寿(1914—1982)校刊《禅乐府》,在武汉出版排印本。

1954年11月,方鸿寿向安徽省博物馆捐献了方氏家藏方以智大部分遗著,含刻本和抄本,至此结束了方以智文献家传的历史。笔者查阅资料时曾记下四部著作的入馆时间,并均在封底见贴有记录标签:1954年11月6日收,有临时登记号,其中《冬灰录》为第1694号,《庐墓考》为第1696号,《建初集》为第1701号,《无生寱》为第1703号。

自20世纪抗日战争后期起,不迟于1960年,方叔文撰成《方密之先生年谱》,并赠送桐城档案馆。1983年,方鸿寿所撰《方以智年谱》(1961年初稿成,1981年修订)发表于《艺文志》。据《家谱》,方宝仁撰有《先文忠公年谱》,但方叔文、方鸿寿叔侄撰写年谱时均未提及该谱,估计早已佚失。

三、《艺文志》、《家谱》、《七代遗书》及方叔文、方鸿寿《年谱》的文献价值

由于方以智著作特别是未刊刻的抄本长期以来仅限于家传,故已知方以智现存著作之外的书目及其佚失情况,必须借助方氏后人撰写的《方氏艺文志》、《桐城桂林方氏家谱》(有方以智列传)、《桐城方氏七代遗书》(有方以智小传),特别是方叔文、方鸿寿叔侄分别撰于20世纪40年代与60年代间的两种方以智《年谱》。前三种文献编成于太平天国战火前后,后两种文献编成于"文化大革命"动乱前后,方以智许多珍贵著作躲过了乾隆时期严酷的文字狱,却未能躲过后两次古籍文化的浩劫,并且每一次都刷新了方以智著作的存世数目,可不痛哉!

《方氏艺文志》今已不存,但方叔文所撰《方密之先生年谱》附有《方密之先生著作表》,明确注明见于《方氏艺文志》的书目有:《一学缘起》、《土苴》、《三教书》、《古今诗风》(仅刻成《汉魏诗风》)、《学易纲宗》、《易筹》。以现代学术规范审视,方叔文所撰似乎并不严谨,对于一些已知现存本而

《方氏艺文志》必有所录的书目却无注明。

《家谱》方以智列传称：

> 所著有《周易图象几表》、《通雅》、《物理小识》、《药地炮庄》、《会宜编》、《易余》、《阳符中衍》、《东西均》、《旁观铎》、《烹雪录》、《鼎新》(引者注：应为《鼎薪》)、《复蛹》、《交格》、《平应》、《异外闲谈》、《切韵声原》、《平衡》、《四书约提》、《一贯问答》、《浮山日祴》、《浮山全集》(引者注：指诗文集)、《冬灰录》、《医学会通》、《删补本草》数百卷行世。

《七代遗书》"方以智传"后方昌翰按：

> 公之著述繁富，其载入《四库全书》者，《通雅》五十二卷、《物理小识》十二卷、《药地炮庄》九卷；见于《经义考》者，《易余》二卷；杂见于《通志》、郡邑志、家集者，《稽古堂诗文集》、《响言》、《膝寓信笔》、《冬灰录》、《象环寤记》、《此藏轩别集》(引者注：今存有刻本《浮山此藏轩别集》，书后有刘砥《浮山别集》跋)、《此藏轩尺牍》、《庐墓考》、《东西均》、《鼎薪》、《正韵笺补》、《切韵声源》〔1〕、《一贯问答》、《猺峒废稿》、《会宜编》、《经考》、《禅乐府》诸书。尚有家藏抄本。他如《学易纲宗》、《易筹》、《诸子燔痏》、《四书约提》、《汉魏诗风》、《阳符中衍》、《旁观铎》、《太平铎》、《烹雪录》诸书百余种，其目不能悉载，今皆佚去无存。〔2〕

---

〔1〕 "源"字系误刻，应为"原"，疑即《通雅》卷五十《切韵声原》篇。《方以智先生年谱》(第76页)崇祯十二年(1639)条下据《方氏艺文志》记："公著《切韵声原》一书，亦刻入《方氏通雅》。"

〔2〕 方昌翰辑，彭君华校点：《桐城方氏七代遗书》，合肥：黄山书社，2019年，第23页。

方叔文孙方顶、方彪、方毅农据他们父亲的回忆为笔者提供了《方叔文小传》：

> 早年，毕业于凤阳师范，后肄业于燕京大学。抗战前，在安庆高中任教，兼安庆高中附小校长。抗战期间，任桐城中心示范小学校长，同时先后在浮山中学、桐城中学、桐城简易师范任教。……先生是方以智十世孙。方以智著作等身，然多为手稿，故子孙皆以整理其遗著为使命。史料记载，其六世孙方宝仁，"方氏书目曾编辑"；七世孙方昌榮，"先代著作多手录"；七世孙方昌翰，"七代遗书刊行世"……抗战爆发，抢救遗著更加刻不容缓。故1935年，先生与其侄方鸿寿联名出版方以智晚年著作《禅乐府》。抗战后期，先生……在浮山中学工作三年。因为浮山中学图书馆藏有方以智著作手稿和有关资料。先生又参考这些资料，才最后编辑了《方密之先生年谱》。曾想将之出版，但多方联系均无回音，故于逝世前几个月送交桐城县博物馆。[1]

《方叔文小传》的说法有些地方比较混乱。比如说方以智六世孙方宝仁曾经"方氏书目曾编辑"，七世孙方昌榮是"先代著作多手录"。这应该是《方伯俊世系歌》的说法。可实际情况，或者有误。"先代著作多手录"的人肯定是方宝仁。此外，说方叔文在浮山中学工作三年利用了浮山中学图书馆藏大量的方以智著作手稿和有关资料，这也令人难以置信。我怀疑，因为方叔文与方鸿寿关系不错，还一起校刊《禅乐府》（称刊于1935年有误），所以应该是方鸿寿手上的家传资料借给方叔文写《年谱》的吧。这些资料的大部分，1954年方鸿寿捐给了安徽省博物馆，现在尚存。但

---

[1] 此传也见《方以智先生年谱》后记，芜湖：安徽师范大学出版社，2018年，第268—271页。

没捐的部分,《方密之先生年谱》中引用过并列入"参考书籍"的方以智或与方以智相关的重要著作现在已不知下落。此外,《方密之先生年谱》原件现存桐城市档案馆,而不是博物馆。

方叔文所撰《方密之先生年谱》有重要文献价值。蒋国保先生看过这个手稿并在专著中加以引用,[1]可是他并没有注明该手稿的存放处(当时的桐城县档案局)和揭明其文献价值所在,以至研究方以智的学者们长期未得知与利用这一年谱。

《方密之先生年谱》开始作于抗战时期,可能是有感于时事,故方叔文突出表彰方密之民族气节和对时局的对治之策,每每大段引述、大段议论,而于密之著作年代的考订及学术贡献的厘定就有诸多不足。但因为该谱撰写时征引了不少现在可能已经佚失的资料,以及在其他资料中未曾见过的书目,故有其重要文献价值。如征引了方孔炤《环中堂集》17条(另有《环中堂诗集》1条);方以智《此藏轩尺牍》43条、《随青录》18条、《过化寿帖》6条等,这些文献资料今均未见。《此藏轩尺牍》,由该年谱第159页引方以智《寄林确斋书》,第176页引方以智复侯朝宗书可知,该书内容为方以智寄友人书。《此藏轩尺牍》已被方鸿寿明确宣布"毁于文革之火"。[2]《随青录》,年谱第178至181页引杨彭龄《呈烹雪轩》书函,见于《青原志略》卷八;第181页引左藏一《呈药地大师》诗,见于《青原志略》卷十;第197至198页引沈寿民《寄青原药地大师》书、余飏《寄药地尊者》书,见于《青原志略》卷八;第198页引彭士望《宿闽南田舍梦作炮庄诗寄药地老人》诗,见于《青原志略》卷十一,可知《随青录》的内容为方以智在青原时期朋友、弟子们致他的书函或诗文。[3]《过化寿帖》,据方鸿寿

---

[1] 详见蒋国保《方以智哲学思想研究》,明确标明出处的有第44页、第85页、第88页、第91页等11处,而第三章全章参考《方密之先生年谱》痕迹明显。
[2] 方鸿寿:《方以智年谱》,载《艺文志》,第二辑,第241页。
[3] 方叔文《方以智先生年谱》第224页《此藏轩尺牍》记:康熙八年,"公少子(素伯)辑《药游随录》"。有可能是方中履后来将《药游随录》定名为《随青录》。

《方以智年谱》,康熙九年,方以智六十岁时,"知交好友及诸山禅侣皆有诗文祝寿,汇抄成册,名曰《过化寿帖》"。〔1〕方叔文《方以智先生年谱》第232页并有统计数据:"诗词寿序共七十九篇。"〔2〕

方叔文编撰的《方密之先生著作表》附于年谱之后,共列出97种,称"凡未注板本之书,皆已散失不传"。〔3〕可是,《五老约》、《正叶》、《曼寓草》、《浮山文集前编》、《浮山文集后编》、《青原山志》、《岭外稿》等方叔文未注板本之书今已知均存世;而方叔文已注板本之书就该是截止20世纪50年代末尚存的书籍,共有以下诸种:

《浮山别集》抄本〔4〕,《此藏轩尺牍》抄本,《庐墓考》抄本,《东西均》抄本,《象环寤记》抄本,《冬灰录》抄本,《易余》抄本,《鼎薪》抄本,《一贯问答》抄本,《猺峒废稿》刻本,《通雅》刻本(姚文燮刻本、日本刻本、方传理刻本),《物理小识》(于藻刻本、嵩书农刻本),《物理小识补遗》二卷抄本,《药地炮庄》萧孟昉刻本,《浮山前集》八卷刻本(备注:原刻《博衣集》、《永社十体》、《帝京篇》〔5〕、《流离草》〔6〕、《痒讯》、《瞻旻》、《自序篇》〔7〕、《流寓草》均汇入),《浮山后集》十四卷刻本(备注:原刻《无生寱》、《借庐语》、《鸟道吟》、《建初集》、《栾庐药集》、《合山栾庐占药集》、《五老约》〔8〕、《正

---

〔1〕 见《艺文志》,第二辑,第237页。
〔2〕 方叔文《方以智先生年谱》,原稿名为《方密之先生年谱》,出版时更名。
〔3〕 见《方以智先生年谱》,第250页。
〔4〕 疑即方昌翰所著录《此藏轩别集》,今刻本《浮山此藏轩别集》。
〔5〕 《永社十体》、《帝京篇》,今均未见单行刻本,收入《博衣集》,见于刻本《桐城方氏诗辑》和抄本《方密之诗抄》。据方鸿寿《方以智年谱》,方以智作于崇祯二年(1629)。见《艺文志》,第二辑,第223页。
〔6〕 今《流离草》未见有单行刻本,仅见于选刻本《桐城方氏诗辑》和选抄本《方密之诗抄》,但台湾学者方豪有家藏抄本。
〔7〕 方鸿寿《方以智诗词书画略述》一文称:"丁亥七月入天雷苗,作《自序篇》二百余韵,上述祖德,下表隐志,是一篇骚体长诗。"载《学林漫录》七集,北京:中华书局,1983年,第232页。又见于方鸿寿《方以智年谱》永历元年、顺治四年(1647)条下,见《艺文志》,第二辑,第232页。
〔8〕 方叔文在方以智著作表中,又单列了未注明版本的《五老约》,前后自相矛盾。

叶》、《浮庐药游》[1]、《梅川三游》[2]),《禅乐府》铅印本,《膝寓信笔》刻本,《稽古堂文集》刻本,《医学会通》抄本,《运气约几》抄本,《一学缘起》抄本,《过庭录》抄本,《古今诗风》(仅出《汉魏诗风》)原刻本,《两广新书》(应为《两粤新书》)刻本,《响言》刻本。

这一书单,《栾庐药集》、《合山栾庐占药集》不知所指,今已知有《药集》、《合山栾庐诗》;《两广新书》刻本、《响言》刻本均非方以智作品。而对比方昌翰所言尚有家藏抄本的书目:"《此藏轩别集》、《此藏轩尺牍》、《庐墓考》、《东西均》、《鼎薪》、《正韵笺补》、《切韵声源》、《一贯问答》、《猺峒废稿》、《会宜编》、《经考》。"方叔文未提及《切韵声原》与《经考》,而《正韵笺补》、《会宜编》虽提及但未注明版本,其中《会宜编》即《性故》今仍存,估计是方叔文未寓目,而光绪时尚存家藏抄本的《切韵声原》、《经考》、《正韵笺补》可能在方叔文写《年谱》时已佚失。此外,方叔文已附注版本之书包括《运气约几》抄本、《一学缘起》抄本、《过庭录》抄本、《物理小识补遗》二卷抄本,今均未见。《浮山前集》刻本备注中所列《自序篇》,《浮山后集》刻本备注中所列《浮庐药游》、《梅川三游》,也未见。

对于方鸿寿,方无先生 2014 年 4 月 3 日在《安徽商报》发表《祖父保存了方以智遗著》一文回忆:

> 他上世纪 30 年代考入上海美专,师从黄宾虹先生学习山水画。1949 年,为了照顾家庭,放弃了去台湾的机会,回到了桐城的学校教书,先教图画,后来改教语文,课讲得非常好。著有《方以智年谱》和

---

[1] 方鸿寿《方以智年谱》称:"丙午以前诗集为《浮庐药游》。"(见《艺文志》,第二辑,第 236 页。)似指方以智戊戌(1658)年禅游江西以来至丙午(1666)年前所作诗。方叔文《方以智先生年谱》第 190 页据《浮庐药游》记戊戌年:"公庐墓三年,服阕,作《游告诗》,遂游江右,至廑山。"《游告诗》应该是《浮庐药游》中的一首。

[2] 方鸿寿《方以智年谱》永历十三年、顺治十六年(1659)条记:"游梅川有诗。"见《艺文志》,第二辑,第 235 页。

《方以智诗词书画略述》(《学林漫录》七集,中华书局,1983年)行世,……祖父的最大贡献在于保存方以智遗著,以手抄本《东西均》为主的方以智部分未刊刻遗著,从方中履传到我祖父手中,已历经11代,祖父视为至宝。抗日战争之初,为确保遗著安全,他花一大笔钱在上海外资银行租了一个保险箱,专门存放遗著。后来回到桐城,在抗战逃难的颠沛流离之中,他不管走到哪里,都随身背着一个包袱,别人以为里面装的是金银细软,其实全是祖宗遗著。……上世纪50年代,祖父的上海美专同学姚翁望先生为省博物馆征集文物,他极为明智地将这些遗著捐了出去,使之免遭秦火。而家中的其他先人手泽,都未能幸免。若不是祖父的倾力保存和及时捐献,就不可能有1962年李学勤先生点校的《东西均》问世,可能也就永远不会有人知道方以智是一位杰出的哲学家了。……作为方以智后人,我在做和打算做的,就是推动《方以智全书》的出版。

相较方叔文《方密之先生年谱》,方鸿寿《方以智年谱》虽然晚出,但过于简略。不过,鉴于方以智诸多重要著作属于方氏独门家传,因此,二先生所编的《年谱》自然都是极其珍贵的文献资料,特别是方鸿寿经历了"文革"浩劫,其《方以智年谱》有方以智遗著的最近更新。[1]据舒芜在1984年5月19日发表于《光明日报》的"两部《方以智年谱》"一文中介绍,方鸿寿撰《方以智年谱》是应上海中华书局之约编写的,因为当时已计划编印方以智全部著作。经历"文革",至1980年,方鸿寿所撰《方以智年谱》被转交到冒怀辛手中,便由舒芜要回代投山西《艺文志》。方鸿寿并非专业

---

[1] "文革"后,方鸿寿名其所居曰"无书草堂"。据方鸿寿子方振宇回忆,"文革"时期,在家中方以智字画和部分书稿惨遭抄没焚毁后,鸿寿曾号啕大哭,泣血赋诗《哭心血》:"大地风云变莫测,忽然烈火烧心血。大师翰墨四海珍,呼天抢地救不得。《物理小识》《东西均》,《通雅》《炮庄》《浮山集》。孤烟一柱上青云,死灰一堆葬书籍。心粉碎,肠寸绝。无书草堂无先泽,长夜思之肝胆裂。"

学者,经历"文革",手头资料不全,身体状况也不好,在1981年对《方以智年谱》略加修订,于次年去世。方鸿寿《方以智年谱》最可重视的部分,是参考书目中提及《过化寿帖》、《此藏轩尺牍》、《浮庐药游》等书目,这些在方叔文《方密之先生年谱》中曾有征引的文献,今皆未见;所提及方以智同科进士黄云师所撰《方文忠公行状》,[1]现存方鸿寿孙方无处,此文献从未引起研究者注意,未见研究者提及;此外尚提及参考了《博依集》、《流寓草》、《流离草》,也不知其版本情况;《此藏轩集》也未知是否指《浮山文集》。至于方鸿寿罗列的方以智"著作书目",除已知存世书目外,尚提及方昌翰报告中明确指出光绪时已佚失的《学易纲宗》、《易筹》、《诸子燔痏》、《四书约提》、《汉魏诗风》、《阳符中衍》、《旁观铎》、《太平铎》、《烹雪录》等,此外还提及《此藏轩尺牍》、《鼎薪》、《经考》。其中《此藏轩尺牍》抄本、《鼎薪》抄本[2]、《汉魏诗风》刻本在方叔文的《方密之先生年谱》中反映出尚存世,笔者至今却未能寓目,而《此藏轩尺牍》抄本方鸿寿明确宣称已毁于"文革"。此外,《方密之先生年谱》中引用过并列入"参考书籍"的《随青录》,方鸿寿《方以智年谱》却没有提及,可能已佚失。

本文曾发表于《中山大学学报》(社科版)2018年第2期,收入本书,文字略有更动。其中原文征引的档案馆存《方密之先生年谱》页码,全部更动为公开出版物的《方以智先生年谱》页码。

---

[1]《行状》落款"匡庐莲花峰下雷岸道人黄云师谨撰"。黄云师,德化县(今江西九江)人,崇祯十三年庚辰科进士,与方以智、徐芳、金堡同录第二甲。历任吏、户、刑、兵四科给事中。才识过人,敢于直言,其抗疏甄别大臣,指陈详明,言词剀切。明亡后,隐居庐山莲花峰下。清廷征辟其为官,不往,专心著述。
[2] 方叔文《方以智先生年谱》第182—183页称:"《鼎薪》、《易余》、《烹雪录》,尚有稿本藏于家。"《易余》今仍存。《鼎薪》在方叔文撰年谱时尚存也可确定,盖年谱中有引文,如第179—181页引余飑《鼎薪叙言》,第182页引揭暄语两则。但声称方昌翰光绪时已宣布佚失的《烹雪录》仍"有稿本藏于家",似不可思议。查方鸿寿所撰《年谱》对此完全没有交代,未知是否方叔文笔误将《冬灰录》写成了《烹雪录》。